创新型职业教育精品教材

教育改革新形态新理念教材

社群营销

主 编　张　博　王　清

副主编　　石格菲

辽宁教育出版社

·沈阳·

© 张博 王清 2024

图书在版编目（CIP）数据

社群营销 / 张博，王清主编. — 沈阳：辽宁教育
出版社，2024.4（2024.10重印）
ISBN 978-7-5549-4142-3

Ⅰ.①社… Ⅱ.①张… ②王… Ⅲ.①网络营销
Ⅳ.①F713.365.2

中国国家版本馆CIP数据核字（2024）第071003号

社群营销
SHEQUN YINGXIAO

出 品 人：张 领
出版发行：辽宁教育出版社（地址：沈阳市和平区十一纬路25号　邮编：110003）
　　　　　电话：024-23284410（总编室）024-23284652（购书）
　　　　　http://www.lep.com.cn
印　　刷：沈阳百江印刷有限公司

责任编辑：于 薇
封面设计：意·装帧设计
责任校对：黄 鲲
幅面尺寸：185mm×260mm
印　　张：19
字　　数：430千字
出版时间：2024年4月第1版
印刷时间：2024年10月第2次印刷

书　　号：ISBN 978-7-5549-4142-3
定　　价：98.00元

前　言

　　《社群营销》是一本为培养社群营销从业人员的业务能力、营销管理能力等综合能力而编写的系统性教材，兼顾理论知识和实操技能，按照行业核心岗位的内容要求，涵盖了社群营销的基础性知识、营销体系的基本结构和功能、社群营销的发展历史、社群营销的运营规则和常规操作流程等；并有社群营销岗位特征、职业技能与训练技巧、社群营销常规管理体系等系统内容。

　　社群营销是一个信息密集、智力密集、劳动力密集的复合型现代服务产业，若希望通过学历教育批量培养合格的社群营销从业者，则必须结合产业特点，且兼顾知识的灌输和技能的训练。以社群营销为代表的现代营销业人才的培养重点首先是"营销意识"和"营销精神"，其次才是"营销技能"，因此本系列教材以培养学生的"职业素养"和"职业技能"为核心来构建课程体系。

　　本教材以培养合格的社群营销从业者为目标，从多角度介绍了社群营销从业人员的心理健康、职业生涯规划、客户沟通、营销技巧、多渠道客户互动操作、团队打造、商业变现、商务流程管理、运营现场管理、技术平台操作及维护等内容，涵盖了社群营销运营与管理的方方面面，帮助将要进入社群营销行业的人员深入学习相关理论，切实掌握相关技能，并通过课程配套的实习与实训环节获得成长与提高。

　　本系列教材适用于工商企业管理专业（高职专业代码 530601）、市场营销专业（高职专业代码 630701）、客户服务管理专业（高职专业代码 620503）及高职、本科相关专业的教学与实践。

　　●从零开始，由浅入深，符合社群营销职业教育教学要求，且兼具内容深度与覆盖广度。

　　●从深入理解到全面应用，以翔实的案例、丰富的图表、缜密的结构、全面的内容来打造专业的社群营销从业人员。

　　●灌输以客户为中心、以客户为导向的基本理念，帮助社群营销从业人员在"客户时代"站稳脚跟，谋求长远的职业化发展之路。

● 理论全面，重在引导，职业化道路导向明确，未来职业化发展目标一目了然。

● 全面接轨人力资源和社会保障部、工业和信息化部、商务部、国家信息中心等主管单位社群营销从业人员资格认证体系，致力于培养复合型的实用人才。

《社群营销》以其专业性为社群营销一线及初级、中级管理人员了解和掌握社群营销的基础应用知识奠定了基础，社群营销的从业人员只有充分了解和掌握这些营销知识，才能真正做到规范作业，为客户提供良好的服务，并与企业的发展同步成长。

本教材在编写过程中，充分考虑了各位编者的教学领域和研究阅历，做了如下分工：张博撰写大纲，编写前言部分以及学习情境一、学习情境二、学习情境三、学习情境四；王清编写学习情境五、学习情境六、学习情境七；石格菲编写学习情境八、学习情境九、学习情境十、学习情境十一。

社群营销应该始终把"一切为了客户"作为根本出发点，全面提升社群营销能力，切实提高社群营销能力，应该锚定更高标准和要求，坚持攻坚克难、久久为功，继续在提升人员效能、提高营销收益、降低营销成本等方面下功夫，真正做到服务于社会，将党的二十大精神真正贯彻落实到工作中，把党的二十大精神落实到为人民群众做实事上，把社群营销工作做到群众心坎上，将客户反映的"操心事、烦心事、揪心事"办成"放心事、顺心事、暖心事"，不断实现人民对美好信息生活的向往。

目　录

社群营销概述

📊 学习目标

➤ 了解什么是社群、社群的概念和定义

➤ 掌握社群的 5 个构成要素

➤ 了解社群营销的价值

➤ 用 ISOOC 模型评估社群的质量

📊 学习过程

情景设计

随着微信群的兴起，这几年也掀起了社群的热潮并涌现出了许多优秀的社群。秋叶 PPT 和行动派就是社群典型的代表。

秋叶 PPT 是一个"互联网＋教育"的线上教育品牌，通过在网上教授大学生学习 PPT、Excel 和 word 等职场技能，在网上发布课程、提交作业、在线答疑与动手实践。从"和秋叶一起学 PPT"系列课程上线至今，短短 3 年的时间内已经拥有了 9 万名付费学员，组成了数量众多的学员社群，成为国内目前最大的职场技能学习成长社群。

行动派社群是中国高速发展的"80 后""90 后"学习成长型社群，其粉丝主要为 20~30 岁的城市青年，遍布国内外城市。行动派社群倡导"学习、行动、分享"，鼓励年轻人"做行动派，发现更好的自己"。截至 2016 年 7 月 31 日，其拥有的高黏性粉丝超过了 50 万。

📊 任务描述

对社群的理解与认知。

📊 知识导航

一、什么是社群

（一）社群产生的背景

> **课堂讨论**

查看一下你所参与的时间最长的一个微信群，回想一下：你是由于什么原因加入此群的？你至今未退群的原因是什么？

社群是关系连接的产物，而关系要经过媒介才能连接。媒介在进化，关系的连接方式也一直在变。传统的社群形式大多都受时空限制，社群的直接沟通也相应受到局限。不同社群之间沟通的媒介在历史上曾经有信、电报、广播、呼机、电话、邮件、聊天室、QQ群……

社群形态其实一直都存在，但基于连接方式的限制，其发展被地理空间所约束。随着移动互联网的快速发展，电脑端转移到移动端，基于互联网的通信手段开始普及，受地理空间限制的社群关系开始逐步跨越时空，进入了虚拟空间连接的阶段，如微信的出现使得社群组织开始摆脱这些限制，可以让社群组织互动更容易、管理更容易。这是社群兴起和火爆的主要原因。

（二）社群的内涵

> **课堂讨论**

你认为以下哪些是社群？在你认为是社群的选项后打对钩，如表 1-1 所示。

表 1-1　哪些选项是社群

大一新生群		志愿者小分队	
羽毛球协会		专业论坛	
北京驴友俱乐部		吉他爱好者联盟	
在线游戏		读书会	

现在谈到社群，很多人想到的是微信群，其实这只是容纳网络社群的载体工具，而且只是工具之一。社群怎么去定义？什么样的群体叫社群？

很多人对社群的第一反应就是"有同样标签的一群人""在一起做一件事的一群人"等。但是给自己标记为"吃货"的人千千万万，他们全部是一个社群吗？

一起乘坐 2 路汽车的人在同一时间有"乘 2 路汽车"的行为，他们是一个社群吗？一堆人天天聚在一起叫社群吗？

以上显示的这些有特征的群体，从目前的这个描述来说，其实都不一定是"社群"。这些可以作为一个社群的发端，但是要形成社群，还要有诸多元素。

课堂讨论

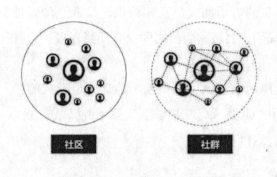

你认为"社区"和"社群"是一个概念吗？

要区分这两个概念，从字面上就很好理解。

共同点："社。"说明都是人聚集而成的产物，有一定的社会形态。不同点：一个是"区"，一个是"群"。

"社区"强调的是人与人在物理空间里的联系，"社群"强调的是人与人在虚拟空间里的关系。

课堂讨论

以下情形中，哪一种是社区？哪一种是社群？

在北京一起租房的几个年轻人。周末坐了很久地铁去参加 BetterMe 大本营线下活动的人。英语口语微信交流群。很多刚毕业在一线城市租房的朋友应该有这种体会，租房后与很多人在一个空间生活，但是大多每天各忙各的，很少交流。也有很多通过网络结交之后关系很好的朋友，他们每天不在群里一起聊几句就觉得少了点什么，周末窝在家里不出门也不觉得孤单。

所以社群是一群有相互关系的人形成的网络，其中人和人要产生交叉的关系和深入的情感连接，才能被看作社群。

什么是关系链接？就是要打开社群成员之间的连接关系。

连接度就是人与人之间的一种了解和交流。如两个人是好朋友，相互肯定有对方的电话号码、微信号、QQ号、邮箱……当有了这些深入的了解，即使他们离开了一个群，连接也不会轻易消失。

人和人之间绝不能只是在群里产生社交关系，在社群之外也应该产生各种各样的连接。一个人之所以会感觉到和另外一个人有关系，是因为能隔空感到这个人的存在。今天看到他在QQ空间里留了个脚印，明天在朋友圈点赞看到他的头像，后天在哪个群里潜水时看他出来冒了个泡……虽然不一定直接交流，但经常出现在自己的生活圈和社交圈里。

而有很多社群，只是设置了一个小编，每天发发红包，发点文章，连接度很低，这也是不能称为社群的。情感连接就是要增强群成员之间的情感度。要想在一个社群中创造出情感，就得让大家互相了解，互相关注对方的行为、喜好。

从这个定义看，同样是线下会员俱乐部，有的俱乐部成员互相认识，经常互动就是一个社群。有的会员俱乐部只是享受一下积分福利，会员和会员之间没有任何连接，这就不是社群。

在一个社区，如果成员积极连接，经常组织活动，也可以是基于地理区位形成的社群。在网上有很多关系不错的网友，每天在群里一起聊天，互相影响，甚至组织一些线上线下活动，即便是在家里不出门也不觉得孤单，这也是社群。

（三）社群具有的一些特征

（1）成员间分工协作，具有一致行动的能力。

（2）成员有一致的行为规范、持续的互动关系。

（3）有稳定的群体结构和较一致的群体意识。

（4）基于共同需求和爱好将大家聚合在一起。

（5）社交关系链的存在是社群的基本条件。

（四）网络社群的概念

网络营销是由于WEB2.0的发展以及社交网络的应用才逐步流行起来的，社群经济的火爆是移动互联网与新媒体进化的产物。

广义上，网络社群指的是以互联网为主要沟通渠道，拥有线上线下多种互动与运营方式，有较为固定的平台或渠道便于成员进行交流分享的社群。

狭义上，网络社群指的是具有商业化潜力、能够形成内容价值的网络社群，不包括仅由于血缘关系及社会角色而聚集的社群，如家人群、闺蜜群等。

QQ　微信　微博　百度贴吧
陌陌　知乎　豆瓣　其他更多

	QQ 群	微信群
群定位	较多基于陌生人的社交圈；公开性更强。	较多基于熟人的社交圈；私密性更强。
群管理	群功能完善，群公告、群相册、群文件等管理方便。	信息无法回顾，群管理功能不够完善。
群信息	信息可回顾查看，但易屏蔽，群文件、图片信息等可漫游、可长期保存。	信息可回顾，信息无法完全屏蔽（最多免打扰），群文件、图片等不可长期保存。
群人数	最多 2000 人，加群难度低。	最多 500 人，当超过 40 人，邀请须对方同意；超过 100 人，需要用户实名验证，加群难度大。
群推广	推广方便，可通过群名称、标签账号等方式查找加群。	不可通过群基本信息查找。
适用类型	产品信息反馈、交流讨论、生活娱乐、米友、同城交流、情感沟通、地域划分、兴趣交流。	地域划分、兴趣交流、活动交流（包括各类线下活动）。

（五）社群营销目的

1. 提升品牌形象

通过社群营销，可以展示自身的专业能力、稳定性和创新性，增强品牌形象，并与用户建立亲密的联系

2. 增加用户黏性

通过社群，可以提供有价值的金融知识、理财建议等内容，吸引用户参与讨论和交流，从而增加用户的依赖和黏性。

3. 拓展用户群体

社群营销可以吸引不同背景和需求的用户参与，通过分享信息和解决问题，吸引更多潜在客户，并促使他们使用相关产品和服务。

4. 提供个性化服务

通过社群营销，可以实时了解用户的需求和反馈，提供个性化的服务和解决方案，

增加用户满意度和忠诚度。

5.促进销售和交易

社群可以作为一个销售渠道，宣传产品和服务，并提供相关的推广活动和优惠，促进用户产生购买愿望和完成交易。

总的来说，社群营销的目的是通过建立互动和参与的平台，增强与用户之间的互动和关系，提升品牌形象，增加用户黏性，拓展用户群体，并促进销售和交易。

二、社群的 5 个构成要素

课堂讨论

在参加的社群中，你认为哪些是优质社群？为什么会觉得它们质量高？为了对社群有更直观的认识和评估，可以从社群运营的实践过程中总结出 5 个构成完整社群的要素，它们分别是同好、结构、输出、运营和复制。

根据这 5 个单词的英文首字母，可简称为"ISOOC"。

（一）同好——社群成立的前提

社群构成的第一要素——同好（Interest），它是社群成立的前提。所谓"同好"，是对某种事物的共同认可或行为。我们为了什么而走到一起，最重要的是一起做什么。任何事物没有价值就没有存在的必要。

正如国内以自律为荣的最大女性社群"趁早"，在社群活动中所提到的那句话："为了找到同类，我们造了一个世界。"

这些同类，可以基于某一个产品而聚集到一起，如苹果手机、锤子手机、小米手机；可以基于某一种行为而聚集到一起，如爱旅游的驴友群、爱阅读的读书交流会；可以基于某一种标签而聚集到一起，如星座、某明星的粉丝；可以基于某一种空间而聚集到一起，如某生活小区的业主群；可以基于某一种情感而聚集到一起，如老乡会、校友群、班级群；可以基于某一类"三观"而聚集到一起，如"一个人走得快，一群人走得远"的 BetterMe 大本营。

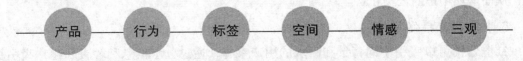

产品　行为　标签　空间　情感　三观

例如，秋叶 PPT 的社群成员最初是以 PPT 这个工具的爱好者为发轫，在秋叶的引导、发现、培养之下又聚集了一批爱阅读、爱思考、爱学习、爱分享的核心群体。由于 PPT

这个工具的小众化，决定了这个"同好"下社群的规模与影响力都是有限的，秋叶PPT也在努力和阅读、职场技能相结合，扩大社群受众面。

（二）结构——决定社群的存活

社群构成的第二要素——结构（Structure），它决定了社群的存活。很多社群为什么走向沉寂？那是因为最初就没有对社群的结构进行有效规划，这个结构包括组成成员、交流平台、加入原则和管理规范。这四个组成结构做得越好，社群活得越长。

组成成员：发现、号召那些有"同好"的人抱团形成金字塔或者环形结构，最初的一批成员会对以后的社群产生巨大影响；

交流平台：要有一个聚集地作为日常交流的大本营，目前常见的有QQ、微信、YY等；

加入原则：社群有了元老成员，也建好了平台，慢慢会有更多的人慕名而来，那么，就得设置一定的筛选机制作为门槛，一来保证社群质量，二来会让加入者由于加入不易而格外珍惜这个社群；

管理规范：社群人员越来越多，就必须要管理。所以，一要设立管理员，二要不断完善群规。

要入群，买课程就是"门票"，想升级到核心群就要多努力学习，展示优秀的作品。不同用途的群所设置的管理结构不同；学员群的管理模式是金字塔结构，平时禁言；核心群是环形结构，极度活跃。

秋叶PPT的平台主阵地是QQ群，目前2000人的QQ群超过20个。秋叶的学员群功能，一是答疑服务，二是定期分享，秋叶会从其中筛选出优秀的人才纳入核心团队。

秋叶PPT在"结构"这个元素中最强的是组织规范，如入群编号制度、禁言制度等。

（三）输出——决定社群的价值

社群构成的第三要素——输出（Output），它决定了社群的价值。持续输出有价值的东西则是考验社群生命力的重要指标之一。学习类和知识类社群尤其需要关注和引导价值输出，确保高质量、优质的信息、知识、资源的稳定输出，提升社群成员的获得感和参与感。例如，拆书帮用拆书法输出高质量的读书笔记，形成了国内独具特色的读书社群；秋叶PPT社群以持续高质量的PPT作品，在新浪微博上时常引起大量转发，形成国内知名的职场教育品牌。

所有的社群在成立之初都有一定的活跃度，但若不能持续提供价值，社群的活跃度会慢慢下降，大多数沦为广告群。没有足够价值的社群迟早会被解散，也有一些人会屏蔽

群，再去加入一个新的群或选择创建一个新群。

为了防止以上情况的出现，优秀的社群一定要能给群员提供稳定的价值，如坚持定期分享、某些行业群定期可以接单等。所以，"输出"还要衡量群员的输出成果，好的社群里所有的成员都有不同层次、不同领域的高质量输出，能够释放出更强大的能量。

核心人物的输出主要是优质课程的不断开发与升级，每周五定期群内干货分享，微信上免费 3 分钟教程，经常送书来鼓励做读书笔记 PPT 的学员，在秋叶主导、核心群成员分工协作的情况下，他们一起做成了 PPT，让学员们赚回学费等。

他们一起做成域内最有影响力的微信公众号；他们一起写出了年销量破 10 万册的系列纸质书籍，单期下载量破 20 万的电子书；他们一起开发出付费学员人数破 20000 人的在线课程……

整合社群力量做输出，秋叶 PPT 社群比其他社群都要强，但由于 PPT 是小众类目，其类目影响了其影响力边界。

| 三观 | 咨询答疑 | 信息资讯 | 利益回报 |

（四）运营——决定社群的寿命

社群的生命周期长短　很大程度上　依赖于社群的运营管理水平。

社群构成的第四要素——运营（Operate），它决定了社群的寿命。不经过运营管理的社群很难有比较长的生命周期，一般来说，从始至终通过运营要建立如下"四感"。

1. 仪式感

如加入要通过申请、人群要接受群规、行为要接受奖惩等，以此保证社群规范。

2. 参与感

如通过有组织的讨论、分享等，以此保证群内有话说、有事做、有收获的社群质量。

3. 组织感

如通过对某主题事物的分工、协作、执行等，以此保证社群的战斗力。

4. 归属感

如通过线上线下的互助、活动等，以此保证社群的凝聚力。

如果一个社群通过运营这"四感"有了规范，有了质量，有了战斗力，有了凝聚力，就可能持续运营，社群也会"长寿"。

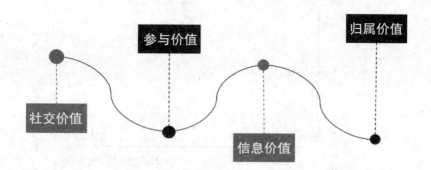

以下以秋叶PPT社群为例。

仪式感：学员购买课程，获得入群资格后会获得个人编号，有公告和禁言等群规。

参与感：购买课程，自由完成课程内布置的作业，发微博，老师点评。还有品牌活动"群殴PPT""一页纸大赛"，学员参与后获得奖品，这几个活动影响力越来越大，已经获得美的集团、万达集团的合作。

组织感：怎么做出国内影响力大的微信号？怎么一起写书？怎么一起开发课程……秋叶会根据核心群群员各自擅长的领域进行分工，虽然群员来自天南地北，但是通过网络分工协作，每天交流创意和进度，如销量高歌猛进的畅销书《说服力3》，就是10多个群员每人负责20页左右，在极短时间内配合完成的，自运行力和凝聚力很强。

归属感：组织过多次线下活动，增进群员对社群的归属感。不过秋叶PPT在社群规模做大后，也遇到了维护和管理成本上升、产品开发和社群运营消耗核心团队精力、社群新鲜感下滑的挑战。

（五）复制——决定社群的规模

社群构成的第五要素——复制（Copy），它决定了社群的规模。由于社群的核心是情感归宿和价值认同，那么社群过大，情感分裂的可能性就越大，所以在"复制"这一层，有这样两个问题需要考虑。

第一，是不是真的有必要通过复制而扩大社群规模？

人们有时候会有一种误区，认为没有几万人都不好意思称为社群。其实经过前面4个维度考验的群，完全可以称为社群了，小而美也是一种，而且大多存活得还比较久。现在很多人进入一个人数很多的群，第一件事是遴选信息的成本高，人员相互认知成本也高。

相反，小圈子里，人员较少，大家的话题相对集中，所以小圈子里人人都容易活跃起来。从微信群、QQ群等社群的大数据中发现，90%的用户在不足20个人的小群里活跃。人人都想组建人多的大社群，但是许多大社群非常不活跃，如图1-1所示。

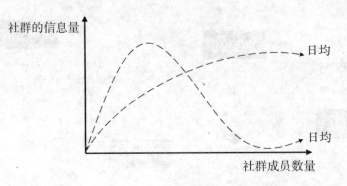

图 1-1　社群活跃程度对比曲线图

所以社群规模要看社群的成长阶段，每一个社群都有一定的成长周期，不同的阶段用不同的节奏进行控制。

一般来说，规模越大的社群，越可能永远只是为新手用户提供服务，在过滤优质信息上有很大的难度，这样的群如果不控制活跃度，看着每天的信息不少，但是信息价值太小。这也会导致高价值成员沉默或者离开，社群价值就无法得到提高。

秋叶 PPT 团队在职场实用类在线教育做到领头羊的位置，首先有课程破百万的销售额；学员破 9 万人，核心团队壮大；经常有和各大企业合作的机会。他们的核心文化是：玩的同时把活做好，顺便把钱挣了。

以学员群为核心，分化出很多以秋叶核心小伙伴为中心的子社群，如群殴 PPT 群、亲友团群、信息图表群、表情包群、动画手绘群等，特别是 3 个月内迅速成长为全国性社群的 BeterMe 大本营，是一个惊喜。由于课程的付费性质以及现有课程销量规模，秋叶 PPT 社群在规模上还有很大提升空间。不过秋叶 PPT 之后的路线正逐步转向职场技能定位，打通职场 3~5 年新人渠道后，未来社群规模还有很大潜力。

那么就要明确扩大规模是为了什么，扩大规模之后能解决什么瓶颈，社群定位适合扩大规模吗……这些问题要先进行思考，盲目复制反而会起到反作用。

第二，是不是真的有能力维护大规模的社群？

复制不是即兴的事情，而是要结合人力、财力、物力与精力等多角度考虑之后的结果。

如从一家小米粉店发展到中国互联网社群餐饮第一品牌的伏牛堂霸蛮行，号称是有 20 万年轻人的社群，曾尝试做一场 50 万人的线上发布会，微信群发布会最后只来了 7 万人，但仅仅是 7 万人就出现失控的局面，反而给品牌造成很不好的影响，之后伏牛堂管理团队复盘，开始严格控制霸蛮社的规模和质量，所以，规模的扩大意味着更多的投入，那么相应的投入产出比是否能够支撑社群一直维护下去要考虑清楚。

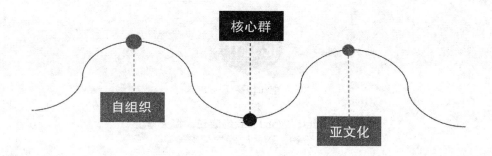

三、社群营销的价值

身边有哪些行业与产品正在使用社群营销进行传播？它们的具体操作方式是什么样的？这与其他使用传统营销方式的企业在效果上有什么不同呢？

社群营销的价值主要有以下 3 个方面：

（一）感受品牌温度

品牌的树立是一个长期的过程，塑造的形象必须被周围大众广泛接受并长期认同，而社群的形态便于公司产品直接展示自身鲜明的个性和情感特征，让用户可以感受品牌的温度。

（二）刺激产品销售

不论是基于共同兴趣的学习型社群，还是基于个人目的的运动塑身群，通过共同的价值观，以及每天的社群营销活动感染，能够激发人们的购买冲动，通过社群发布产品的信息或者发起购买产品，就这样实现了有性格的产品销售。

（三）维护顾客黏性

在传统的营销环境中，产品售出后，除了退换货，似乎和客户已断了链接，而社群则是要圈住用户，让其更深度地参与到企业产品的反馈升级以及品牌推广中来，把用户当成自己的家人来爱护，从而使其爱上企业，主动为品牌助力。

四、用 ISOOC 模型评估社群的质量

秋叶PPT

PPT、Excel、Word、职场成长，每天早上
三分钟，碎片时间学起来！

图 1-2　秋叶 PPT 社群形象

秋叶团队是致力于在线教育的一个互联网社群，主要受众为大学生和职场新人。目前课程学员超过 9 万人，主推"和秋叶一起学 PPT""和秋叶一起学职场技能""和阿文一起学信息图表"等课程。

秋叶的社群分以下两块。

第一块为 69 人组成的核心群，各有擅长的领域，在一起经常能碰出很多绝妙的创意或想法，基于互联网分包协作开发课程，做有影响力的新媒体，写出累计下载量过百万的电子书……

第二块为 PPT 爱好者，其中很大一部分已经是课程学员，还有很多喜欢读书、喜欢新媒体、喜欢分享的年轻人。通过秋叶老师在核心群不断推出新课程、新活动，鼓励大家一起动手、总结、分享，吸引越来越多爱学习的年轻人加入。秋叶社群和金山、美的、万达等企业合作推出品牌活动"一页纸大赛""群殴 PPT"，和各主流出版社合作推出"读书笔记 PPT"，影响力日渐变大。

案例分析一：新生大学

李笑来的新生大学的形成源自一本"开源共创书籍"：《七年就是一辈子》（后改名为《新生——七年就是一辈子》）。李笑来有可能是第一个把自己的"一本书"做成了社群的人。

《七年就是一辈子》是李笑来《把时间当作朋友》出版后时隔七年开始写的"书"。这"书"要打个引号，因为它实在不是一本传统意义上的书：它是写不完的"书"；它有两个价格；它是一个"共创书籍"。

2015 年 11 月 23 日，李笑来发起了《七年就是一辈子》的预售，至 2015 年 12 月 25 日，购买人数 1700 多人。2016 年 1 月中，真格基金投资了为新生大学开发 App 的情非得已（北京）科技有限公司。2016 年 3 月 1 日，微信公众号"新生大学"开通，截至 2016 年 3 月

31 日，订阅人数约为 6 万人。2016 年 4 月 15 日，新生大学的 App 上线。正式上线之前，付费成员人数已经超过 2700 名。

1. 同好

新生大学倡导不断积累，持续学习，获得新生，集聚着一批以持续、自主、升级自我为乐的人。被新生大学吸引过来的社群成员，很大一部分来自李笑来订阅号"学习学习再学习"，基于对李笑来个人品牌的信任。而之前李笑来做的收费社群（共同成长社群）的发展也为新生大学社群吸引同好的人打下了一定的基础。由于社群目前实行收费制度，而且收费金额并不低，规模受到一定的限制。

2. 结构

李笑来写的《把时间当作朋友》这本书，其实有两个价格：一个是印刷版，由出版社定价；另一个是网络版，完全免费。

《新生——七年就是一辈子》一书，李笑来采取的是同样的"价格双轨"策略，此书的网络版永久免费公开，并非必须付费；读者也可以选择支付年费 2555 元人民币，那么就可以进入一个社群。社群的成员可以使用新生大学的 App 参与写作社交。新生大学的每个社群成员都必须进行实名登记与验证，否则无法发布文章，无法参与讨论，无法发起私聊。

李笑来发布了其新生大学 App 未来可能实现的功能与使用场景：

①精选课程（新生大学在下半年开始将开设 5 门课程）；

②不定期讲座（会组织各种学习、成长类的讲座与分享）；

③向社群成员开放申请权限，允许社群成员之间构成各种主题的"互助小组"；

④有规则的线下活动（每个人都有机会学习并成为"群主"）。

而他所筛选的群主，都是自身具有一定影响力的人，为后续的社群规模复制和传播打下了好的基础。

为什么会有一个新生大学的工具 App？这或许也是一种提前的布局，社群有望成为人人必备的精神生活需求，那其所承载的平台也就会有极显著的价值。

3. 输出

新生大学社群总计有以下 3 本必读书。

·《新生——七年就是一辈子》。

·《领导梯队》（The Leadership Pipeline）。

·《原则》（Principles）（这其实也是一部"众创书籍"）。

李笑来认为，原则上来看，社群成员没有通读完这三本书籍之前，是没有资格推荐他人入群的，因为"领路人"显然要有足够的"阅历与经验"，否则事实上并无实力。

李笑来倡导的写作是交友和自我升级的一种方式，认为写文章是高质量的交流手段。

而写作本身（无论是哪一种形式的写作），都是未来价值无限大的行动。

现在社群成员可以在新生大学 App 里发表文章，社群引导社群成员在新生大学 App 上输出文章，有好的文章会被转载和发布首页，为社群成员增加影响力。而因为成员交年费高达 2000 多元，所以经过一个价格的筛选，App 里的朋友圈的内容价值就会被社群成员做自行筛选，价值相对会更大，有更多有价值的内容被分享出来。

4. 运营

仪式感：社群成员在获得推荐资格之后可以推荐新成员，并取得相应的积分。李笑来也公布会用"区块链公证"的方式保证每一个成员的积分最终都有公开记录。

参与感：用众创书籍的方式共写一本写不完的书，一起建立社群。而新生大学的 App 跟微信的界面很像。

主要包括 4 个模块：文章、聊天、发现、我。

· "文章"：里面是所有发布的文章。

· "聊天"：里面包括私聊和群聊。

· "发现"：里面主要是朋友圈功能，与微信不一样的是，这里每个人都是朋友，所以朋友圈所有人都能看到。

· "我"：里面包括我的通讯录、名片、文章、设置等。

因为 App 里所有人都是实名制，有了这样一个基础，成员之间可以有更真实的了解，社交就有了更多的亲密感和黏性。

归属感：新生大学的学员早期是从支付宝群转移导流过来的，但是支付宝群之前是禁言状态，大家沟通得不多。现在转移到 App 后，支付宝群就被搁置弃用了。目前的归属感都是用 App 发布文章和对未来的完善来承载，归属感有待增强。

5. 复制

目前社群处于初期，还没有达到大规模复制的程度，但是已经开始布局。让自身有资源的人成为群主，可以在推送中明确列出成为群主的以下 3 点优先条件。

· 有一定的初始流量（如微博、微信、知乎、豆瓣等媒体上有一定数量的粉丝）。

· 有一定的运营经验（群主做的更多的事情其实是运营，而不仅仅是"创作内容"）。

· 有很强的学习能力。

这种模式在后期可能会带来社群成员的大幅增长，但是由于年费需要成员有一定的消费能力，另外，爱动手、爱分享、爱写作的精英人士始终是少数，能否出现爆发式发展还得拭目以待。

案例分析二：十点读书会

图1-3   十点读书会社群形象

在 2015 年新媒体排行榜 9 月份的"中国微信 500 强"排行榜中，"十点读书"总排名第九，文化类排名第一。十点读书是 2012 年年底开设的，后获得投资估值数千万。而十点读书会社群是十点读书新媒体矩阵中的一个子品牌，建立于 2015 年 4 月 23 日世界读书日。

1. 同好

十点读书会吸引的是一群爱读书的人。十点读书会认为一个人的知识储备等于阅读力乘以阅读量，他们在关注每一个人阅读量的基础上，关注提升大家的阅读力，通过潜移默化的影响，促进社群成员的进步。社群成员每日阅读打卡，每周探讨阅读话题，每月组织线下活动，十点线上直播间，作家见面会，每一个有关读书的环节环环相扣，把相同频率的读书人联系到一起。

2. 结构

仪式感：十点读书会的训练营每次开营都会有开营仪式和结业仪式，给了社群参与人员一种强烈的仪式感，从而更加认真严肃地对待 100 天的训练。

参与感：十点读书会的训练营活动，每天都是以固定的打卡模式，在朋友圈或者微博提交自己的作业，并每周填表提交，让自己的成长得到系统的输出总结。

组织感：十点读书会的训练营都会进行分班，从社群成员中选拔出组长，还配备有助教等，非常有组织。

归属感：训练营因为有分班制度，所以能让小团队更有凝聚力，归属感也就更高。

3. 输出

十点读书会公众号中的文章曾经以名家授权转载为主，原创性不强，后来开始做约稿、领读模式，极具特色的训练营矩阵更让整个社群有所输出。

100 天训练营：2015 年 6 月 27 日，十点读书会联合 warfalcon 面向全国读书人发起 100 天阅读训练营活动。仅 3 天时间该计划招募阅读量超过 10 万，最终确定 2500 人进入训练营。2015 年 7 月 1 日，十点读书会在新浪微博发起 #100 天阅读计划 # 话题，当天就成为新浪微博热门话题，拥有超 4000 万的话题阅读量，此后每天将会有几千营员在微博上进行阅读打卡。读书类相关内容迅速冲上新浪微博话题排行榜，为全民阅读时代的到来添砖加瓦。

PPT训练营：2015年7月7日，十点读书会联合秋叶面向全国发起PPT训练营活动。这是史上最大规模、最火爆的一次PPT集体学习。仅3天时间该计划报名帖阅读量12万，最终确定4500人进入本次PPT训练营。7月10日，十点读书会在新浪微博发起#PPT训练营#话题，次日即拥有超百万的话题阅读量，此后每天将会有几千营员在微博上进行PPT训练打卡。导师携手助教团进驻10个营员群，零距离悉心指导，秒问秒答。训练营作为十点读书会首创的线上学习分享模式，不管是宣传规模还是招募营员数量均再次创下纪录。

100天改变自己训练营：2015年8月8日，十点读书会联合古典老师面向全国发起100天改变自己训练营活动。这是史上最大规模的一次集体学习活动。仅3天时间该计划报名帖阅读量累计超过20万，最终确定9500人进入训练营。8月12日，十点读书会在新浪微博发起#100天改变自己训练营#话题，现已拥有超4000万的话题阅读量，此后每天将会有几千营员在微博上进行100天改变自己训练打卡。古典老师携手90名助教团入驻20个微信班群，零距离悉心指导，秒问秒答。

正是这样杰出的输出能力，使十点读书会社群与社群成员产生了高黏性，为社群的发展打下了好的基础。

4. 运营

目前十点读书会做了几大矩阵，包括新媒体矩阵（公众号、微博、十点直播间、十点电台等）、作家见面会、十点训练营、十点课程和全国分会等。

十点读书会的微信公众号6个月粉丝量达30万，新浪微博粉丝超过80万，多个千万级阅读量话题成为微博热门话题，还有强大的千万粉丝级自媒体资源"十点读书"作为后盾。

十点直播间：通过严格筛选，面向全国招募了20多名高质量专业十点读书会专属主播，全程参与线上直播间访谈节目、各地读书会活动主持，以及建立了十点读书会电台。另外，还面向会员建立十点文字营，撰写十点读书会的相关文字内容。

作家见面会：举办多名知名作家的见面会。

十点训练营：分别与多位大咖合作组建训练营，都有不错的活动效果和曝光率。

全国分会：线下读书会、线上分享会与兴趣小组活动等。

线下读书会：目前已在30个城市开设分会，约3000名正式会员。其中超过24个城市已经举办完第二场线下读书会，会员们积极踊跃地自发组织了各种各样的线下读书会，已达近百场。

线上分享会：各城市已开展六一"致童年书"、父亲节主题分享、班委跨城分享、班委风采展示、达人课堂等数十场线上主题分享，以及开展书的线上共读活动。

兴趣小组活动：在社群的引领下，会员们还建立各种兴趣小组，有共读一本书，有跑步团、羽毛球团、PPT 提升组、原创文字营及主播团等，读书会云集了各种各样不仅爱读书更爱学习的伙伴，其中不乏各种专业技术人才。

5. 复制

十点读书会围绕着读书，在线下全国性的复制能力上是做得比较好的，线下黏性也比较好。相对于吴晓波书友会来说，它更偏向于个人品位化以及以这个品牌作为辐射点进行复制。

十点读书初始于在线教育，借助自己的导流能力，整合优质社群特别基于能够产出优质课程的社群，一起运营在线课程，通过教育型社群开展十点读书的后续规模。如果十点能打通整合优质社群的商业模式，在复制上的潜力可观。

案例分析三：橙子学院

1-4　橙子学院社群形象

"成长，长成自己的样子"取首尾二字，即为"橙子"，橙子学院是一个专注在个人成长与职业发展的互联网学习社群，是新精英旗下的专注培养未来人核心技能的青年学习社群，开设有高效能训练营、影响力 Lab、自我探索公司与整合共创学院四个系别，努力为大家搭建由"自我—伙伴—师傅"组成的成长支持系统。

1. 同好

创造变化的人，适应变化的人，橙子学院希望汇聚这两种人。虽然未来还未确定，虽然自己还没有成为最好的自己，但是依然前行，因为内心有信仰，通过对新技能的尝试，逐渐探索自我的生涯规划。

橙子学院的口号：成长，是面向未来的信仰。社群同好聚集的方式分为：线上训练营与线下活动。

2. 结构

按照橙子学院的设置，可以把学习分成 4 类：开眼界、提技能、解困惑、建系统。

提技能是最直接也是最花时间的，因为需要大量的练习。

建议 1 个月学一门，甚至两个月精通一门比较好。橙子学院每个月都有一门技能训练营。

解困惑是针对一个已经遇到的具体问题提供小技巧。遇到就听，听完学会马上就用，

方便有效。

橙子学院中的"达人开腔""选对"一对一咨询服务，以及平时公众号中的"新技能OET"栏目都属于这一类，会员可以找到有共鸣的话题和导师，学习这些小窍门。

建系统是比较难的，需要经历"困惑—技能—困惑—技能—困惑—系统"的过程，也就是需要成员在困惑与方法之间反复实践和验证后，才会对建系统的方法有感觉。

以上是关于线上训练营的结构。

线下社群的活动结构，围绕着生涯工具——生命之花（平衡轮）的8个维度展开：

"职业发展、财务、朋友与重要他人、家人、健康、个人成长、娱乐、自我实现"。

多维度平衡橙子会员成长的过程，由各地线下合伙人做主导，每月策划不同维度的活动。

3. 输出

橙子学院的理念是根据自己的喜好、精力选择不同的"橙长"套餐，根据不同的情况可以多吃点儿或者少吃点儿。"橙长"的标准套餐如下所示。

每个月参与：

1个训练营（如果没时间练习，可以两个月一次）。月初听导学课，月底结束后再听一次。

1次自己感兴趣的开腔；如果要深入沟通可以去"选对"找到老师咨询。

1次开脑洞或者经典精读。

至少试试看两次橙子School周末带领的"橙会玩"，做个有趣的人！坚持参加生命之花研习会。

目标：

1年内了解5项技能，掌握3项。

坚持12个月做"生命之花"，300天3件事打卡。学会不少于20个"玩法"，带大家玩。

通过"开腔"和"选对"，解决长久困惑自己的小问题。至少主持或者张罗两次活动，认识一群有趣好玩的好朋友。如果你在"节食"，那推荐你用第二款"橙长"轻松版。

参与：

两个月一次训练营。每月初听导学课。

参与感兴趣的开脑洞和经典精读。1个月至少试试看一次"橙会玩"。

看到适合自己的"开腔"就参与，能找到适合自己的"选对"老师，坚持参加"生命之花"研习会。目标：

在不影响工作、生活的前提下，学会1~2项技能。

对于橙子学院的4个院系有系统的了解和具有理论基础。坚持10个月"生命之花"，

3 件事 200 天。学会不少于 10 个 "玩法"。

懂得求助，通过 "开腔" 或 "选对" 解决自己的困惑。

4. 运营

橙子学院开设高效能训练营、影响力 Lab、自我探索公园和领袖孵化器 4 大院系以及橙汁儿伙伴圈，线上线下活动。

4 大院系线上的课程："21 天高效能训练营""21 天影响力倍增的人际沟通术""分享力——表达自我，成为社交节点""用 MBTI 了解自己，洞悉他人""无冕领导力"。

橙汁儿伙伴圈：是橙子会员专属的高效能社群花名册，成长资源圈。会员可以通过搜索筛选，来实现你感兴趣的同行、同城小伙伴个人展示信息和联系方式的快速查找。

线上线下活动：橙子组建了 200+ 人的橙市合伙人团队并持续壮大，截至 2016 年 10 月，6 个月时间内已经在全国 32 座城市开展了 260+ 场活动，以成长为核心，围绕 "生命之花" 的各类主题和形式的线下活动。

成员可以找到身边的橙子伙伴，建立就在身边的支持系统、成长小组。

5. 复制

橙子学院通过第一批 1000 人初始会员共同建设，完成了 5000 人的会员招募，现在已经由之前的定期招募升级为随时加入、随时成长。

线上媒体：通过橙子 School 公众号文章进行理念宣导，促进会员成长行动。

线上课程：全员免费的公开讲学导学课最大限度地宣传，全年 12 门技能训练营课程能够覆盖所有会员，保证会员的成长质量。

线下活动：达人 "开腔"，线下大课能够凝聚橙子会员，线下生涯规划、读书、技能交换等活动能够让会员有一个成长的团体、实践监督的平台，能够将橙子学院更深度化地传播出去，促进成长质量。

线下活动：线下城市活动由橙子学院提供基本支持和帮助，提供 "标配——生命之花" 研习社活动的基本运营手册，其他各类型成长活动则是由各地橙子合伙人团队为主导策划组织，不同城市因会员数量以及当地现状，平均线下每个城市每月会有 1 ~ 6 场不同主题的活动。

案例分析四：幸福进化俱乐部

幸福进化俱乐部是由易仁永澄老师于 2012 年成立的个人成长和自我管理社会化学习平台，目前主要聚焦职场发展中的忙碌、盲目、茫然、拖延等突出问题，为职场人士提供专业的目标管理理论、问题解决方案、个人成长服务等，帮助职场人士制订目标、达成目标。4 年来，幸福进化俱乐部发起了 80 多种、400 多次成长类的活动、训练营、课程，参

与课程人数 1700 余人，参与活动人数 12 万人次。

1. 同好

最初是时间管理的个人成长兴趣小组，大家在互相交流学习的过程中发现时间管理只是一个开端，真正能够促进个人高效成长的关键是构建自我管理系统。基于个人成长和自我管理，开展了一系列的社群讨论、分享会、训练营，逐渐吸引和稳定了一批爱成长的核心群体。

随后用户群体基本上关注的都是个人成长和自我管理两大领域，由于两个领域密切相关，所以，可以简单来说，该社群的成员都期待用更好的自我管理方式来实现持续高效能的个人成长。

2. 结构

目前其结构由 5 部分构成，分别是核心灵魂、核心成员及线上管理团队、重度粉丝、轻度粉丝、社群新人。

（1）核心灵魂：易仁永澄

目标管理专家，ICF 国际教练联盟 ACC 级教练，结构性思维认证讲师，国家认证生涯规划师，心理咨询师三级认证，生涯咨询师二级认证，专注于个人成长和自我管理领域 9 年。

（2）核心成员及线上管理团队

核心成员来自线上管理团队，这个团队的成员均在课程中产生，由于认可理念愿意为俱乐部提供义务的支持，随着大家的不断投入，从中选择参加过至少 1 次收费课，并且对俱乐部极其认可的伙伴成为核心成员。整个俱乐部的资源也会向他们倾斜，他们平时有自己的微信群，平时彼此之间的连接和互动非常紧密。

（3）重度粉丝

非常认可俱乐部，基本上俱乐部推出的付费或者免费活动都会去参加，表现积极；这部分一般活跃在各个活动或者课程的助教群里面，他们担任助教，自己学习的同时帮助别的伙伴成长。

（4）轻度粉丝

认可俱乐部，会根据自己的需求有选择地参加俱乐部的活动，这部分成员一般是以参与活动、学习为主，学习结束后就归于沉寂，直到参加下一个活动或者课程。

（5）社群新人

通过各种渠道了解到幸福进化俱乐部，但还没有通过俱乐部的入门活动，这部分成员一般是在俱乐部的两个 QQ 大群中。

3. 输出

灵魂人物输出：公众号、个人博客、简书内容更新；课程、训练营、微课分享等不断推陈出新，原有的内容也在不断地更新换代；大部分课程的研发会和俱乐部的成员一起进行，如通过定期在微信群和QQ群投放一些小活动，促进社群的活跃和互动的同时收集大家的反馈和建议，不断改造课程的内容和形式。

社群成员输出：俱乐部的大部分活动都有作业安排，根据产品形态的不同，需要大家书写感想、回顾、笔记、实践心得等内容，这些内容有6个地方可以展示：俱乐部公众号、活动网站、俱乐部论坛、微信群聊、简书平台及微博等。为了满足用户需求，俱乐部提供了3大类产品：个人成长训练营体系（22个训练营，平均时长4天）、自我管理收费课（5门）、目标达成能力体系（9个级别）。

4. 运营

仪式感：申请加入幸福进化俱乐部的伙伴，首先需要通过入门活动，也就是"分身术训练营"的考核，分身术训练营会把社群文化、常用语和沟通方式告知大家，关键是通过活动筛选出来真正积极主动的爱学习的伙伴加入训练营。分身术的毕业，意味着这个伙伴是基本得到认可并且有很强的主动学习态度，这是成长社群的基础。

参与感：俱乐部有不同层次的课程和活动，但每一个活动和课程都非常强调运营，强调互帮互促的小组机制，在这个过程中，可以让大部分的成员感觉到俱乐部对他们的关心和关注。此外，俱乐部的所有重大决策，都会和核心伙伴进行讨论，每一次发展都有大家共同决策的力量。此外，课程开发都由社群的伙伴共同策划形成，充分考虑了用户的意见。

组织感：俱乐部一款产品的推出都会提前征求大家的想法和建议，组织大家参与到产品的研发和运营过程中，根据用户的反馈来优化投放产品的形态和运营手段。每次活动的宣传和推广也是有专人来协同组织不同的课程和活动负责人，由他们来根据产品的情况在不同的渠道里投放宣传。每个产品的背后都是一个线上线下协同的团队在做事。

归属感：俱乐部有高能伙伴管理机制，有一期活动或课程表现积极优秀的学员都会有专人邀请成为下一期活动或课程的助教，如果可以担当就会继续被赋予重任，担任活动的负责人、组织者，甚至是课程的导师团成员。学员在这个过程锻炼了能力，对于自己平时的工作和学习都是一个促进。

5. 复制

线上产品复制：幸福进化俱乐部发展的过程中，产品线一度铺得很宽。最多的时候同时做的活动有十几个，导致前期用户认知和品牌建设困难，目前站稳目标管理这个点，通过目标管理把社群的入口打开，流量引人。站稳目标管理领域，把产品、运营和推广做

成标准化的流程，就可以考虑把原来探索过的个人成长和自我管理领域的其他活动持续开展起来。

线下组织复制：由于位置的原因（幸福进化俱乐部总部在威海），之前的产品和服务过于倚重线上，线下组织是自由发展的状态，后期的复制和拓展会从线下切入，线上线下互相导流，形成一个立体的成长社群。

联盟合作复制：目前爱成长的人相对总体人群来说，还是属于小众体。而当前的成长社群，用户的选择也难免困扰。幸福进化俱乐部也在开始逐渐走出去，把社群从相对封闭的状态做成开放式的，和其他的成长社群，如 BetterMe 大本营社群进行合作共赢，把市场的蛋糕做大，一起促动学习者的汇集和对其的服务。

实战训练

1. 选择你身边影响力较大的一个社群组织，使用 ISOOC 模型对其进行分析与评估。

同好	
结构	
输出	
运营	
复制	

2. 假设你是一位读书会的社群负责人，你该如何运用 ISOOC 模型理论提升社群的质量？

完整社群的构建

📊 学习目标

➤ 掌握成立社群的内核
➤ 了解社群结构的构成
➤ 了解社群运营的方法，通过运营使得社群丰富化
➤ 了解社群对外的品牌输出
➤ 了解如何裂变分化出一定的社群规模

📊 学习过程

情景设计

2014年7月，宋小迪创建了小而美的婚恋平台"连理枝"。主要形式是通过三对三的方式给参与者更深入了解、发现的机会，进而有望"喜结连理"。但运营到后期，发现活动并不容易做，正处瓶颈期间的宋小迪写的几篇文章突然爆红网络，她开始重视微信公众号的经营，并建立起了以内容为核心的吸引力、以女性为主要目标的线上社群。

"连理枝"有一个核心的词汇叫"对味"。宋小迪说，"所谓对味，就是三观和审美一致"，她围绕"对味"来确定运营方向、把握传播脉络，将分布在不同城市的有个性追求的女孩连接起来，宋小迪把她们按照地区划分后成立了20多个群。但是随着加入的人数越来越多，也为运营带来了挑战，维护成本特别高。一些人只是通过看一篇文章好奇而来，其实根本不是"对味"的人。在宋小迪看来，真正的社群不是人越多越好，而是人越对味越好。因此，宋小迪采用了筛选粉丝的做法。她排除了跟很多对明星认知极端化、审美品位不高、不认可二手包交易等"三观"不一致的人，而把那些和她的调性相符，认可她的文章所传递的态度的人留下来。

📊 任务描述

对社群构建的理解和认识。

📊 知识导航

一、找到成立社群的内核

在社群"同好"主题之下，要做到人家共同认同的价值观。有大家认可的价值观才能保持长期的连接，如"罗胖"（罗振宇）的"U 盘式生存"。价值观一般来自自己人或者某一产品的信念。

（一）建立社群的目的

明确目的，明确建群动机，它是后续一切活动开展的初始。只有这样才可以明确后续整个社群运营及管理难题规则如何设置，用户价值闭环如何成形。

如果一个社群的存在，既能够调动成员的各种价值需求，并在调整自我需求的过程中，又能够给运营人员带来一定的回报，就会形成一个良好的循环，然后可以形成自运行的生态。

做社群最难的就是还没有想明白就风风火火地运营了，还没有想清到底做什么的时候，千万不要着急去推广，事后你要想改社群的基调那就有点难了。

打开手机，把自己 QQ、微信中所有的群按照你加入的目的做一下分类，概括一下，这些群主要分哪几种类型？

一般来说，建群的常见目的有以下几种：

1. 销售产品

也就是说，社群成立的目的是能够更好地售卖自己的产品。如有一个人通过建群，分享绣花经验，分享完了就可以推销其淘宝小店。这种基于经济目标维护的群反而有更大的可能生存下去，因为做好群员的口碑就可以源源不断获得老用户的满意度和追加购买。

2. 提供服务

如在线教育要组织大量的学员群进行答疑服务，还可以通过微课在线分享知识，有的企业建立社群与客户之间的连接，以提供一些咨询服务。

3. 拓展人脉

不管是基于兴趣，为了交友，还是构建自己的人脉圈，这是任何一个职场人士都会去努力维护的一种关系。

人脉型社群尤其要明确定位，因为很容易找不到自己的圆心，每个人的需求是不同的，如果做社群找不到圆心，是非常容易失败的。

如"正和岛"是定位企业家的群体，围绕创业者社群建立的生态链。下面有很多细分的组织，如"猫的剽悍江湖"定位是"不断走出自己的舒适区，突破自己的认知疆域，多跟优秀的陌生人做朋友，向他们学习"，所以该社群招募时只招陌生人。

4. 聚集兴趣

也就是基于如读书、学习、跑步、艺术等爱好而聚在一起形成的社群，这类社群的主要目的是吸引一批人共同维持兴趣，构建一个共同爱好者的小圈子。尤其成长是需要同伴效应的，没有这个同伴圈，很多人就难以坚持，他们需要在一起相互打气、相互激励，很多考研群就是这样的。

如 ScalersTalk 成长会以"持续行动，学习成长"为目标和价值观，口译等技能的练习只是一个通向成长的手段，其核心是聚集一样价值认同者，一起完成更有意义的事情，并从中得到成长。

5. 打造品牌

出于打造品牌的目的而组建的社群，旨在和用户建立更紧密的关系，并且并非简单的交易关系，而是实现在交易之外的情感连接。社群的规模大了，传播性就可以增强，对于品牌宣传就能起到积极作用。

但需要注意的是，不是所有品牌都容易和用户建立产品之外的情感衔接，这跟品类以及沉淀是有直接关系的。如消费者不会觉得用一个洗手液就代表什么生活方式，因为其功能性太强；而如手机，作为时尚度、高频度、潮流度的产品，用户对手机的关注度极高，可以讨论的话题较多，那么，社群就可以快速建立。

还有一些品牌，本身在消费者群体中的口碑还没有建立起来，没有一定品牌的沉淀，想要构建社群也不容易。

6. 树立影响力

利用群的模式如果能快速裂变复制的话，可以借助这种方式更快树立影响力。

因为网络缺乏一定的真实接触，这种影响力往往能让新入群的成员相信或夸大群主的能量，形成对群主的某种崇拜，然后群主通过激励、分享干货、组织一些有新意的挑战活动鼓励大家认同某种群体身份，最终借助群员的规模和他们的影响力去获得商业回报。

（二）社群的价值课堂讨论

1. 社群的价值

你认为社群可以给群成员带来哪些价值？

A. 让更多人更好地了解某个产品。

B. 提供某种爱好的交流机会

C. 聚集某个圈子的精英，影响更多人。

D. 让某区域的人更好地交流。

E. 做某个群体的情感聚集地。

F. 认同某一类价值观，共同探讨。

社群自身必须有一定的功能，能给群成员带来一定的价值。社群的价值是起于能力构建的，而不是基于热情或者愿景。构建社群价值需要注意以下几个问题：

同好定位一旦偏了，社群的运营方向自然也不会达到预期。要让社群的价值抓住痛点，就需要从以下两个维度思考。

第一，从社群发起人的角度，为什么要做这个社群，希望通过创办与运营社群而得到什么，也就是前面讲到的要明确"建群的目的"。

第二，从社群参与者的角度，为什么要加入这个社群，希望加入与参与社群而得到什么。对于一个社群来说，要聚集在一起的成员必须有一个共同的强烈需求，社群必须能提供解决这一需求的服务。

2. 价值要具体

课堂讨论

有人说："我们聚集了一批社群成员，我们想在一起共同成长。"

请思考："共同成长"叫爱好吗？

谁都想成长，这种爱好太广泛了，不聚焦，让人看不到具体价值何在。同样是成长主题，以李笑来老师的共同成长群为例，人群费用需要几千块，而且越迟交，花费越多。但在这个群里面能接触到各行各业的专家，所以这个群的价值非常明显，那就是要和老师身边的专家们一起做朋友。和社群里面的专家做朋友，感受他们的思维，学习他们的方法，其实也是在和时间做朋友。

3. 价值要有回报载体

社群既然应该为大家提供价值，那就必须找到一个能够产生经济回报的承载物。同好的标签固然可以把同类特质的成员快速聚集起来，但如果没有相匹配的回报载体满足群成员深层次的需求，这样的"同好"就会陷入组织一群人热闹，自己什么回报都没有的窘境。

很多时候还没有想清楚把一群人聚集起来之后，商业回报到底是在哪个点产生，就凭着一腔热情把社群建设起来。一旦运营的激情消退，那些缺乏运营的社群，要么沦为广告天堂，要么就慢慢沉寂死掉，群只有一个空壳，不会再有价值。

如"趁早"社群有自己的微店，出售各种衍生商品；"罗辑思维"有自己的电商平台，2015 年仅凭卖书就制造了一个亿的流水。

课堂讨论

小米手机社群的回报载体是什么？秋叶 PPT 社群的回报载体是什么？十点读书会的回报载体是什么？

还有哪些社群有非常明显的回报载体？

一群人有共同的爱好，极有可能买同样的服务或者产品，当购物话题在群里面聊起来还能带来从众购买效应，这样高水平的社群运营者价值才能得到体现。

建设一个社群是需要付出巨大的时间成本和精力成本的，只凭兴趣爱好而不求回报的付出是不现实的，或多或少都会受到主客观因素的制约和影响。所以你可以看到，免费得到的一般是低质的服务，收费才能得到好的服务。在社群运营里面，这个规则依然成立。

所以一个健康并能长久的社群是基于连接的自生式生态系统，它既能满足成员的某种价值需求，又能给运营人员带来一定回报，只有这样才能形成一个良好的循环。

4.价值要有互惠互利的共生点

通过调研大量社群发展的案例可以看到，真正能长久存活下来且不用特别维持，还能很活跃的，是社群成员之间逐步建立了互惠互利关系。

因为一个社群就算有回报载体，但如果仅仅是一个产品或服务销售群，群员难免会对社群的商业化性质产生质疑。想打消成员的疑虑其实并不容易，但是如果社群运营者和群员之间的回报是相互的，那么社群的自运营生态才能真正建立起来。

像秋叶 PPT 的核心群，聚集了一大堆 PPTer，秋叶老师有需求的时候社群成员会主动帮忙，秋叶老师有定制 PPT 的订单也会介绍、推荐社群成员去挑战，社群成员彼此之间也经常打赏、分享彼此的好作品，互相帮助扩大个人品牌的影响力，这样的群因为有了互利互惠的关系，长久连接的价值自然就显现出来。

（三）社群的表现形式

有大家共同认同的价值观才能保持长期的连接，如罗胖的"U 盘式生存"，趁早社群的"女性自己的活法"。那么，这些价值观如何体现并落实呢？

1.社群名称

名字是最为重要的符号，是所有品牌的第一标签、第一印象，所以要特别重视。

（1）命名的3种方法

第一种方法是从现成的核心源头延伸出来，特点是与核心源头息息相关，从名称上并不能看出特别具体的信息。如从灵魂人物延伸：罗胖的罗友会、万能的大熊的大熊会；如从核心产品延伸：米粉群、魅友家。

第二种方法是从目标用户着手，想吸引什么样的客户群体，就垂直地取与这个群体相关的名字，一般从名称上就能看出是做什么的。如行为：拆书帮；如爱好：爱跑团；如内容：干货帮；如理念：趁早、BetterMe大本营。

第三种方法是以上两种的结合。如吴晓波书友会、秋叶PPT。

（2）注意事项

好名字应该让人容易记住和传播，可以让目标客户群快速找到你。除非特殊原因，否则一定忌用宽泛、生疏及冷僻词汇等。

2.社群口号

口号作为浓缩的精华，从产品、企业到品牌……一直都是重中之重。纵然口号有千千万万，但总结下来一般无非有3类。

功能型——阐述自己的各种特点或做法，用最具体直白的信息让所有人第一眼看到就知道你是做什么的，比如"猫的剽悍江湖"社群的口号是"读好书，见牛人，起而行，专于一"。

利益型——阐述该功能或者特点能够带给你的直接利益，能够为你完成某个目标做出的贡献，比如秋叶PPT社群的"每天3分钟，进步一点点"。

"三观"型——阐述追求该利益背后的态度、情怀、情感，该利益升华后的世界观、价值观、人生观，比如趁早社群的"女性自己的活法"。

我们可以看到，新品上市，一般主要的焦点是放在功能和利益上，尽可能减少用户的认知障碍，迅速占领市场，而一旦成熟起来成为大众熟知的品牌，其口号的"三观"意义就体现出来了。

从中我们可以看到BetterMe大本营社群目前发展到了哪个阶段，任何一个产品，初期可能还有功能、利益的竞争，越往后越是"三观"尤其是价值观的竞争，如果有一天一个品牌所代表的价值观能够被大众接受一定就是王者，社群也是如此。

3.视觉设计

对于社群来说，尤其要凸显仪式感、统一感，那么视觉就是最基本的表现手法。

与社群相关的微信、微博、群……是不是都需要头像？做线下活动，是不是要布置会场？合影需不需要手持标志性的牌子或旗子？所以围绕着社群的名称与口号进行视觉设计，比如头像、背景、卡片、旗帜、胸牌……不论是线上传播还是线下活动，视觉都是最基本的认知，所以必须精心构思，而这一切的视觉设计的核心就一个，那就是LOGO。

以BetterMe大本营社群为例，其社群的LOGO含义如图2-1所示。

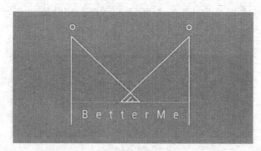

图2-1

LOGO设定好之后，所有平台的占位、活动的开展，基本上都以LOGO延伸，就像一家企业的品牌VI一样，可以在官方微博和微信、纪念品、邀请卡、胸牌、旗子、合影……贯穿始终，哪里都要用，处处都需要用视觉强化品牌形象，如图2-2所示

图2-2

目前常见的社群LOGO有两类，一类是已经非常成熟的企业或者品牌在做社群的时候，会直接沿用自己的原LOGO；另一类是一般情况下原生态的社群，主要还是用文字，部分也会用一些核心人物或者理念延伸的卡通形象。

其次，LOGO要考虑分化性。一种是在主LOGO上加分区域的名称，如趁早读书会；另一种是在原基础上进行适当修改，如魅友家的各地社区LOGO，都会结合当地的地标或文化进行修改，但风格是一致的。

4.黏性方式

增强社群黏性，可考虑从以下方面入手。

第一，形式。用某一种你所擅长的形式和成员持续输出、交流、互动，来不断强化共同的价值观，常见的有以下形式。

官方内容：如罗胖的脱口秀视频、60 秒语音，趁早的"效率手册"。

互动形式：如群讨论、群分享、答疑、内部群送福利活动等。

周边产品：如秋叶 PPT 的 3 分钟微课程、行动派的日历等。

线下活动：如 BetterMe 大本营，不但每年固定与社群成员聚会加强感情连接，还会专门花时间培训加强能力连接。如图 2-3 所示，为活动图片。

图 2-3

第二，节奏。如罗胖的语音是每天早晨 6 点半，而且一定是 60 秒，小米的橙色星期五发布最新 MIUI。以固定的方式做类似的事情可以有节奏连接，形成固定的使用习惯，对下次产生预期，进而逐步提高参与度。如图 2-4 所示。

图 2-4

5. 主动洗粉

前面提到，社群的"三观"必须鲜明，因为社群如果要提高凝聚力，就不能什么人都引入，要引入具备共同认可的"三观"的人。有必要时，必须放弃一部分人群，在业界有个专有词汇，叫"洗粉"，指通过某种内容手段把与社群"三观"不匹配的"粉丝"给洗出去。

当然，主动洗粉这种策略建议慎用，与其一开始随便引入，后期洗粉，不如一开始设置好进入门槛。

（四）社群营销的四大步骤

1. 建群

建好群是做好社群营销的重要基础。不同的顾客属性，要建不同的群，确定不同的交流主题。群的人员数量的多少，要根据实际情况确定，一般不要做大群，人数一般在200人左右最佳。

2. 激活

群一定是一个讲情感的空间，要想激活群员，价值内容传播非常重要。要结合群员的特征，选择适合的传播内容。好的有价值的内容可以产生黏合剂、润滑油、放大器等重要的作用，可以是图文、小视频、课程等。

3. 运营

要有专人管理（没有专人管理的群非常容易陷于混乱），这个人一定要具备较强的社交能力，特别需要具备管理熟人、半熟人的能力，有把生人变成熟人的能力。要热情、细腻、周到，还要有一定的个人价值魅力，没有规则的群肯定做不好。

4. 裂变

发挥好群的价值，一方面把群做好，更重要的是能发挥群成员特别是种子用户的价值，发挥移动环境下的传播手段，通过种子用户产生更大的营销传播裂变，这将产生巨大的价值，做好传播裂变要靠有价值的内容，好的价值内容才具备传播属性。

案例分析：社群营销成功案例——麦当劳

很多靠营销上位的品牌，都将社群作为比较主要的销售渠道，在社群中发布新品信息、折扣优惠券等，促进产品的销售；与他们不同，麦当劳的社群，更多承担的是类似于一个公告栏的作用，承担起与消费者沟通和服务的功能。

在麦当劳的社群中，有三类运营方式——客户答疑、促销互动、主题活动。

客户答疑，即社群运营者（麦麦种草官）根据麦当劳的官方活动，发布相应的主题日温馨提示，并为客户解答相应的问题；

促销互动，即运营者在麦当劳进行全国性的大型促销活动时，在群里同步互动引流；

主题活动，即配合麦当劳的IP合作等营销活动，进行主题活动宣传，引导消费者去关注IP周边等产物，从而刺激消费心理。

在麦当劳的社群中，我们可以看到，一年365天的时间里，每一天的群里都是活跃的，有不断的信息和互动活动，消费者因为体验而产生的疑惑、负面信息等也可以在群内及时得到反馈。

通过线上App、小程序下单，不仅避免了因为排队造成的客户流失，减轻高峰期门店压力，还通过点餐流程中的多个环节，完成社群引流——店内的各处都张贴了明显的海报、二维码，引导消费者使用小程序或者App下单，店员也会主动引导其使用线上点单；

在线上点单完成后的取餐码页面，则会显示对应门店的微信群，通过一系列的"福

利""会员优惠"字眼引导消费者进入微信群。如此，引入私域流量形成固定消费会员群体的第一步就完成了。

当然，想要留存黏性用户实现锁客，还需要后续裂变手段的配合。比如会员卡、会员俱乐部消费券、优惠福袋等等，以培养消费者固定的领券习惯、拉新复购等。

至于依托新技术层出不穷的小游戏，还有时不时让消费者有"薅羊毛"快感的优惠活动，也成为麦当劳针对消费者心态营销裂变的制胜法宝。

麦当劳社群营销的发展趋势不仅是跟上时代潮流，更是提高品牌好感度和价值的必经之路。借助社群营销这种方式，麦当劳更好地融入了用户的生活，降低用户获取成本，从而在这种营销模式中脱颖而出。

二、结构——无规矩则不成方圆

在社群的结构方面，有两个主要组成部分，一个是"成员结构"，另一个是"社群规则"。

（一）成员结构

课堂讨论

网上流传这样一个笑话：

一个成功的微信群一定包括这样一些人——两个风姿不减当年的万人迷，三四个逐渐转型成功的学霸，五六个不甘老去的世俗愤青，七八个三天两头晒食物的吃货，若干个喜爱摆各种姿势拍照的潮人，众多宁愿潜水也绝不退群的呆粉，几个有事没事经常对掐的好友，时不时蹦出几句冷幽默的疑似思想家，掌握各种小道消息的所谓政客，几个个性张扬爱发段子的奇才，几个热心服务的小助理，几个时常作诗唱歌怡情养性的文艺少年，一个内心强大包容、爱发红包的群主……

你觉得这个笑话有没有道理？这给我们什么样的启示？

这个笑话虽然搞笑，但似乎说出了社群运营的一个秘密，那就是群里面的成员必须有不同的特质，因为不同特质的人在一起，才能创造各种趣味和可能，才会让群丰富起来。

没有多元化的社群群员，就很难共同进化出好的社群生态——这称为社群生态中的"杂交效应"。

如果一个群里都是同样个性的人，这个群一开始可能会让人觉得兴趣相投，过一段时间反而会让人觉得单调乏味。

社群的成员要"同频"，这和"多元化"并不矛盾。一个热爱学习成长的人，可以是外向的，也可以是内向的，个性和需求并不是冲突项，而是包含项，"同好"是社群存在的意义，"多元化"是社群持续的根本。

┌─────────┐
│ 课堂讨论 │
└─────────┘

为什么要分比例？都是牛人不好吗？

一个社群中如果都是同一个能量场的人，并不是好事。如果都是高势能，容易变成联络群；如果都是中势能，没有上升的榜样；如果都是普通层，容易变成灌水群。

从某种意义上来说，前两种角色共计20%，但基本上决定了该群的80%的质量和能量，这也是遵循了二八定律。

如果要建设一个健康发展的社群，应该是有着不同领域势能都很强大的人物加入，分别吸引势能稍微低一些但也很活跃的人参与，在一起通过跨界组合创造出在自己领域难以达成的成果，这才是社群最有趣的地方。

社群的运营者，应该努力让社群成为有不同势能的人交换势能的平台，在平台上完成跨界合作，这种合作的能量整合起来，又可以吸引第三方参与，实现多方共赢。

在社群的结构方面，有两个主要组成部分，一个是"成员结构"，另一个是"社群规则"。

1. 创建者

社群的创建者一般具有的特质包括：人格魅力、在某领域能让人信服、能号召一定的人群。除此之外，他还要具备一定的威信，能够吸引一批人加入社群，还能对社群的定位、壮大、持续、未来成长等都有长远而且正确的考虑。比如秋叶老师正是由于他在PPT领域的影响力才聚集了他核心群的成员，后来一起做课程、建学员群也都是按照他的规划一步步实施的。但是社群的创建者必须得有威严、有影响力吗？也不尽然。拿BetterMe大本营社群来说，创始人陈慧敏就是一位温文尔雅的女性，建立BetterMe大本营群的时候她还是位全职太太，没有任何网络影响力。她说读书的时候有件事对其影响很深，当时班里有很多人才，谁也不服气谁来管。当时班里有位女生，虽然她并没有高超的才能，但是能让所有高手都愿意听她的安排，大家其乐融融就把活干好了，其中最主要的原因是她没有攻击性。因为她谦虚谨慎，认真从别人身上学习精华。只有真正从内心深处认同自己在很多方面不如别人，才能真正以学徒之心接受别人的意见，同时也能获得大家的尊重。

2. 管理者

作为社群的管理者，需要具备良好的自我管理能力，以身作则，率先遵守群规；有责任心和耐心，恪守群管职责；团结友爱，决策果断，顾全大局，遇事从容淡定；要赏罚分明，能够针对成员的行为进行评估并运用平台工具实施不同的奖惩。社群管理的难度相比于线下其实不但不轻松，经常还会更麻烦。无论线上还是线下，管理的道理其实是相通的，线上还会经常遇到一些新的情况、新的问题，这就要考验社群管理者的应变能力。管理者还要能挖掘与培养核心社群成员，组建一个核心管理团队，遇到困难，想到一些主意，可以先放到核心群进行头脑风暴，各种天马行空的主意就像火花一样碰撞。一件看上去特别艰巨难以完成的事情，分解到多人后，解决效率就提高了许多。一旦社群大到一定的规模，连管理者都可以组成一个社群了，如图 2-5 所示。

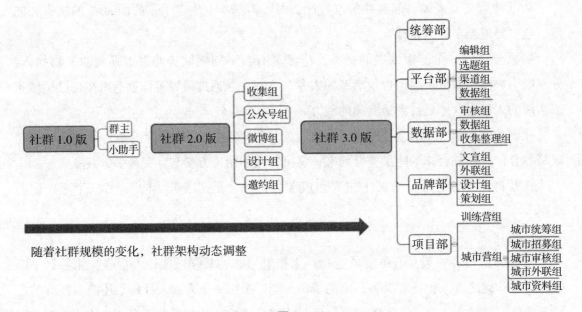

随着社群规模的变化，社群架构动态调整

图 2-5

比如太平人寿的 PP 琪社群，成员人数规模超过了 5 万太平人寿的企业员工，管理团队自然小不了，所以管理者还要分成这样几种类型：试用管理员——初级的群管理，包括提醒新人规范群昵称、统计每日问早数据；管理员——试用管理员考核期满之后可以晋升为管理员，主要引导群的原创分享；组长——组下达到 4 名管理员可以晋升为组长，每位组长负责一个群，负责群的活跃度和群聊质量；副总管理员——一位副总管理员负责 4 个大群，也就是下面有 4 位组长，更多地分担总管理的管理成本，汇总统计整个社群的每日数据（问早数据、干货数据）；总管理员——负责整个社群的管理活动，搭建群的管理架构，注入本群的文化基因，制定群每一个阶段的活动，负责整体的社群输出内容。

3. 参与者

作为社群的参与者，不强求步调保持一致，其风格是可以多元化的，多元连接才能激发社群整体的活跃度，进而提升参与度，一个生命力持久的社群，需要每一位成员的深度参与。在参与者中，建议分成高势能、中势能和普通势能 3 个维度。在比例上，高势能者占 5%，中势能者占 15%，普通势能者占 80%。课堂讨论为什么要分比例？都是牛人不好吗？一个社群中如果都是同一个能量场的人，并不是好事。如果都是高势能，容易变成联络群；如果都是中势能，没有上升的榜样；如果都是普通层，容易变成灌水群。从某种意义上来说，前两种角色共计 20%，但基本上决定了该群的 80% 的质量和能量，这也是遵循了二八定律。如果要建设一个健康发展的社群，应该是有在不同领域势能都很强大的人物加入，分别吸引势能稍微低一些，但也很活跃的人参与，在一起通过跨界组合创造出在自己领域难以达成的成果，这才是社群最有趣的地方。社群的运营者，应该努力让社群成为有不同势能的人交换势能的平台，在平台上完成跨界合作，这种合作的能量整合起来，又可以吸引第三方参与合作。这样就可以让社群搭平台，牛人来唱戏，企业来买单，群众来参与，多方共赢。如现在很多社群把普通人整合起来，变成 N 个大群，这样就有信心去邀请大咖来做免费分享，大咖的免费分享又是给普通人的福利，持续运转下去，就有企业想做借势营销。课堂讨论除了前面提到的，你觉得社群中还应该有什么样的角色？回忆一下，平时群中最热闹的时候会是哪几种场景？社群中最热闹最活跃、成员参与度最高的时候，经常是发巨大福利或有冲突争论的时候。所以，社群甚至可以引入温和反对派人物制造冲突，因为社群要有"使命感"，而使命经常源于某种"冲突"，通过营造冲突来强化使命，每一次冲突的解决都是社群的一次进化。

4. 开拓者

社群的核心是人，资源是人，只有把在社群中的资源充分利用到位，才能真正发挥出社群的潜力。所以开拓者要能够深挖社群的潜能，在不同的平台对社群进行宣传与扩散，尤其要能在加入不同的社群后促成各种合作的达成。因此，要求开拓者具备懂连接、能谈判、善交流的特质。

5. 分化者

分化者的学习能力都很强，他们能够深刻理解社群文化，参与过社群的构建，熟悉所有细节。分化者是未来大规模社群复制时的超级种子用户，是复制社群规模的基础。如 BetterMe 大本营社群的各城市营的营长都是从社群的老成员中精挑细选出来的。

6. 合作者

社群的建设独木难支，所以最佳的方式是能够拓展一定的合作者用于资源的互换，与其他社群相互分享，共同提升影响力，或者通过跨界进行合作产生互利。在这一过程

中，要求社群的合作者认同社群理念，同时具备比较匹配的资源。比如秋叶 PPT 社群与出版社进行合作，与知识技能共享平台"在行"的"群殴 PPT"合作，都产生了巨大的火花。

7. 付费者

社群的运营与维护是需要成本的，不论是时间还是物料，都可以看作成本的消耗。所以社群的运作离不开付费者的支持。付费的原因可以是购买相关产品、社群协作的产出、基于某种原因的赞助等。

（二）社群规则

运营好社群要制定一个符合自身定位的运营规则，规则模式可以先从一个社群做起，验证模式的可行性，最后进行大规模复制。本质来讲，社群规则不是规定做什么不能做什么，而是规定这个群的文化是什么。

1. 引入规则

发现并号召那些有"同好"的人以抱团形成金字塔或者环形结构，成为社群，尤其最初的一批成员会对以后的社群产生巨大影响。所谓金字塔形结构，就是有一个人高高在上做精神领袖，然后群员做他的小群的分群主。实际上只是用比较分散的方式，完成一个金字塔的关系。所谓环形结构，就是这里面有多个人是这个群里面的灵魂人物，而且在这个环形结构里面，大家的专业不一样，每个人都有别人可能用得着的东西。所有的人都有一个圈子，要么这个圈子中有一个人在金字塔尖，高高在上；要么大家各有各的能量，可以互补。如在 @秋叶的核心群里面，能不能只有他一个人优秀？这可能有问题，如果只有他一个人优秀，那他就要每天在社群中产生内容，这显然是不可行的。所以，要发现优秀的社群成员，要让这些人成为不同圈子里有能量的人。现在有不少社群是没有准入门槛的，只是贪图快速做大规模。这样引入成员的结果，经常是群里面什么样的人都有，无法聚焦。观察企业家俱乐部就会发现——要加入顶级企业家俱乐部是非常困难的，光有钱是不够的，你得在圈子里有软实力。有实力的人才愿意一起玩圈子，若是能量不对等，也很难有社群成员的高效连接。所以，设立社群一定要用门槛保证质量，也让加入者由于"付出感"而格外珍惜这个社群。那引入规则的门槛有哪几类呢？

（1）邀请制。小圈子式的社群引入一般选用邀请制，比如秋叶 PPT 的 69 群从不对外开放，都是群主邀约制，谁都可以来，但是有一个条件，你得手里有活儿——才华就是门槛。在群里面，所有有才华的人都可以用才华建立各种各样的关系，进行智能交换。

秋叶 PPT 的核心群结构的准入规则就是必须保证每个进入的人都有才，而且秋叶 PPT 核心群有一个铁规，那就是不能超过 69 个人，超过 69 个人就必须踢、换（所以这个群又被称为"69 群"），看起来很残酷，但可以保证群的正常新陈代谢。

（2）任务制。这种方式加入社群虽然不用付费，但是得有一定的付出，一般是完成某一种"任务"后方可加入。最初级的就是常见的"转到朋友圈并截图发给小编""集齐×个赞"等小任务，不过已经被使用得泛滥了。还有就是填写报名表、个人资料等，流程看起来比较烦琐——而恰恰就是故意弄得比较烦琐，如果申请人连这点耐心都没有，那他作品的质量能有多高？更高级的是根据社群定位性质的任务，比如"李叫兽研究会"的主要研究定位是营销、文案，所以会给出一道文案题目。终极的任务应该就是因人而异了，根据自身的特点给出一个任务考核，过关了就能顺利进入社群。

（3）付费制。最常见的模式是付费买产品，如秋叶PPT的学员是付费购买课程后才有机会入群——付费就是门槛。

一个人为了入群花一点点钱是好事情还是坏事情？——当然是好事情，花了钱才会珍惜，群员才更愿意服从群主的管理。主流的社群付费还属于会员制，付费成为某一种"同好"的会员。如"罗辑思维"亲情会员，花费200块钱即可成为会员。更有趣的是李笑来的共同成长群，每个人进群的时候，你需要花一笔钱，而且收费是浮动的，在100人内收费1000元，200人以内收费3000元，300人以内收费5000元，400人以内收费7000元……而且还有其他门槛，这个社群诠释了什么叫"收费高，质量也高"。原因也很好理解，能为成长付费而且付费不菲的人，一般质量也极高。

（4）申请制。申请制是指不主动邀请，也不用付费买产品或成为会员，但是你得像申请工作一样经过考核，换言之你得有足够的才华。互联网专家李靖的"李叫兽研究会"社群，通过公众号进行公开招募，申请者需要投简历，还要经过微信视频面试，从近千份简历中筛选出几十个人进入。

（5）举荐制。即入群的人要经过群内人的推荐才可以加入，如"知识型IP训练营"要加入必须有一名老营员做推荐，而且每一个老营员都有一定的名额限制。

举荐制有如下好处。第一，推荐人可以向被推荐人解释群的作用，让入群者对群有所了解，避免盲目加入。第二，推荐人和被推荐人在一个群里，发言时更容易进行互动，避免新人入群发现自己讲话没有人理会的冷场效应。第三，人以群分、物以类聚，推荐人推荐的人往往是他欣赏的人，每个人欣赏的人都不同，那么推荐来的人个性也会不太一样，如果有足够多的推荐人让新人入群，那么群里的人的个性肯定是多元的。第四，被推荐人其实使用了推荐人的信任代理，所以被推荐人在群里的举动其实也牵动着推荐人的心，当被推荐人有不妥的行为出现时，推荐人会主动去解决，客观上便于群的管理。

2.入群规则

（1）入群后的一系列规则规范，为形成入群仪式感做好基础

①这是一个什么样的群？——群的系列化命名和视觉统一，无论是QQ群、微信群或

是论坛社区，如何在交流平台上让群成员井然有序，基本资料的设置和视觉化统一都是非常重要的第一步。以QQ群为例，如果将群头像、群名称、群资料进行统一，就会给人一种规范的感觉。群中每个人的昵称就像团队的着装，如果不规范，可能会让别人感觉这个社群是个杂牌军，群昵称高度一致也能说明群规执行到位，不但对树立群的正气形成无形的正面影响，而且可以更好地进行管理和促进群员相互之间的了解。群昵称建议不要太非主流，尽量少使用空格、横杠或复杂符号。因为加一道横杠就会有很多人卡在这里，横杠加在哪里，长杠还是短杠……最后反而凌乱了。社群关于命名和视觉的统一常见的模式有：群名统一命名——社群名+序号、群主名+归属地+序号；群资料、群公告统一告知——提前准备，告知相关事宜，如入群后报到、交流、设置聊天字体等；成员名统一命名——身份+序号+昵称、归属地+类型+序号。

②进群之后做什么？——用好群公告，告知入群须知晓的社群运营，要让每一位入群的伙伴明白这个社群是做什么的，要反复提醒，让其深深刻在脑子里。如秋叶PPT学员加群之后会默认弹出群公告了解相关入群事宜，如图2-6所示。

图2-6

一般群公告的设置角度可以明确"3个行为"——鼓励行为、不提倡行为、禁止行为，这是对质量的严格把关。鼓励行为：如发表原创分享、入群的自我介绍、成长感悟等。不提倡行为：如询问小白问题、发鸡汤链接等。禁止行为：如发广告、拉投票、言语不净、无休止争论、破坏群内和谐气氛等。

③破冰——自我介绍或规范昵称、明确群规之后，接下来就该破冰相互认识了。入群做自我介绍是最简单的破冰方法，让群里的各位最快熟络起来。一般来说，社交比较少或者偏内向的人不太会做自我介绍，会显得比较局促，还有的人不知从何说起，或者抓不到重点。这种时候，可以提供一个信息要点的模板，让他们在此基础上进行发挥。如太平人寿的PP琪社群中，新加入成员的介绍格式是："××群的社群成员们大家好，我是来自×市×营服的××，我的微信号是×，我原来的职业是×，×年加入太平，现在职级是×，正文开始（正文必须有加入太平的原因和来太平之后的收获），我的梦想是×，希望能和大家在×群交流分享，共同进步。"不过群破冰也要考虑群规模，像秋叶PPT的学员群，规模在2000人，如果每个人都破冰，刷屏量也会非常多，所以秋叶PPT的群只给老师和嘉宾或者优秀社群成员进行破冰的机会，这也是一种奖励规则。

（2）交流规则

①为什么要设置交流规则？有种观点认为，群是一个松散型的组织，不存在什么利

益基础，无法制度化，其实这个问题只需要回到对群的规模和建立群的产品逻辑上，就很清楚了。如果是在线学习群，哪怕规模再小，也得有规矩，否则老师无法进行在线授课。你如果准备长期维护某个微信群，要扩大规模，持续运营，那么定义一些交流规矩是很有必要的。群规主要是在活跃度和诱发刷屏两个维度之间寻求平衡点，特别是在移动端，群的活跃度太高，会带来强烈的刷屏感，使得群成员的手机使用体验下降。如秋叶PPT的每个学员群都是2000人的大群，如果没有一个良好的群规来规范交流秩序就会乱糟糟。有的群员一开始不理解这一点，等管理员主动放开了禁言，结果2000人很快就刷了10000多条，很多人主动就说受不了了，请管理员出面禁言。

②如何设置交流规则？交流规则一般是与社群自身的定位严格挂钩的，最简单的办法就是小范围尝试后，将出现的常见问题罗列出来，然后一一对应起来设置群规。如秋叶PPT为了方便教学，设置了如下的交流规则。入群要编号，是为了方便区分老师和学员。入群全体禁言，每周五开放分享时可发言，是为了杜绝平时的聊天灌水现象，提升学习氛围。修改字体字号和颜色，是为了便于将学员和老师发言区分开来。一个群除了为了激发活跃度，避免刷广告建立规范外，还必须培养群员养成一些好的习惯，包括沟通和交流规范。秋叶PPT设计的一个交流规范如下所示。日常交流的过程中，有问题先用百度或谷歌搜索一下最好的方法。如果问题仍然无法解决，再和大家一起探讨，不要认为群员帮你解决问题是理所当然的义务。所有成员请勿未经群管许可发布任何广告。要学会聆听，在其他成员没有完全表述完观点之前，请不要插话刷屏，或是故意打断其他成员发言。可以质疑别人的观点，但最好拿出你的理由。讨论问题的过程中有不同观点可以争论，但不得对其他成员进行人身攻击，或是恶意捣乱。一次发言不得少于10个字。只要坚持这几条群规，群的发言质量会大大提高。再如华中科技大学的"HUST大电信群公约"。

【群定义】华中科技大学无线电系、电子与信息工程系、通信工程系同学开展微信交流、友情联络、信息互通的平台。首发群名为"HUST大电信团结群"，扩展群名后缀为"求实群""严谨群""进取群"，以此类推。

【群公约】避谈政治话题。杜绝色情内容。远离违法言行。严惩人身攻击。抵制传销集资。拒绝商业广告。不提倡鸡汤文。克制拉票行为。

【群礼仪】如群内出现多次、重复、持续、强烈的争吵、挑衅、侮辱等言语时，各成员、群管理员应及时友好劝阻当事各方，以维护群内友好团结的基础环境。如劝阻无效，群内所有成员皆可用"投诉接力"的方式表达不满，形式如"投诉@马阳东+1"。当出现"投诉@马阳东+10"且当事方仍未停止时，群管理员应及时将其移出群冷静反省，改正后重新入群（如原群已满不保证能回原群）。

③如何引导成员阅读规则？不要以为规矩设置好了就高枕无忧了，规模比较大的社群最大的问题就是很多人根本不细看群规，尤其是有人加入进去了才发现自己不认同这些规矩，导致一些不必要的争议和麻烦。因此，必须结合自己社群的特点用恰当的方式进行引导。如秋叶PPT社群做了一个强制设置，那就是付费学员在网易云课堂的课程"和秋叶一起学PPT"里面会看到索取群方式的提示，必须先到微博私信@秋叶，告知学员账户，秋叶老师会通过微博私信回复群号，还会告知去哪里获得入群暗号。付费学员为了获得入群暗号，就必须强制阅读秋叶老师写的一篇文章，相当于对群规有所了解，这样再入群就不会轻易出现不遵守规定的情况，如果不喜欢这样的群规，你也可以选择不加入群。秋叶PPT群规是入群前告知，不像很多群是进来以后再告知，这样就做了事先预防制管理。

（3）分享规则

群中的分享或讨论有助于提升社群的质量，那么由谁来进行分享？该如何设置相应的群规呢？常见的分享规则有这样几种模式。

①领袖主导制。很多社群，大家之所以愿意加入，就是冲着运营者的威望来的，是冲着运营者分享干货而来。这种分享机制一般对于灵魂人物要求很高，需要有极高的威望，还要有源源不断的分享主题和机动时间。

②嘉宾空降制。请社群外的大咖或专家，每次分享人不确定。这种机制，要求要么有足够的人脉关系请来各路嘉宾捧场，要么社群有足够的能量吸引嘉宾来做分享。

③轮换上台制。如果社群成员本身质量都很高，那么内部的分享量就足够，这是最佳的状态。如李笑来老师的共同成长群，规定所有加入这个群的人，有一个权利且有一个义务，这一个权利和这一个义务是一样的。你交钱进这个群，就必须得承诺未来一年之内，要在这个群里面做一次在线分享。

④经验总结制。这种形式比较适合企业的内部社群。如太平人寿的PP琪社群的群规是成员们把自己一天的拜访经历一个字一个字地敲出来，而不是去转一大堆无谓的链接。自己用心写的，别人才会愿意去看。一方面，白天努力工作，晚上做总结，每天都有成长；另一方面，今天如果你没有出去拜访，就没有原创分享，同时又起到了督促的作用。为了减少分享负担，让每个人都可以参与，PP琪社群还给出了原创分享的格式，就算哪位伙伴不善表达，也能按照格式与同事做简单的分享。"我的原创分享送给太平的家人们，我是来自×市×营服的×××，我的微信号是×，我分享的题目是……结尾附上一点对正文的总结。最后说点祝福家人的话（分享以实操为主、感悟为辅）。"

这种总结分享在太平人寿的群中起到了巨大的作用，PP琪社群总结为以下3点。第一，培养业务伙伴每日总结的习惯。在纸质的工作日志里除了基本拜访足迹和客户资料外，很难留下业务伙伴对于近日的思考，在微信群里去记录每天的拜访，就会凝聚业务伙伴对当天更多的思考和总结。坚持下来，这一习惯会有助于工作信心的积累和工作效率的提高。不难想象，在不久的将来，随着更多的年轻人加入保险业，电子版的工作日志肯定会应运而生。第二，养成业务伙伴主动思考的能力。太平人寿一直坚持自主经营，自主经营内在检验的是团队领导主动思考的能力，如果团队领导连脑子都懒得动，队伍肯定带不好。因此，要想成为优秀的团队领导，就要先拥有优秀团队领导的思维。第三，保证了群聊的基本质量。每一位业务伙伴的原创分享除了对自我总结有莫大好处之外，也能很好地启发其他伙伴。这也保证了群里每天都有干货，每天都有新鲜的、不一样的东西，这就是诞生于社群平台之上的智慧。如果社群的基数足够大，可想而知，一年积攒下来的干货分享都可以出一本书了。

（4）淘汰规则

设置淘汰规则的理由如下。第一，对于开放式社群来说，加入的成员鱼龙混杂，需要约束管理，触犯群规的人需要受到惩戒。第二，对于高质量的社群来说，自我约束力虽然强，但是质量高的人群的问题是忙、参与少，于是给社群的贡献就少，那么引入之后如何给出一定的淘汰压力就很重要。淘汰规则常见类型如下。

①人员定额制。如秋叶PPT的69群，规定人数不超过69人，如果群员达到69人，进一个就必须先剔除一个，基本上是长期潜水的或者长期没有参与原创内容输出的人会被剔除，这样的动态调整过程就保证了社群的更新成长。

②犯规剔除制。影响到社群正常秩序的行为必须及时制止，如一旦有人发和群无关的主题，特别是发垃圾广告，或者两个人在群空间里过度聊天，影响别人的阅读体验，就得有一定的惩戒。如果确定要剔除人，就要事先约定制度。要建立制度，最好和群员一起约定才能遵守，首犯要有提醒，再犯要严格按制度执行。

③积分淘汰制。如果经常保持在线活跃状态，也不发广告，这样的群员是不是就能一直留下来？社群也要看其贡献，不只是主动说说话，守规矩就可以了。如"李叫兽的研究会"，每周有小任务和作业，根据成果质量的不同换取积分，一个周期过后积分排位在最后的几位必须剔除，然后进行新一轮的招募，加入新鲜血液。

④成果淘汰制。冯新老师的C9社群，也有一个有趣的逆向淘汰规则。所有入群学习的人要交8000元学费，如果你完成了学习任务，8000元学费返还给群员。如果你没有完成任务，学费就成为群运营经费。

社群达人 V 先生创建过一个"命题作文群"。这是一个为了练习写作技能而组建的社群，每期的人数限定为 40 人，而且设置了苛刻的入群规则。他在简书、公众号等平台发布招募通知，并要求有意加入"命题作文群"的人需要提前给出以下个人资料。基本信息：姓名、城市、公司、职业。输出平台：简书、知乎、公众号等名称或主页链接。个人喜好：喜欢的作家。个人擅长：自己擅长的写作主题、对写作的经验总结。个人推荐：推荐一本关于写作的书或文章。写作题目：一个命题作文。然后根据提交的资料进行筛选，符合条件的 40 名高质量成员就可以组成正式的命题作文群，社群配有专门的群管，分别负责整理、群规维护、简书专题、知乎专题、成员进度记录等。另还有两名专家分别负责点评和社群运营指导。群成立后接下来便开始实施训练计划，每天不一样，如周一要"用 140 字描写一件静物、一个人、一件事"，周六则是"用 5W2H 梳理一件本周的热点事件，并给出观点"。群成员每人有 3 次机会，如果超过 3 次未完成任务，将会被踢出群。根据以上材料，分别梳理一下 V 先生"命题作文群"的成员结构和社群规则。

三、运营——让社群生态变得丰富

（一）平台选择

你平时主要活跃的群在哪个平台？

我们在前文提到过，社群并不一定就要借助微信建设，微信仅仅是一种便捷高效的沟通工具，很适合用于社群运营而已。社群的交流一定要选择一个运营平台，这个平台可以是论坛、QQ 群、微信群、YY 群，也可以是 MOOC 学院，还可以是这些工具或者平台的混合体。具体哪一种社群运营载体更好，要根据社群的定位和运营规则来确定。

1. 从使用功能的角度进行选择

主流的群沟通平台是 QQ 和微信。一般来说，人数不多的时候两者都很好用，但是一旦群人数众多，QQ 群的优势就显现了出来。一方面微信群的上限是 500 人，QQ 群可以达到 2000 人；另一方面，QQ 群有群文件、群视频、禁言等多种管理手段，有利于社群的维护。QQ 群、QQ 讨论组和微信群三者之间的对比，如表 2-1 所示。

表 2-1　QQ 群、QQ 讨论组和微信群项目对比

对比项目	QQ 群	QQ 讨论组	微信群
规模	现在购买超级会员后可以组建 4 个超级群，每个群 2000 人。500 人群随意建，1000 人群可以建 8 个。 现在普通用户最低可以开 5 个 200 人群。最高权限开通年费超级会员达 SVIP8 等级后，可额外开 8 个 500 人群，4 个 1000 人群，3 个 2000 人群。2000 人群目前可以付费开通。	正常可以创建 100 人群，根据会员等级不同而增加。 创建的组数目前没有限制，半年内（6 个月）一直没有成员发言，会过期。	早期只能创建 40 人群，群数量没有限制，现在普通用户可建立 500 人群，100 人以内群可扫描二维码进入，100 人以上的群需要邀请进入。
数量	群人数低于 500 人可创建多个，不超过剩余好友上限。 普通用户凭借等级开通，最低可开通 5 个 200 人群。普通用户最高可开通 5 个 200 人群，另加 4 个 500 人群。	一个 QQ 号可创建和可加入的讨论组数量没有限制。	随时创建，没有限制。
结构	**金字塔结构** 有一个群主，群主可以设立管理员，只有通过管理员同意才能入群。	**环形结构** 有创建者，每个人的关系平等，都有邀请权限。创建者可以踢人。	**环形结构** 有创建者，每个人的关系平等，都有邀请权限。创建者可以踢人。
权限	群的管理员拥有更大权限，可以语音、视频、传文件等。	群员之间权限平等。只有创建者能踢人，实行邀请制度。可以语音、视频、传文件，发起演示白板。	有创建者能踢人，实行邀请制度，微信群主可转让，可设置群聊邀请确认（需群主确认才可邀请朋友进群）。
运营规则	可传文件、发链接，无文件共享、无演示共享，无公告板。	更多为工作设置，没什么运营规则，可以升级为群。支持群红包，AA 收款。	有群公告、群语音聊天、群位置共享等功能，支持红包和群收款。
共享	可传文件，有公告板、相册、文件共享、演示共享，基本不屏蔽其他网站的链接。	可传文件、发链接，无文件共享、无演示共享、无公告板。	传文件的效率不高，屏蔽部分链接（如淘宝）。

现在 QQ 群的很多细节做得越来越好，而且非常倾向于社群的运营。如很多社群运营者最烦的是有人打着入群学习的旗号来打广告，但提前你又不知道，陌生人的情况又摸不清。但是 QQ 逐渐已经有了一些提醒功能。

QQ 的"附近的群"可以根据距离远近、分类、主题对社群进行搜索。

2. 从用户习惯的角度进行选择

课堂讨论

如果今天有一款产品，标准用户主要是"00后"，你会选择什么平台？

如果今天要做个活动，想吸引的主要是"00后"，你会选择什么平台？如果今天要建个社群，想聚集的主要是"00后"，你会选择什么平台？很多人问，以上平台不应该选择微信吗？你真的以为QQ不活跃了？也许是你老了。其实现在QQ的活跃人数和微信的活跃人数不相上下。现在的中学生都习惯用QQ，他们认为微信都是大人玩的。

本书的作者@秦阳在2015年年底应邀作为嘉宾在苏州的TEDx进行演讲，当时演讲嘉宾一共有10个人，其中有两个"00后"的小姑娘做英文演讲，非常出色。演讲结束后，几位嘉宾相互留下了联系方式。秦阳掏出手机打开了微信，两位"00后"打开的则是QQ。几位嘉宾演讲后发布社交状态，秦阳发在了微信朋友圈，而两位"00后"发布的地方是QQ空间。

3. 从商业经济的角度进行选择

课堂讨论

你遇到过"付费才能入群"的情况吗？具体的流程是怎样的？这些流程有什么问题吗？

〈管理群	选择加群方式	确定

允许任何人加群

需要身份验证　　　　　　　　＞

◯ 只需要身份验证

◯ 需要回答问题并由管理员审核

◯ 需要正确回答问题

✓ 付费入群

只允许群成员邀请加群

不允许任何人加群

图 2-7

虽说很多社群都开始走向商业化，但是付费的方式一般都寄托于额外的一些操作步骤。微信群本身是为了社交，群付费模式并不是特别方便，而商业社群的探索是基于付费模式来设计运营规则。有的社交软件已经开始尝试纯商业社群，如支付宝下的群种类。以"经费群"为例，群主可以设置入群条件，而条件就是付费，这对于商业社群来说非常有用，如图2-7所示。

"经费群"这个设计有很多显而易见的使用场景，如能讲课、能分享的老师们可以收费讲课，而不用专门找个小编一个个先微信支付，核查后再手动拉入群中。有了支付宝经费群，扫码直接付费进入，省人省事省时间；

组织小型私募也简单了，众筹组织者也方便了……因此，如果一开始就准备建设付费社群，完全可以考虑支付宝群，因为支付宝群天然具有收费便利的优势，支付宝其他群的管理功能也足以满足日常群管理的需要。

4. 从跨多平台的角度进行选择

社群规模变大后，进行群交流分享就需要解决跨群同步的问题。目前基于群的在线分享工具大量出现，常用的跨群分享平台有千聊、红点、朝夕日历等。课堂讨论群分享是通过机器人同步嘉宾分享内容。如果要做跨群分享，嘉宾有可能在两三百个群里同时讲吗？答案自然是"不可能"。因此，有的人就在每个群里拉入机器人小助手，这样一来，就可以让分享者的语音同步扩散到 100 个群、200 个群、300 个群。这种机器人工具对社群运营而言，一方面大部分群员缺乏参与感，另一方面对话题不感兴趣的人还认为受到了刷屏干扰，因此并不是特别好的群运营工具。如果需要解决跨群分享问题，可以考虑千聊这样的微网页工具平台。千聊是一款基于微信公众号的 H5，只需要发起者关注公众号就能发起一个讲座。千聊直播创建起来方便快捷，一分钟就可以完成操作。支持语音、图文、链接、视频。不需要安装插件和 App。支持万人同时在线，可设置观看密码，内容实时保存，支持一键导出。用户可以互相送礼、打赏，通过评论来发表自己的看法。千聊还适用于各种培训、课程、脱口秀、聊天室、图片分享、旅行直播及活动直播等。千聊最吸引眼球的亮点在于：听众可以在嘉宾分享的每条内容后进行打赏，增加了彼此的互动与参与感。而且千聊直播页面的右上角有一个弹幕区域，嘉宾可以在评论区对听众的评论或提问内容进行"上墙"操作。被上墙的内容会展示在直播区，所有的人都能看到；分享结束后，连同嘉宾的分享都会被保留在直播间里。除了是基于微信平台的免费直播，千聊论坛的影响力也很大。据了解，千聊论坛系统上线不到两个月，就有超过 500 家公众号接入该系统，覆盖粉丝用户 1000 万。千聊创建的微信公众号论坛也可以直接转发到朋友圈。从朋友圈点进去，用户可以直接进行跟帖。对于公众号运营者来说，可以把这个论坛的链接置于自定义菜单，为公众号的粉丝们营造一个参与感更强的"微社区"。

不同的公众号之间，粉丝也可以互相交流。这些粉丝也可以在公众号论坛上产生原创的内容，从而增强了粉丝黏度。红点直播也是众多直播工具中的一种。红点可以嵌入微博、微信公众号、网站、移动 App 等各种主播可能使用的平台上，创建频道和千聊一样非常方便；听众获取链接或者输入频道号后也可直接收听直播，在直播频道内聊天交流、向主播提问，让直播活跃且富有趣味性。红点直播有 App 的支持，创建者可以开启成员禁言、直播密码等功能，让直播具有私密性。录制完节目可以直接发布成动态，并且节目支持下载和上传；也可以对成员进行分组直播，只有分组的成员才能进入直播间。

种子用户从 0 到 1 的难度大大高于从 1 到 N，因为在前期得到的种子用户的质量以及

从中获得的价值，是整个社群运营的关键。种子成员的寻找和维护应该与社群规则的制定同时进行，把从种子成员那里得到的经验和教训作为制定社群规则的参考，这非常重要。社群的第一批种子用户有以下这些寻找方式。

（1）真爱聚拢法

社群一开始找人时其实很难，没有人气的群是没人愿意加的。最开始的方式只能是邀请自己的朋友以及朋友的朋友，只要先进来，帮忙撑场面，有了基础的量，再慢慢通过活动、分享等吸引更多的人加入。此外，可以从老用户以及真爱粉中挑选，要更多地留意那些喜欢产品、常来互动、多次购买并推荐给朋友的用户，这样的用户需要客服人员在平常的接待过程中及时发现。在沟通或回访客户的过程中不只是谈产品，更要沟通感情，深度聆听客户的需求与反馈，并与他们成为朋友。如最初做小米手机系统时，雷军下达了一个指标：不花钱将MIUI做到拥有100万个用户。于是，MIUI负责人黎万强满世界进手机论坛，找资深用户；几个人注册了上百个账户，天天在手机论坛灌水发广告，并精心挑选了100位超级用户来参与MIUI的反馈。真爱粉们难免在一些看问题的角度上不够客观，因此一些有想法、能提意见，甚至有一点点"刺头"的人，也是种子用户应该考虑吸收的对象。

（2）影响力聚拢法

一般来讲，只要有"同好"，就有建立社群的基础。在"同好"的基础上，如果能够有一个具有一定影响力的领袖振臂一呼，组建最初的社群班子就比较容易一些。通常来说，在某一领域拥有影响力的个人和组织，更易建立起垂直领域的社群。很多企业建立社群的尝试失败，就是因为群里没有灵魂人物。一位普通员工建立100个群，顶多是100个微社区，除非这个人真正具有影响力。对于企业而言，做一个社群最大的难点就是，精神领袖很难是企业，必须是人。但是企业可以结合自己的产品找到产品的发烧级玩家，让这样的玩家成为自己运营的社群里的精神领袖，这样就可以完成社群领袖的培养。如秋叶通过论坛、博客、微博等方式积累起一定的个人影响力后，先通过发起"一页纸PPT大赛"的方式发现高手，然后邀请他们加入QQ群，慢慢培养成员之间的感情。

（3）线上标签筛选法

互联网上有大量可以聚集某一特征人群的场景，如通过线上一场某主题的分享吸引，如在某一人物的微博下热评的粉丝中逐个邀约，如寻找某种特定风格网站的用户……找好自己的定位，寻找这些场景，通过互动连接他们。第一批成员聚集起来或许会花一点时间，但是打好基础是非常划算的。如新浪微博通过微博标签筛选出微博高校教师，组建了一个高校教师微博群，来引导大家互相认识、交流、投稿。

（4）线下场景切入法

有一个做母婴类专营店的朋友用了 15 天时间，通过建立社群的方式完成了 12 万元的销售，他是如何做到的呢？因为是做母婴用品的，他自己也没有互联网上的资源，所以就选择从线下场景切入，用场景找到潜在的目标顾客。需要母婴用品的人在购买之前会去哪儿？妇幼保健院、儿童娱乐场、早教中心……通过这些线下场合很容易找到他们。然后通过"入群就送价值 58 元的公仔书包"这样的方式，10 天就建起了 300 多人的妈妈群，不但极其精准，而且都在线下见过面，信任连接更强。在送礼取得信任的基础上，他先进行了试探性销售——价值 300 元的家庭摄影在群里只需 98 元就可以获得，一个月后安排拍照，拍照结束后返还 98 元。这一下子带来了 127 位社群付费客户。这个 98 元返还的意义就是试探性销售，以降低消费门槛，获得更高的信任授权，有了信任授权就有利于提高单价。要知道，当消费者开始愿意在你这里为一个低价位产品买单时，就意味着倾向于在你这里消费更多的产品。随后，他以 6 折的尿不湿为流量产品完成到店导流，有 237 人到店消费，销售额共计 12 万元。这家连锁店就这样用 O2O 模式为社群做导流，在传统零售业不景气的环境下做到了销售额增长翻倍的成绩。实战训练社群达人 V 先生设计过一种"快闪群"的社群玩法。他先在自己的朋友圈发一个群聊二维码，说明建立该群的目的（如讨论某个热点新闻、推荐好的文章、用方言读诗等），并附有加入此群的规则和要求。一般情况下，快闪群在晚上 8：00—10：00 间发起，每期会存活 3 个小时左右，到了时间点就解散。先生描述，"快闪群"的活跃度很高，质量也不错，原因如下。第一，晚上 8 点也是大多数人在忙完工作后比较充裕的时段，与不同的人聊一些有趣的话题，其实也是一种休息。第二，由于有时间限制，成员就有了一种"仪式感"，所以成员都比较珍惜，参与度就比较高，发言的质量也很高。V 先生通过朋友圈不断地发起不同主题的快闪群，其实相当于搭建了一个供了解每位参与者的性格、行业、爱好等的平台，大家通过不断参与各个快闪群，相互连接，碰撞出机会。请思考：V 先生的快闪群是如何选择平台和吸引种子用户的？在提升活跃度方面又给了我们什么样的启发？

（二）超级社群的三种典型模式

随着微信生态发展，连接"人"的能力不断深化，对生活、商业行为的日益渗透，"群聊"缔造了功能属性放大的社群模式——不仅满足人群间的社交需求，而且配合以微信支付、小程序、企业微信等工具，形成交易闭环，构建出一整套围绕社群组织与商业深度连接的新业态。社群中的海量信息，既是用户资产的流量池，也是供应链优化的数据池。把社群做成"超级社群"，把用户和销量做大，品牌才能构建起完整的"私域业态"。腾讯的《超级连接》一书中，按照社群的定位和运营模式，归纳出三种较为常见的类型：营销型、内容型和服务型。

超级社群的三种典型模式

	营销型			内容型			服务型	
	折扣型	裂变型	通知型	教程型	话题型	视频型	售前服务	售后服务
模式描述	以营销活动和优惠分享、销售转化为直接目标的社群类型。			打造品牌内容运营主阵地的社群模式。			以咨询为导向，提供售前、售后服务的群模式。	
群管家职能	折扣型以强折扣、抢购、秒杀等活动为主，裂变型以拼团、砍价、助力等活动为主，通知型以活动通知、品牌宣传为主。			发布教程、话题、视频等，触达用户并持续解决疑问、满足需求，维持群内活跃度和互动性，进一步寻求销售转化。			完成售前咨询促进成交，订单完成后提供售后服务和复购拉动。	
典型适用品类	普遍适用。			母婴、运动、服饰、美妆等。			家电、3C 等。	

1. 营销型社群

所谓营销型社群，是指营销频率高，以营销活动和优惠分享、销售转化为直接目标的社群类型。可以分为折扣型、裂变型和通知型。折扣型社群是以强折扣、抢购、秒杀等活动为主要特征的社群，而裂变型社群则主要承载着拼团、砍价、助力等作用。两种社群在执行上也经常交叉使用，组合发挥出更优效果。适用品类的消费者大多对价格比较敏感，追求性价比。永辉生活、步步高、每日优鲜、钱大妈、兴盛优选等生鲜商户，通过折扣来吸引新用户入群并活跃顾客，再运用拼团、助力等方式扩大群的规模。

①折扣型社群案例：钱大妈门店购物完成后，鼓励顾客扫码获得优惠的同时加群；入群后，社群管理员每天上午在群内发布团购秒杀链接，以划算的价格刺激顾客分享购买；每天晚上饭点过后（如下午 7 点后），以固定的频率（如每半小时）在群内公布一次打折信息，清库存的同时也强化了"不卖隔夜肉"的品牌形象；再配合每天定时在群内发问候红包，发布拼团等互动，在培养新用户对社群黏性的同时，形成口碑传播，吸引更多用户入群。钱大妈的社群运营特征在于，围绕高频刚需的折扣优惠活动规划完整的运营体系，持续、稳定、有效地占领消费者心智。

②裂变型社群案例：百草味首先通过拼团秒杀、会员增值、专属优惠等吸引新用户入群，再经过更加精细化的"社群分层＋差异化分销投放"，有针对性地提升复购与营收。

百草味将主流消费人群划分为学生、宝妈族、城市上班族和"VIP族"等群体，有针对性地根据人群属性设置裂变机制。比如针对宝妈社群的拼团，增加甜食、水果类零食比重；而对于上班族，侧重的则是饼干等办公室休闲零食。在一整套标准化手段之下，社群营销更精准，裂变效率更高。

③通知型社群案例：国美电器除了折扣和裂变，营销型社群还有一种常见的类型是"通知型"——以活动通知、品牌宣传为主要内容。例如服饰行业的在线新品发布会，群管家在活动前夕引导人群，预热活动内容，引导顾客观看活动，促进边看边买在群内成交。又比如，在楼盘新房交付时，一般是家电销售高峰，也是品牌促销的好时机。国美电器通过搭建新小区社群，以社区拼团短期获得大幅销售增量。

2. 内容型社群

内容型社群则是打造品牌内容运营主阵地的社群模式，可以分为教程信息导向、话题讨论导向和直播短视频导向。群管家通过在群内有计划地发布教程、话题、视频等方式，触达用户并持续解决疑问、满足需求，维持群内成员活跃度和互动性，进一步寻求销售转化。内容型社群在母婴、运动、服饰、美妆等行业的运用最为突出。作为"知识密集型"的品类，母婴行业的消费者对孕前、孕中、产后育儿等全链路的知识有着强烈需求；服饰行业的消费者，注重上身试穿的实际搭配与效果展示；美妆行业的消费者则希望获得时下流行的妆容趋势，学习各类妆容的化妆技巧和产品上脸使用效果。

①教程型社群案例：孩子王是以打造母婴内容型社群为依托，为消费者提供知识服务的教程类内容社群的典型。具体而言，孩子王根据育龄阶段进行社群划分，为不同社群的新手妈妈提供差异化的知识和经验分享。有的奶粉和儿童用品品牌也会把消费者细分为0~3岁、3~6岁等不同阶段，提供相应产品、教育等知识和服务。

②话题型社群案例：滔搏运动不少的运动鞋服和美妆企业，则通过内容型社群，运用短视频和直播等形式，带来真实的产品感受和信任温度，把实体购物云端化。比如，滔搏运动通过运动明星、比赛、线下活动等话题激活社群，是典型的话题类内容社群。

③视频型社群案例：完美日记则通过短视频和图片的形式，在社群中传递给年轻消费者化妆技巧，是典型的视频类内容社群。

3. 服务型社群

服务型社群是以咨询为导向，提供售前、售后服务的群模式。群管家职能是完成售前咨询促进成交，订单完成后提供售后服务和复购拉动。服务型社群在家电、3C等行业运用最为突出。例如，某米通过建立社群，围绕科技产品爱好者的需求，提供产品资讯和组织米粉节等活动，增强了用户的归属感和认同感。某母婴品牌通过征集"妈妈的故事"并在公众号上分享，与用户共创内容，吸引了大量忠实用户，并成为GMV超过50亿的母婴品类独角兽。

以上"超级社群"私域业态的三大常见类型，虽然特征属性和运营细节的侧重不同，但在实际操作上，往往是可以根据业务发展的不同阶段和场景，互相组合，搭配运用。

服装企业的超级社群既是提供通知、预热功能的营销型社群，也是带有直播、短视

频的内容型社群；家电企业的超级社群在集中促销阶段是以团购、折扣为主的营销型社群，后期又可以顺势"进化"为提供服务咨询的服务型社群。

关于超级社群，虽然不同零售企业的运营方式不尽相同，但也并非完全无章可循，其运营方法可梳理为四大抓手：群流量、群管理、群活动、群内容。

群流量是社群运营的起点，它源于线上线下全面广泛触点的挖掘和导入。群管理是社群运营的中心环节。首先，需要建立管理人员和管理机制，有效维持日常沟通和社群活跃度，培养群成员的信任感。其次，要建立社群的分层管理，基于社群与群成员不同的生命周期，不断筛选用户价值更高的群成员进行重点运营。最后，群活动和群内容的重点应指向活动、内容对用户黏性的培养，以促进购买转化。常见的如有规划的文字、图片、短视频、直播等内容体系，拼团、分享礼券或者红包等营销手段，有时则是更大规模的社会化营销事件。

四大抓手的运营要常态化、组织化、绩效化，才能可持续运作。许多企业都开始设置专人管理社群业态，把成百上千个群分类管理。一方面从用户和销售的维度监测管理数据；另一方面从用户反馈的维度，优化经营和服务内容。这样的操作难度不大，再配合使用企业微信等数字化工具，某些企业甚至可以做到一人管理上百个群，运营成本的控制、销售和经营效率的提高都非常可喜。

案例分析一：美妆品牌：完美日记的超级社群运营方法

完美日记用互联网思维和产品逻辑来经营，走出了一条不同于传统美妆品牌的数字化换道超车之路：以超级社群业态积累用户，以最短、最直接的路径理解消费者的反馈，塑造快速迭代的产品能力；采用基于人格化的 IP 运营模式，与用户一起成长，为消费者创造更多价值。截至 2020 年 6 月，完美日记全网拥有超过 2500 万粉丝。通过图文内容、直播和小视频等互动形式，以真实、透明、有温度的品牌人格呈现，随时激活消费行为和消费者的自发传播欲望。由于交互的短链化，品牌不仅能迅速获知消费者的需求，还能让其参与产品筛选，实现品牌共建。以往品牌商做产品测试，需要委托咨询公司等第三方机构、通过电话、访谈等抽样调查完成。这样做不仅周期长，而且结果与市场实情存在较大出入。现在，完美日记把产品方案发到微信社群，让消费者直接做选择。

这种共创式的成长模式，一方面打造出了极致产品，另一方面与消费者建立起更为深厚的情感连接。这一变化洞察也体现在完美日记的社群运营上。完美日记打造了"小完子"人设，摸索出一套 IP 化的用户运营模式。小完子并非官方有意打造的 IP，而是粉丝对品牌的自发命名，觉得这一称呼亲切可人。形象上，小完子不是高高在上的女神形象，而是邻家女孩，以闺蜜的角色与消费者联系和共情；功能上，则定位于"私人美妆助理"，为消费者提供美妆专业服务。

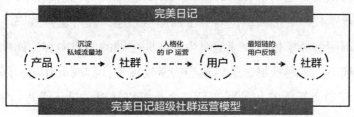

完美日记超级社群运营模型

小完子是为了拉近品牌与消费者的距离而创造的，不增加消费者负担，而是给他／她创造价值。如果消费者不愿意进群，就不会被强拉进社群内；进群后如觉得被打扰，也可自由退出。在社群内，小完子会紧跟潮流，根据消费者的兴趣点和关注点，以高质量图文和视频等形式，推送美妆知识分享、直播和抽奖活动，引发消费者的持续关注和讨论。导购以专业性影响消费者的购买决策，并引发消费者自发性地传播裂变。这种自然的聆听和交流，也激发了消费者去自主分享。通过小完子 IP 的真实运营，以及持续的产品迭代和爆款共创能力，完美日记社群的活跃度一直维持在较高水平，推动完美日记在短时间内不断创造"神话"。

案例分析二：体育品牌：滔搏运动的超级社群运营方法

百丽国际旗下滔搏国际控股有限公司是中国最大运动鞋服经销商，经销的是诸如耐克、阿迪达斯等国际一线运动品牌。滔搏在 2016 年就推出"TopFans 会员计划"，会员模式成为滔搏突出重围的利器，通过专属积分权益为忠实消费者提供更多增值服务，在其心目中树立起滔搏的独特品牌认知，逐渐完成"买运动鞋服就到滔搏"的品牌心智占据。到 2019 年年初，TopFans 已经有约 1820 万注册会员，会员的贡献就达店内零售交易总额的 52.3%。百丽国际副总裁李文卓对此更是直言不讳："会员是滔搏的核心资产。"滔搏建立"以门店为基础的社群"，从小范围试点到规模化推广应用，逐渐形成一套超级社群运营的常态化机制，深度运营粉丝，进一步推动实现品牌 IP 化。滔搏的社群分为篮球、跑步和电子竞技等不同运动主题。在消费者进店后，店员会引导其根据兴趣加入相关社群，提供一对一服务。滔搏的每个门店，都至少有一名专职负责社群运营的店员，作为社群的活动组织者、资讯发布者、运动顾问和在线客服，维持与消费者的持续沟通，增加离店状态的销售转化。

滔搏面临的问题之一，是如何调动导购的积极性，完成高效建群和可持续的群运营。首先，滔搏通过提供简单易用的数字化工具，设置合理的激励机制，保障导购可以主动顺畅地参与到企业的数字化转型中来。在内部沟通协作上，滔搏通过在门店推广企业微信等

工具实现组织在线化，从信息传达、任务下达到运营培训，都可以在这条敏捷的沟通通路中完成。为让导购积极、主动地参与，滔搏对导购管理机制也做了游戏化设计，通过"派发任务"和"游戏竞技"的形式，调动员工的参与兴趣，提升运营效率。其次，通过滔搏小程序，导购可调用各种模板，快速编辑生成不同主题的优质内容，如推荐商品、门店活动等，一键分享到不同兴趣社群，辅以适当的激励促进社群成员互动。同时，小程序还支持在图片内容中添加产品标签和关联产品，会员可以随时一键下单进行购买。除此之外，滔搏还持续推出围绕兴趣的线上互动和线下活动，激发产生优质的 UGC 口碑素材，进而形成社交裂变。而针对各类社群推出专属权益和福利，进而吸引特定消费者到店，也成为提升复购的有效方式。滔搏面临的问题之二，是单店模式如何实现规模化复制。滔搏采取从单店到多店再到全面覆盖的推动路径，在此过程中逐渐构建包括群主管理机制、组织规范、货权归属、货品管控、客服逻辑、退换货逻辑梳理等在内的体系化建设，奠定下一步在所有门店规模化推广的基础。

滔搏运动超级社群运营模型

关键问题一：导购积极性	关键问题二：规模化复制
>> 规范化运营培训	>> 全流程的标准化细则
>> 简单易用的数字化工具	>> 强化品牌门店，弱化导购个人
>> 合理的绩效激励	>> 社区最终归属门店所在大区

以门店为基础的社群，深度运营用户，实现品牌 IP 化

细分主题社群	社群运营专职店员	内容型社群
>> 分为潮流好物分享、共同爱好（包括不同运动类别、电竞及穿搭等）以及运动打卡等主题。	>> 在门店端通过负责社群运营的店员，作为社群的活动组织者、资讯发布者、运动顾问，维持与消费者的持续沟通，寻找粉丝共性。	>> 以内容和话题，而非低价和促销运营社群。
>> 消费者进店后，店员会引导其根据兴趣加入相关社群。	>> 通过热点内容输出、线上线下联动活动，群成员专属福利。	>> 在日积月累的日常沟通中，加深消费者与品牌的信任关系。
>> 提供一对一服务。	>> 增强群内活跃度、粉丝黏性及口碑传播。	>> 不断实现从弱关系到强连接的深化。

对于如何降低店员、导购的流失对社群带来的不利影响，滔搏的解决方案是，强调品牌门店、弱化个人，并对沟通方式和话术都制定，沉淀相应的标准化规范。当社群运营体系建设完成后，再将社群转回每个门店所属大区，各个大区按既有机制确保社群的健康运营。2019 年，滔搏已从 6 个门店的实践中总结出一套适合自己的独特方法论，并计划全年在 500 家门店推行社群模式，之后再进一步铺开。滔搏模式的成功，对美妆、母婴等

强兴趣社交属性的品类而言都具有广泛借鉴意义。在品牌 IP 打造过程中，不仅要关注外部，以内容精准的社群运营实现与消费者的日常沟通和情感连接，也要关注一线打拼的员工，通过效率工具和激励机制让其拥有共鸣感、参与感与归属感，真正自上而下实施数字化变革。

案例分析三：美妆品牌：林清轩的超级社群运营方法

林清轩于 2019 年 9 月正式开启智慧零售模式，对首批 220 家门店进行智慧升级，将智慧零售解决方案与导购运营结合，帮助门店构建私域流量。在疫情期间，林清轩在数字化基础下，重新调整营销战术，以小程序为武器的一场营销战打下来，再结合微信朋友圈、社群等方式触达，林清轩小程序单日 GMV（商品交易总额）可达 68 万，占到大盘业绩的 63%。

……

首先是赋能导购……

其次是依托微信……

第三是直播……

第四是营销方式转化线上用户流量……

四、社群品牌的形成机制

（一）打造社群品牌自媒体要做到好的输出矩阵，需要"五化"

1. 全民化——全员开花而不是一枝独秀

（1）社群中的核心人物很关键，但绝非全部

当社群的每个成员在群体内展示自己的智慧、能力时，社群的价值才能不断提高。全员开花才是社群，如果仅仅一枝独秀，迟早会削弱核心人物的能量，加速群的衰亡。如秋叶 PPT 的 69 群，这批社群成员一起写高质量的微信公众号文章，一起出有价值的课程，一起写一本书，一起策划讲座，一起举办线下活动。这些都是在输出。在微信号秋叶 PPT 运营早期，秋叶团队通过内部约稿的模式，提前准备了几十期干货教程和 PPT 等，吸引第一批微信粉丝加入，同时通过不同的累积和汇总，整合为免费的电子书《秋叶 PPT：三分钟教程》，提升了微信的影响力，解决了原创内容输出的问题。核心群中的成员也为纸质书《和秋叶一起学 PPT》的升级改版提供了源源不断的素材，甚至直接升级为书的署名作者。在与书配套的网络在线课程开始运营后，优秀的 PPT 社群成员又成为微信运营号、学员群的答疑老师。

（2）要下功夫扶持社群核心成员，构建影响力

很多做社群的人想打造自己的品牌影响力，却舍不得花精力扶持社群核心成员。其实，单点的影响力经常不及多点形成的矩阵面。如在"和秋叶一起学PPT课程"促销期间，大家提前就定好了发布时间，合理推送促销信息。只要你对PPT感兴趣，就算你从不关注秋叶，但总有一款你喜欢的风格的公众号。

（3）一个社群要进行群体进化，就要让普通群成员也能输出

怪木西西的社群"西瓜会"有一条入群规则，"入群请推荐：一本书+一个工具（网站/App/公众号）+一条西瓜会玩法"。这样的群规让每一个成员从入群就开始输出，贡献出自己的价值。

秋叶PPT团队一开始就思考如何让群员从"观察者"成为"行动者"，参与到社群的运营中，使群体逐渐进化为一个爱学习、爱行动、爱分享的进步社群，其中典型的例子就是其品牌活动"群殴PPT"。2015年年初打造的"群殴PPT"活动（"群殴PPT"网址：http：//www.qunoppt.com），一开始没有太多的人参与，到现在每期最多有300名学员及网友参与。到2016年第一季度，60期"群殴PPT"活动参与输出的总人数超过5000人。这些人是社群逐步品牌化的关键力量，差不多是当时学员总人数的15%。"群殴PPT"已经成为秋叶社群的一个品牌活动，吸引了爱动手、爱设计的人，也通过他们的优秀作品吸引更多的人加入课程学习，成为社群的新鲜力量。大量的输出带来了可观的流量，现在"群殴PPT"已被一些品牌认可，要和秋叶PPT约内容植入，这说明社群推广的力量得到了市场的认可。

2. 激励化——好的输出要及时给予激励

输出的内核最好有合理的回报，不然群员的热情迟早也要减退。如"秋叶PPT"69群中有一半的社群成员开通了微信公众号，基本上都拿到了原创资格，之后就可以获得成员和读者的赞赏。这些公众号可以形成秋叶PPT的矩阵，联动输出有很大的扩散能量。但让一个人坚持写微信，激励他坚持下去的力量一开始是阅读量和涨粉的数量，接下来就是"赞赏"。哪怕你的阅读量不高，但是如果你写了好文章，读者特别是社群成员互相赞赏，社群成员之间的爱就会通过赞赏表达出来，社群的输出也就更加容易坚持。因此，秋叶老师一有时间就把社群成员的微信逐个看一遍，对写得好的人，通过打赏5元、10元及小额红包激励。金额虽不高，但这是让这个社群成员感受到激励、变得更有凝聚力的好方法。

3. 品牌化——持续稳定的产出打造了品牌

系列化输出能够让社群形成品牌效应，吸引更多高质量的有同好的人主动加入，让社群的质量更高。如在全国各地经常用"吴晓波书友会"的名义举办线下活动。通过互相

分享活动经验，社群的声势越来越高。如罗辑思维的"罗友霸王课"，也是罗友组织的分享活动，在全国各地用同样的品牌坚持运营，慢慢地积累了自己的知名度。如果一个社群不是有意识地打造一个或几个品牌活动，让别人一看到这个活动就联想到其背后的社群组织，那么这个社群的生命力也是堪忧的。

4. 生态化——资源整合循环成闭环系统

太平人寿的"PP琪"的运营就形成了一个完整的闭环，社群输出的干货要有展示的窗口，因此社群必须建立与之相关的微信公众平台，在社群内输出的东西要通过微信公众平台去展示。

5. 可视化——打造社群兼顾内外的名片

未来的社群会越来越开放，而且会不断追求对外可视化，未来的社群应该做到：让别人一目了然地看到一个社群的能量。今天的社群对外宣传，大都是通过一个名称、一个LOGO、一个简略的介绍。但在一个群的内部，其实大部分群员之间根本没有交流。没有充分交流的群，只是单向输出，人再多也不可能变成社群，要想进行有质量的交流，至少得知道和你对话的人是谁。如果连一个社群内部的成员都互相缺乏了解，这样的社群即使快速扩大规模，也不会具备能量和黏合力。课堂讨论假设在一个80人的小群里，所有的人要在群里一个个做自我介绍，你会一个个看完吗？如果加入了几个新成员，为了增进相互了解，又该如何做自我介绍？这几个人向群成员介绍自己是没有问题的，但原本的80个人如何向新来的几个成员介绍自己？再来一轮吗？再来一轮这显然不现实。一个小群的自我介绍尚且如此困难，那如果这个群有500人呢？大部分群员连自我介绍的机会都没有，那么他们如何才能成为相互熟悉的人，进而变成社群呢？过去似乎只有一种方法——参与线下见面。但这样做的成本非常高。因此，要充分理解社群运营的难度，很多小的细节会阻碍社群的形成。知识型IP训练营、BetterMe大本营社群便使用百度脑图工具完成了社群可视化脑图。百度脑图有3个重要的优点：可以无限扩充、可以实时更新、可以添加超链接。利用这3点，针对社群可以做以下几件事情。

（1）打造社群云通讯录

可以把云思维导图变成云通讯录，方便大家彼此了解。只要群友提交一个百度脑图自我介绍就可以连接到社群脑图上，以后只要他的个人脑图有变化，社群的脑图就能同步实时更新，如图2-8所示。以BetterMe大本营社群为例，他们把社群成员进行分类，再把主要信息在百度脑图中

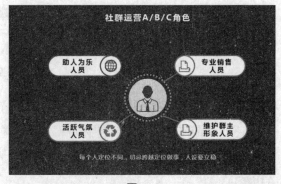

图2-8

展现出来，方便大家连接到专业人士，如导师团、达人团、资源团。

在百度脑图里查看具体的个人信息，就可以看到这个人的特长，还有访问他的各种网络主页的链接。

这样，社群里各方面有才能的、希望打造个人品牌的群友都可以向社群提交自己的脑图链接，并超链接到社群的脑图中；群友只要更新自己的脑图，社群的脑图也能同步更新。而希望连接社群，从而找到这个社群内相关领域的达人，也能通过脑图相对方便地找到自己想要结交的人。

（2）打造社群云智库

解决可视化展示社群内有才华的人的问题，这是社群可视化的开始。一个社群如果运营得好，就得让群体不断有好的输出。例如，分享的总结、好的思维导图，那么这些群里面好的输出如何才能实现共享呢？这些群分享，往往以碎片化的形式存放在微博、微信或者其他网络媒体中，如果新加入的社群群员要了解历史输出，查找起来是一件痛苦的事情。能否整合分散在微信、微博等媒体里的社群输出，让其中优质的社群输出能够持续共享下去呢？支持超链接的百度脑图提供了一个新思路。百度脑图支持超级链接，意味着它可以把历史优质分享都链接到一个脑图中。百度脑图不断更新的分享链接，静态的脑图变成了动态的思维导图，思维导图也变成了社群共享知识的载体。当社群建立自己的社群智库，通过思维导图把碎片整合到一起时，就能打造视觉化呈现社群集体输出干货的模式。随着社群有质量的输出壮大，这个脑图也会越来越大，最后变成社群的知识树，如图2-9所示。

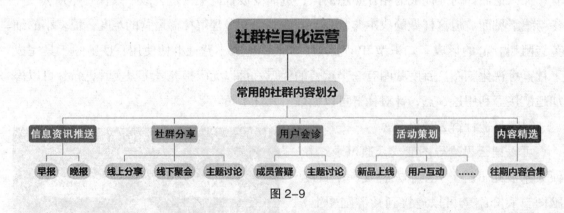

图 2-9

BetterMe 大本营社群通过脑图，把过去举办过的活动、作品和文章等同步更新在脑图里。还可以根据需要不断延伸拓展。不同于过去通过长篇文章进行介绍，现在通过脑图可以把社群各方面的资讯进行立体展示，外界的人可以短时间内迅速定位，找到自己感兴趣的内容。

（3）打造社群云名片

在结构部分完成了成员的可视化，在输出的部分完成了积累的可视化。当鼓励社群成员把这些优质输出以脑图的形式共享出去时，这就是一个社群的云名片。不只是提供一个二维码，也不只是一个名字、一个概念，而是从此开始成为立体知识树，如图2-10所示。

如果有人希望了解BetterMe大本营社群，不需要花费太多时间进行解释，只需发给他社群的脑图链接，对方就可以很快对社群有一个全局性的了解；如果他想要深入了解社群的能量和活力，就可以一个个点击相应的超链接。有了这3招，过去对外只是一个名称或者概念的社群，现在开始变得生动、立体、可视化了。

图2-10

社群的可视化意义不仅仅是创造社群名片，要知道一个人的个人品牌建立起来是很困难的，如果有一个优秀的平台支撑，那就完全不一样了。有的社群运营团队很庞大，有的群员默默耕耘，即便才华横溢，群员们的付出和能力都不为外界所知。通过脑图，每个人都有一个属于自己的可编辑的脑图链接，在社群中，所有的优秀项目和履历都被更好地展示。长期的积累能够帮助群员打造个人品牌，从而在相关领域就有更多的可能性。社群的能量越大，社群为团队成员做支撑的能力就越强。注意：借助的工具——百度脑图未必是最优的选择，重要的是努力的大方向。期待真正适合社群可视化的管理平台出现。

（二）打造社群品牌活动

品牌活动可以让社群中的成员通过完成任务，用输出的方式得到回报，而个不总需要管理员，也用不着非得找话题、做活动，因此维护管理的成本也不会太高。如果这个任务能够打通多个角色，能量就会更大。

"群殴PPT"是"秋叶PPT"的一个品牌活动，活动的形式简而言之就是"一群人改一页PPT"。企业提供一页PPT，可以有自己的LOGO、产品等相关信息；秋叶PPT的学员利用"和秋叶一起学PPT"课程所习得的技能去修改这一页PPT，通过微博加话题发布自己的作品。秋叶团队会对学员的作品进行点评与反馈。在春节前的6期"群殴PPT"活动中，#群殴PPT# 微博话题的阅读量近4200万，平均每期活动的阅读量有700万，每期投稿在100篇以上，"群殴"积极分子352人加入"群殴"QQ群，打赏各种红包超过1000元，赠书100多本等。这个活动为各个角色带来了什么样的回报？有何好处？对于企业来说，本来给学员提供教学实践和动手机会是老师应该做的，但是借助社会化媒体的传播力量，加上社群的精心组织，把碎片化的个人创意，整合成了让企业低成本收获大量以高质量图文内容为载体的品牌曝光机会。对于社群来说，学员动手实操获得了老师的点评，提升了PPT制作水平，还可以获得奖品。对于秋叶PPT来说，扩大了其课程品牌的影响力，也获得了运营所需的经费，每一个角色都能达到收获最大化。于是，一个品牌活动的输出就这样实现了三方共赢。

李海峰老师的"DISC双证班"社群由他的DISC培训班的毕业生组成，这个社群的特色就是"主题输出"。在这个社群中，不同行业、不同岗位、不同专业的人都要结合所学到的DISC知识，分享自己的经验和心得，迄今已经有上千期的分享。这些输出虽然跨度非常广，但都紧扣同一个主题，如图2-11所示。

站长特训营——社群盈利魔法	
开营特辑	1.如何利用社群空间站一千城万站的百万社群资源赋能自己的项目，彻底根治不盈利问题？
思维篇	2.如何用5大思维一次性解决未来所有人生问题？
	3.如何用5大底层逻辑公式支撑起你未来的商业帝国？
方法篇	4.社群盈利三板斧之自动化内容系统——学会设计让消费者一看就心动，一看完就买单的爆品打造公式
	5.社群盈利三板斧之自动化流量系统
	6.社群盈利三板斧之自动化成交系统——渗透式成交—社群渗透式被动成交揭秘！
品牌篇	7.如何15天打造一个被粉丝崇拜的个人品牌？
实操篇	8.让小白也能月入10万的33落地机制揭秘
	9.纯干的！站长赚钱落地手册（月入10万）
落地篇	10.如何写出让粉丝一看就要付款的绝杀型文案？
	11.如何进行精准流量入口的布局？
	12.如何构架自己的无敌成交话术？

图2-11

在输出的过程中，不但要让毕业生在培训结束后能在日常生活中不断巩固所学的DISC知识，敢于在众人前分享，而且可以不断发现圈子内的很多机会。在互联网时代，圈子变得越来越重要，想要提升自己的身价，首先要进入优质圈子。李海峰老师不遗余力地打通各个圈子，为的是让DISC毕业生收获更多，看到更大的希望。正如学员随后的评价："如果你只把DISC当作课程，那么恭喜你，你得到了知识和参考资料；如果你只把DISC当作工具，那么恭喜你，你得到了软件和测评报告；如果你只把DISC当作学问，那么恭喜你，你得到了视野和经验之道；如果你只把DISC看作平台，那么恭喜你，你得到了资源和人脉、外脑；如果你能把DISC视为部落，视为一个大家庭，学会主动分享和用心付出，那么恭喜你，你将收获无数亲人的温暖和五湖四海的支持……"这样的运营成果使双证班的招生只靠产品的口碑和学员的介绍，完全不使用代理商，使其成为国内知名的培训产品。

（三）打造社群爆款产品

爆款有利于形成焦点，获得足够的引力，聚合到足够的关注，而且爆款一般意味着可观的回报。如"和秋叶一起学PPT"是由秋叶核心社群中的几位成员合作完成的，最初定价99元/人，后来涨价至149元/人，在3年内付费学员的人数已经超过35000人。如BetterMe大本营推出的"跟小获学沟通"训练营，定价99元/人，上线8小时500个名额即售罄，报名速度平均一分钟一个。这些不但能够在短时间内获得大量有相关爱好人群的关注，同时丰厚的回报也会给社群带来充足的信心和激励。实战训练ScalersTalk成长会是创始人Scalers结合自身的学习和持续行动经验而创办的一个学习行动型社群，倡导"通过坚持做一件简单的事情，重新构造健康向上的积极生活"，目前已拥有年龄跨越"70后"到"00后"、分布在10多个国家、涉及40多个行业的成员。Scalers是"持续行动、行胜于言"的倡导者和实践者——从2014年开始，他坚持每天通过微信公众号发布一篇高质量的原创文章，截至2016年9月，已经持续了1000天，文章累计字数100多万。2014年5月，他从自己的公众号读者中筛选并建立了一个QQ群——"口译100小时训练群"，号召一群人和他共同完成这项训练任务。2014年9月，他在公众号发表了《那一年，我去了清华园，你去了阿里巴巴》这篇阅读量超过10万的文章后，社群人数开始有了较快增长。

2014年10月份，随着社群人数的增长，再加上此时Scalers已持续写作了300天，回顾自己的经历，他对"成长""持续行动""学习系统"和"行动系统"已经有一些轮廓般的认知和思考，并觉得这些思考很有价值，于是他决定组建"ScalersTalk成长会"社群。他把成长会设计成了收费模式，每人收费900元。此时，其公众号订阅者刚破1万。推出当天，报名加入社群的人数却有近100人；至2015年年底，成长会的人数近500人。

2016 年，Scalers 解散了期满的 2015 年成长会，并组建 2016 年新的成长会社群，很快便有 1100 人加入；原本每人 900 元的会费，在人数超过 1000 人后，升级为每人 2000 元。因为成长的概念相对抽象，所以 Scalers 先从英语开始落地，建立了以"从英语初阶到同声传译"的成长框架，并以此为导向，在不同的阶段设立了不同的社群小组，形成社群矩阵。如从最初级的朗读、零阶段的听力，到进阶的听力狂练小组、笔译、交传、视译小组。

社群成员的进阶未必是完全按照箭头的方向，但是大体上这些小组所对应的技能要求是不断提高的。在整个过程中，各小组的输出也持续走高，如产出的 2015 年和 2016 年政府工作报告的中英双语批注，国家领导人在重要国际会议上的讲话的中英文、中法文对照批注；同时还输出服务，例如，口译交传小组给凯文·凯利和吴伯凡老师同传，为世界黑客大会、密码课程提供双语字幕等。ScalersTalk 成长会的社群主力是付费的。Scalers 表示，接下来他会把其中运行得较为成熟的社群对外开放，尝试一下单独的付费服务，并将收益分成。另外，他还将在成长会拥有的学习内容的基础上，开发更多的付费项目。除了各大出版社邀约 Scalers 筹备新书外，社群小组的许多内容输出也非常有价值，也开始进行一些选题策划。ScalersTalk 成长会关注的领域不局限于英语学习的范畴，通过对社群成员的学习内容和兴趣爱好的不断细分，ScalersTalk 成长会最终形成了一个包含 40 多个小组的社群矩阵，涵盖了自然语言、计算机语言和综合成长三类学习方向，大部分人都能在其中找到自己的学习伙伴。成长会下的社群小组目前仍分为免费和收费两类，但加入成长会旗下的每一个小组成员都需要完成相应的进群任务并通过审核，进入小组后也需要持续地完成学习任务，定期输出。否则，就会被小组移除；被移除后只有在满足了更严格的条件后才能重新进群。当被问及成长会社群的特点时，他归纳为 24 个字：持续行动，行胜于言；反向筛选，质高于量；价值输出，核心驱动。

1. 持续行动行胜于言

Scalers 提出了"N 阶持续行动者"的概念，就是以 10 的 N 次方为天数，考量持续做一件事情的天数。他在成长会设计的许多机制和细节，可以让没有行动的人很快地暴露出来。因此，各个小组都有很长的持续行动的战绩。2015 年 11 月，Scalers 启动了"我和 Scalers 的 2015"征文活动，让成长会的成员讲述这一年的成长故事。到征文活动正式结束，刊登高质量来稿 10 余篇，每一篇都讲述了成员自己在这一年的巨大变化。

2. 反向筛选质高于量

客观上说，Scalers 的关注和订阅数并不是很高，文章多是长文，重逻辑分析，轻举例讲故事。从传播角度来看，文章都是反传播的；从阅读的便捷性看，文章都是看了一定会烧脑的，因为多数是对理念的剖析、命题推理、逻辑的演进和结论推广，单篇文章在 1500～3000 字。他并不迎合大众口味去生产一些所谓的爆款文章。这些文章在传播上并不占优势，但他却意外地发现这样的输出吸引到的社群成员的质量异常高。小组里的成员，经常是拥有各种背景的语言达人，还有通晓 4 门语言的人……而且从高中生、大学生，到研究生、博士、博士后，各种学历都有，大学以上学历的人都是国内顶尖学校和海外知名高校的学生。他认为出现这种现象的原因在于一种"反向筛选"，从他的文章的风格、社群的要求以及个人的特质，形成了自然的筛选机制。这种机制在很大程度上保证了群成员的高质量和高精准，进而为社群的自运转提供了保障。

3. 价值输出核心驱动

做社群的过程中，也会遇到一些阻碍，如有人会仿制，或者来拉人。但 Scalers 观察了好久，发现这些行为最后并没有起到太大作用。对此他也在思考：根本的原因在哪里？最后得出的结论是，他每日持续的价值输出，就是整个社群体系成长的源泉。他个人的成长就是社群成长的源泉，而社群的成长会带动社群成员的成长，社群成员的成长也会反哺社群的成长，这就形成了 ScalersTalk 成长会良好的社群生态系统。阅读案例后请思考：

①请梳理 ScalersTalk 社群的品牌自媒体、活动、产品分别有什么？

② Scalers 是如何通过"输出"来筛选社群成员质量的？

③ ScalersTalk 如何从个人输出延伸到社群输出？

五、社群规模的裂变

社群成立之后，对于大部分运营者来说都会遇到一个新的挑战：如何做大？也就是社群规模的问题。要解决这个问题，需要明确 3 个问题。第一，什么时候可以开始做规模了？万事俱备，只欠东风。第二，如何用正确的方式复制扩大？拿捏节奏，步步为营。第三，有什么错误、风险要提前规避？心中有谱，不掉陷阱。

（一）扩大时机——什么时候可以开始复制

课堂讨论

如果你是一个读书群的运营者，该群的质量不错，于是想要扩大影响力，多复制几个社群出来。那么，第一个群到了什么程度就可以开始考虑复制了？ A. 现在我的这个社群活跃度这么高，再复制一个出来不就跟玩儿似的？ B. 平时有那么多人咨询如何加入我的社群，必须快点再开几个群把他们都加进来！ C. 再开个群有什么难的？交给小助手去拉人不就行了？ D. 等我的规模做到了几十万人，我就可以融资了！

俗话说得好：欲速则不达。社群发展的这几年，已经有大量的社群淹没和死去。社群做规模不能急。想知道什么时候可以做大社群规模，你至少先得回答以下两个问题。

1. 是否已经做好扩大运营的准备

你是否做好人力、财力、物力的准备，能够支撑社群快速复制？规模的扩张不能盲目，要清楚地看到人力成本是否能够同步跟上社群规模的扩张。如太平人寿的PP琪社群涵盖了太平人寿的5万名同仁，其管理员团队十分庞大，其中正式管理员超过300人，试用管理员200人。

大多社群的运营都是先慢后快，前期沉淀得越充分，后期爆发得越稳固。如秋叶PPT学员群，经过两年的发展也只是从运营1个群扩大到运营12个群。秋叶PPT真正保持活跃的群现在总体上控制在10个以内，更多的群是有事的时候就激活一下，平时不激活。有的人问为什么不做大一点？社群不是应该覆盖几十万人才算牛吗？秋叶PPT团队当然愿意能把群扩大到20个甚至100个，问题是不能确定是否有胜任的专职人力来做好运营。10个活跃QQ群在秋叶PPT看来已经够大了，一个群可以容纳2000人，10个群的容量接近两万人。这管理起来已经很吃力了。更不用说运营过程中需要整合资源，进行资源互换、放大能量，这对社群运营者的眼界和沟通能力的要求很高。秋叶PPT社群先找到一些社群核心成员，让他们成为社群运营的内核，逐步作为社群的种子用户加入后续社群，引导社群朝良性的方向发展，这样才能一步步做起来。

2. 是否已经形成了亚文化

亚文化又称"集体文化"或"副文化"，指与主文化相对的那些非主流的、局部的文化现象，指在主文化或综合文化的背景下，属于某一区域或某个集体所特有的观念和生活方式。任何组织想要持续存在，必须形成一套有鲜明特征、打上自己烙印的文化体系，因为资源是会枯竭的，唯有文化才能生生不息，这是社群生命力的核心。

所以，一个好的社群有必要形成一种群体沟通的亚文化，一般有以下5个方面。①语言亚文化，如大家聊天的语气、专属的表情包、所喊的口号等。②视觉亚文化，如社群的标志、线下活动中的着装或者佩戴的胸牌。③话题亚文化，如在社群中流传甚广的梗、只有社群成员才懂的笑话。④时间亚文化，如专属于社群的时间或节日。⑤行为亚文化，如自己特别的手势或动作。社群中的亚文化是需要运营者用心设计和营造的，让成员在潜移默化中接受。

（二）复制周期——按照怎样的节奏进行复制

1. 产品周期评估法

一个社群的存在，既能够满足成员的某种价值需求，在满足需求的过程中又能给运营人员带来一定的回报，这样就会形成一个良性的循环，甚至可以形成自运行的社群生态。想要得到长期性的回报，就得设置长期的需求。这也是为什么大多高频重复使用类产品的社群存活得比单纯兴趣社群要长的原因。

如果你要运营一个与制作简历相关的社群，你认为运营周期是多长？社群的第一要素是"同好"，请问谁有常年做简历的爱好？

一旦顺利入职，工作稳定下来，你还愿意每天在群里聊简历的话题吗？还会每周期待分享吗？结果势必是先沉默、后屏蔽甚至退群。因此，需求的短暂性势必造成社群的短暂性。

再以秋叶的职场技能课程为例。这个课程包括 Office 办公三件套、职场技能，涵盖求职→面试→职场工具技能→理财→移动办公，是 3～5 年的职场技能培养，围绕一个人 3～5 年的职场成长技能。那么，这个社群的存在就是有长期意义的。因此，社群运营的时间周期与需求时长的定位是息息相关的。

2. 生命周期评估法

长期泡网络的人，恐怕都有加入某种群的经历。一开始怀着激动和兴奋的心情，但当怀着良好愿望加入一段时间后，却发现群里充满灌水、刷屏、广告，甚至两个群友一言不合，发生争执，愤而退群，而群主也会因各种琐事陷入纠结。人数不能太少，少于 30 人不成群；超过 80 人就开始热闹，超过 500 人又乱糟糟的不好管。不出半年，大家慢慢不再发言，就成了一个死群。任何事物都是有生命周期的，大部分群都会经历如图 2-12 所示的生命周期模型。

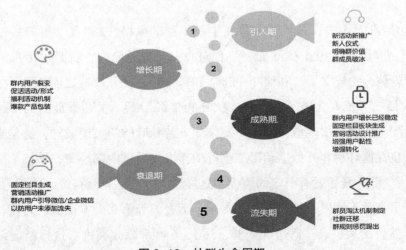

图 2-12　社群生命周期

一个群整个生命周期模型长则 6 个月，短的甚至只有一周。必须认识到，即便是出于商业目的去主动管理一个社群，在运营非常好的情况下，群也是有生命周期的，这个生命周期大约为两年。为什么是两年？

第一，来自对过去论坛坛主活跃度的观察。一个论坛坛主坚持的时间往往很难超过两年，同样，一个群的热心群管也很难超过两年。即便是专职团队管理，两年内，群的运营给社群群友带来的新鲜红利也会消失殆尽。

第二，是因为一个群在两年的生命周期内，一般而言已经完成商业价值的转换。你的产品又不断升级换代，那么在两年内，从商业上讲该挖掘的商业价值也挖掘得差不多了，继续维护下去，成本会超过回报。显然，能够长期运营社群并让大家感到收获满满并不容易，这需要耗费大量的人力、财力、脑力，而很可能回报却逐步下降，所以才有了社群大多无疾而终的结局。这也给社群运营如下两个启发。

第一，不要过度投入，当群走到生命周期的尾声时，不骚扰别人就是美德。第二，要设计一个在群生命周期结束前就能完成销售的产品。

（三）复制方式——如何有条不紊地扩大社群的规模

课堂讨论

你觉得以下扩大社群规模的方式正确吗？有什么问题？

A. 在官方公众号文章中公布群的二维码，一口气拉 10 个群。

B. 从自己的社群核心成员中拉出 10 个人，要求他们分别去拉满一个群。

C. 以做微课为名义在朋友圈中转发截图，由小助手一个个把人拉进去。

以上这些方式都是不妥当的。

如果同步招 10 个群，最终很可能 1 群是 1 群的风格，2 群是 2 群的特性，相互之间似乎完全割裂。因此，想让社群统一、有向心力、有凝聚力，就必须传承文化。以秋叶 PPT 学员群为例，先成立了"和秋叶一起学 PPT1 群"，在开放群之前，做了大量铺垫，使得群员的数量一下子就突破了 300 人。秋叶 PPT 最活跃、重购率最高的都是 1 群，因为这个群是由当年课程一出现就立即毫不犹豫地支持秋叶的学员组成的，这是真爱群。等社群运营进入良性循环后才开始启动第二个群的建设，通过内部小窗，转移了一部分老群员到 2 群，于是 2 群一开始就有一定的规模，这样新人入群感觉就很好。由于老群员在群里，自然就把群里自觉不刷屏、禁言的文化传承了下去。等第 2 个群快满的时候，我们就建设第 3 个群，然后交叉引入。后边的 4 群、5 群、6 群都以此类推。这样新老结合，让入群的人一开始就感觉加入了一个人数蛮多的群，形成在线抱团学习的感觉；同时借助老群员自然延伸过去的禁言文化，为群的管理打好基础，群文化也自然得到复制。所以，学员1群建立后，很快就通过交叉法复制建立并管理2群、3群、4群、5群，一直到现在的8群。每个群都是2000人的大群，虽然人数众多，但通过规范地运营，新老成员都可以很快地认同群文化、遵守群规。

秋叶PPT核心群、学员群建立后，很快基于学习的进展，鼓励社群核心成员在自己擅长的领域内建立了"读书笔记PPT群""轻松学图表研究可视化"、每周一期一群人改一页PPT的"群殴PPT"等周边小群，核心成员如@秦阳基于个人的影响力建立了"秦友团"等亚文化群。这些都基于秋叶PPT团队的核心价值观——爱学习、爱动手、爱分享。

（四）复制的陷阱——从小社群到大社群会遇到的陷阱

在互联网时代，成立一个社群并没有什么困难——似乎几个志同道合的人建一个群，简单讨论一下目的和章程，再通过邀请扩大范围，社群也就成立了。如果一个社群能够度过从0到1的生存期，自然就会思考能否把社群做大做强，延长社群的生命周期，甚至创造出新的社群生态。不过，绝大部分社群都没有机会走上从1到10的发展壮大之路就进入了死亡状态。为什么社群会死亡，无法走向壮大之路？主要有以下5个原因。

1. 失焦

课堂讨论

你有没有遇到这样一种情况：进入一个群后，新人问的第一句话是"这个群是做什么的"？出现这种情况的原因是什么？又会有什么样的后果？

失焦是导致群消亡的第一个原因，它是指很多群缺乏一个明确的定位。没有定位的一个表现就是无论什么人都可以入群，结果一个群里既有大牛又有新手，把不同层次的人混在一起，以为这是所谓"去中心化"的自组织。结果很多人一看牛人在群里，马上就各种要加好友、各种求链接，恰恰把真正的牛人给骚扰走了。很多群的成立并不是群主系统规划后的结果，它们往往快速拉很多人入群，大部分人入群后并不清楚加入群的目的，结果容易变成自顾自聊天，偏离群主最初建群的目的。如果整个群因为缺乏共同的话题和活动连接，要么变成一个死群，要么变成一个灌水群。如果在创建群之前，先通盘考虑群的主题、定位、分享机制，再在入群时告知群员加群的价值和交流机制，对群的生命力反而会更好。但是太多的人只是花费大量时间把自己认识的人纳入一个群，对于群的主题、定

位、分享机制都没有通盘考虑，结果大家进来后发现群里没有有价值的话题分享，只是一些人在群里自我表现，时间长了，群员就失望了，留下来只能对工作形成干扰，不如退群。有些群一开始建设的目的倒是明确，如邀请大咖做群分享，大家临时组建了微信群，当大咖分享完毕离开微信群后，微信群的人员就失去了共同的联系；但作为组织分享活动的社群运营方又舍不得解散这些微信群，希望留下这些群将来做运营。但问题是没有定位聚焦的群即便留下了，群员慢慢也会失去活力。

2. 无首

课堂讨论

你所在的各个群中，是有人管理的群质量更高，还是无人管理的群质量更高？你屏蔽的群中，是有人管理的群多，还是无人管理的群更多？

"无首"是导致群消亡的第二个原因，无首就是缺乏有影响力或热心的群主或群管来管理群。很多人觉得，一个社群如果有领袖、有管理、有规矩，就违背了"去中心化"的宗旨。其实这是一个误解。社群不可能完全自组织，只能说在移动互联网时代呈现组织网络化、话题发散化、沟通碎片化。

一个群如果没有群主或群管理员主动组织话题、发起活动、维护群秩序，这个群就很容易变成广告群、灌水群。

课堂讨论

总有人想在群里发广告，你遇到过这种情况吗？你认为该如何处理这种情况？

社群要提前声明发广告的规则，发现不遵守规则的人管理员要及时治理。群的管理者有一项非常重要的工作，就是每天要及时上网，对混进群发垃圾消息的人要及时进行处理。如果一个群经常有人发垃圾消息，而群管没有及时处理，这个群很快就会沦为死群。另一种情况是过多的闲扯灌水。一个超过200人的群，如果一人说一句也得看半天；如果你正在工作或是学习，群消息不断地闪烁，经常打断你正常的生活学习节奏，时间久了，就会让很多人选择屏蔽。因此，如果一个群的人数过多，一定要制订禁言措施，如在工作时间群内不聊天，晚上和节假日随意，这样反而会让群更活跃。

3. 暴政

> **课堂讨论**

如果你不小心误操作，在一个群中分享了一篇文章链接，而群规中说明不能随意丢链接，于是你遭到了群主不分青红皂白、粗暴的公开教训，你会有什么反应？与"无首"对应的，是群主的个性过于强势。

群有了规模以后，群主为了避免过去深受灌水群、骚扰群之苦，往往制订了严格的群规。但是越严格的群规越容易引起争议，因为很多人不喜欢在一个网络组织中还有太多的约束。如很多群主希望群里少一些闲聊，不要发与主题无关的话题，有的群员就会认为一个只聊专业话题的群没有趣味，不认同这样的规矩，他们认为应该用一些轻松活泼的内容来活跃气氛。大部分群主是认可群应该轻松活泼一些的，但也有一个度的问题，群的规模越大，这个度的把握就越难。一个群的群规的形成，最好是经过群员的一致讨论，这样才容易得到遵守。如果群主要推出强势群规，那么群主就必须比群员的影响力等级高一个数量级，才能获得执行群规的心理优势。不过，有民意支持的、有组织纪律的群比没有管理章法的群的寿命更长。

4. 无聊

> **课堂讨论**

很多交流群、粉丝群一开始很热闹，虽然也会有群规和专人维护，但是热乎劲儿一过，很多群里聊天的好像就总是那么几个人而已。为什么大部分人不活跃了？请结合自己的经历谈谈你觉得最重要的原因是什么。

一个群要想做得有声有色，不让群员感到无聊乏味，就必须定期有活动。如果一个群总是只有那么几个人热闹，大部分人失去了新鲜感，也不行。如果一个群的规模不超过40人，大家在一起可能是因为兴趣相投，认同度高，愿意一块聊，那么就不需要刻意限定分享形式，群的生命周期也会很长。但如果一个群的规模较大，又没有一个固定的形式来组织大家在一起定期互动、协作、讨论，没有熟知度，没有凝聚力，没有归属感，那么这个群的生命力很快就会衰亡。固定的参与感才会让群员产生一种身份认同感，这种身份认同感也是群员愿意留下来的重要理由。当这种身份认同感消失的时候，群员很可能会选择退群。另外，如果一个群的人员长期没有更新，那么这也可能是群走向死亡的开始。任

何组织都需要经常换血，没有新鲜血液注入，群往往会沉寂，因为新人的进入会给群带来新的冲击力和活力，让群里的气氛不会变得无聊。

5. 蒸发

课堂讨论

有的人为了做社群，就利用自己的人脉往群中拉来几位牛人，进而吸引很多人入群。但是没过一段时间就发现牛人渐渐不说话了，进而大部分人也渐渐觉得群没有质量了，所以就屏蔽了群，于是群就这样沉寂了。导致这种情况的原因是什么？

当新成员不断涌入一个开放的聊天群时，群中最有价值的成员会发现群成员平均水平的降低让自己继续待在这里已经没有意义了，于是他们就会选择离开。这批成员的离开进一步降低了群的价值，于是恶性循环开始了：越来越多高价值的成员选择离开，直到有一天这个群彻底地沦为一个平庸的聊天群。用一个专业的科技术语来表述这一现象，叫"蒸发冷却效应"。蒸发冷却是指液体在蒸发成气体的过程中会吸热，从而降低周围的温度，起到冷却的效果。群的开放意味着它对成员的加入没有选择性，如此一来，最想加入群的成员自然会是那些水平在群目前平均水平之下的人，因为他们可以从群中学到更多的东西。但这样的新人的加入，从长远来说必然会对群的运营造成不利影响。他们习惯对群内的大牛提出各种解惑要求，而忽略了牛人的时间价值是很宝贵的。而那些相对封闭的群反而能更好地应对这种问题，这种封闭群对成员的加入有着极高的要求，一般都采用邀请制。由于小众而又封闭，大部分此类群都低调地活在大众的视野之外。一个群在入群阶段设置的筛选和挑战门槛越高，加入这个群后的流失率反而越低。如有的群要求群员必须付费才能进入学习，这样，群员反而更愿意遵守规则，维护学习秩序，尊重群内的老师。

📊 实战训练

如果现在让你从 0 到 1 构建一个完整的社群方案，你会如何规划？请填写表 2-2 所示内容。

表 2-2　社群方案

同好	目的	
	价值	
	表现形式	
结构	成员结构	
	社群规则	
运营	平台选择	
	种子用户	
输出	自媒体	
	品牌活动	
	爆款产品	
复制	扩大的时机	
	复制周期	
	复制方式	
	避免陷阱	

社群运营团队打造

📊 学习目标

➤ 了解社群如何实现团队从 0 到 1 突破的方法

➤ 了解社群经营团队如何快速壮大

➤ 了解如何留住社群运营人才

➤ 了解社群运营 KPI 如何设置

📊 学习过程

情景设计

　　某知名电商平台决定加强其社群运营，以更好地服务用户、提升用户黏性和促进销售。为此，该平台组建了一支专业的社群运营团队，负责管理和运营多个线上社群，包括微信群、QQ群、微博群等。他们通过团队组建与分工、制定运营策略、高效执行与调整等，经过一段时间的运营，该电商平台的社群取得了显著的成果。社群的用户规模不断扩大，活跃度也持续提升。同时，社群内的用户黏性也得到了显著提高，用户对品牌的认知度和忠诚度也得到了提升。展望未来，随着数字化时代的不断发展，社群运营将变得更加重要和复杂。因此，社群运营团队需要不断学习新知识、掌握新技能，以适应不断变化的市场环境。同时，他们还需要与品牌的其他部门密切合作，共同推动品牌的发展和创新。

📊 任务描述

社群运营团队的打造。

📊 知识导航

一、实现团队的突破

课堂讨论

你在学校参加过志愿者夏令营或者挑战杯吗？团队是如何搭建的？这对于社群运营团队的建设有何启发？

（一）搭建架构

1.基本架构，打好根基

一个运营团队的生命力在很大程度上决定社群的发展，从 0 到 1 的团队组建是最难的，因为一不小心队伍可能就散了。和线下组织一样，社群的组织架构应该尽量层级精简，权责分明。层级过多会导致信息不通畅，传达效率低。因此，组织架构必须依据社群所处的发展阶段来设计。在社群初期规模较小的时候，组织架构可以精简一些，具备基本的运营功能就可以在尝试中完善了。这个阶段，社群的灵魂人物直接参与到每个群里面都不是问题。随着社群规模的扩大，就必须把管理群和普通群分开，有些问题在管理群里进行充分沟通后，再在普通群里得到扩散。如果社群规模进一步扩大，有必要建立管理群、核心群、普通群三层结构。管理群由该群的积极管理成员构成，遇到重大运营问题先进行内部讨论，达成一致后可以把观点丢到核心群里讨论，核心群是由对社群高度认可的积极粉丝构成，但是他们并没有太多时间和精力去参与群管理。如果核心群认可管理群提出的运营建议或者决策，没有反馈什么大的问题，那么可以再到普通群里实施，相当于做了一次小范围验证，避免决策失误。

2.动态升级，不断进化

以 BetterMe 大本营社群为例，从最开始几百人到后来 5 个月覆盖 6000 人，它的组织架构发生了这样一些变化。1.0 版本的时候，如图 3-1 所示，刚刚建立社群，也并不知道社群能不能运营好，能不能活下来。这个时候，BetterMe 大本营社群只有群主和一个小助手管理一个 300 多人的群。小助手负责收集、归档、汇总群内的内容和群友的资讯。

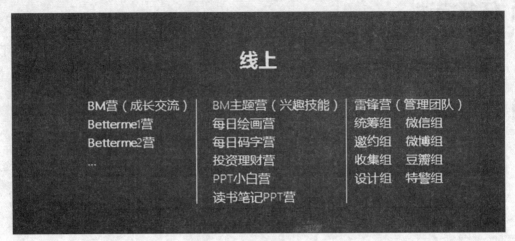

图 3-1

2.0 版本的时候，BetterMe 大本营社群建立了一个多月，发现运营状况尚可，可以做内容输出和吸引新的优秀人才进社群，于是组织架构做了调整，成立了小的工作团队，让之前的小助手成立了收集组，再添加公众号组，进行社群内容输出和对外展示。

后来根据群员特长成立了设计组，设计组做的一系列精致的宣传海报为社群的品牌传播做了很大贡献。

BetterMe 大本营社群的组织架构发生了更多改变，社群人数大幅度增加，各种名人来与社群合作，做特色训练营并逐步实现变现，社群从线上走到了线下等。这个时候，多出了项目部区别于其他职能部门。职能部门的成员需要单一且专业化，而项目组成员是复杂交叉的。一个人只属于一个职能部门，但是可以属于多个项目组。项目经理业务涉及范围远大于职能部部长。如读书笔记 PPT 营、理财营等为项目驱动，每次项目抽取各职能部门人员若干去驱动。如果社群需要开一个小白 PPT 营，需要一个设计、一个文案、一个外联。那小白 PPT 营营长，可以到设计组、文案组、外联组各借调一个人，组成临时项目组——小白 PPT 营项目，当项目结束，各组借调来的人各归各位。这种管理模式倒是借鉴了高校很多社团的运营模式。总之，社群的组织架构需要根据社群的发展来动态调整做出变化，找到最适合自己社群的架构。

（二）发现人才

当社群的团队架构组建好后，在有一定规模的社群运营团队里，必须定期引入新鲜血液，新人对社群活动的积极性高，时间投入程度大，但是很多人不仅不知道线上社群运营的方法，就是做线下活动，也缺乏经验。只有热情而能力又不足的人往往只能把事情搞砸，很多老群员担心新手刚上手会出错，社群管理者觉得有经验的群员更熟悉工作，尝试新手有风险，过于依赖老群员。这样下去，老社群成员会觉得精力负担太重，会选择退出社群，一旦社群中的几个积极分子退出，大家就会失去干劲，社群人才培养梯队断层的劣势就立刻显露了出来。社群蓬勃向上发展到一定规模反而会突然遇到人力出走潮，社群运营发展的势头也会戛然而止。因此，社群运营者要更积极主动挖掘新人、培养新人、给新人机会，让他们尽快和老手融入一个团队。

只有愿意培养新人和能够持续不断推出新人的社群，才是一个健康的社群。像秋叶PPT社群，秋叶老师一直关注大学生里面有才华的社群成员。最早冒出来的社群成员在2012年有曹将、刘健亮和但愿等，后来这3位一个做市场营销，一个去做新媒体运营，一个去读博士。然后2013年，秋叶大叔又发掘了小巴、秦阳、阿文、嘉文、小荻、鱼头、水蘑等一系列新人，从这些人里面培养了秋叶PPT团队的骨干成员，等这些成员大部分走上工作岗位后，秋叶大叔后来又发现了马赛克、蔬菜、有乐、优卡、柴柴、乌素、青梅、少年、膝盖等更多的新人，并帮这些新人更快地在某个细分领域开始打造自己的个人品牌。

1. 人才的标准

在选择新人时有以下衡量标准可以参考。

（1）才华出众

网络运营人才需要的才华分为以下3种。第一种是具有打造出网络爆款内容的社群成员，不管这些内容是文字、图片、PPT，还是视频；第二种是具有网络项目协调运营沟通组织能力的社群成员；第三种是具有天然开心果性质的黏性社群成员。一个优质社群应该有这3种新人搭配，能做社群内容输出的社群成员可以占到60%～70%的比例，社群运营组织的社群成员可以占到20%～30%，社群黏性连接的社群成员可以占到10%～20%。当然有的人身兼2种甚至3种特质，这当然更好。特别是有内容创造才华的社群成员，一旦度过新人期，他们的热情加上才华能在一段时间内产出超过80%的社群原创内容贡献度。

（2）效率出色

有的人有才华，但是做事情有拖延症，这样的新人如果做社群运营，结果就会让人很失望。社群运营需要选择那种有才华而且行动力很强，能够成为整个活动的发起者和组织者的人，社群需要一个发动机型的人而不是一个依赖发动机才能前进的人。如果给一个人安排一项工作，他能够马上就有结果并主动反馈，不管这个结果是不是那么完美，这样的人就是社群运营要找对的适应互联网的人。能力不足可以学习，快速响应能力和反馈意识反而是最难学的。

（3）产出稳定

像秋叶PPT团队，一旦发现合适的新人马上会联系他们，提供一些小任务给他们挑

战，如果发现新人做事效率高、质量好，特别是通过作品可以看出他们的思维深度和广度的话，马上真诚邀请他们加入社群团队，并且不定期继续给他们小任务来评估其工作的质量和稳定性。通过提高小任务的难度就可以判断一个人是否有稳定的创作才华和创作周期，只有能稳定产出作品的人才有可能做出有质量的工作。不过，对新人投入的培养成本应该和他的潜在成长价值成正比，应该努力把时间花在有培养价值的人身上。

（4）文化认同

不认同社群的文化、不认同社群的价值观的人是很难跟着社群一直同心协力走下去的。在社群发展壮大的过程中，一定会遇到各种各样的困难。有福同享易，有难同当难。如果不认同社群的文化，不认同社群的价值观，很难跟着社群一直同心协力渡过难关继续走下去。而社群的文化也是动态发展的。如有些社群在早期实行的是公益的非营利的模式，那么，由于发展需求过渡到商业化营利模式的状态下，哪怕核心价值观还是跟从前一样，但社群文化很难完全一模一样。这个时候，愿意认同新文化，并跟社群的主流观念一起进化，是筛选新人的一大门槛。

（5）自带资源

不论什么样的团队都很难抗拒一个自带资源的新人，因为有些资源并不是后期通过培养就一定能够得到的，如人脉资源。BetterMe 大本营社群在深圳和上海同时做了两场大型活动，深圳场在场地费上耗费了 3 万元。但是同样规模的场地，在上海因为有新人提供场地资源，通过沟通，最后只花了 1000 元，并且场地方还派专人全程协助协调设备和保安，节约了大量的成本和人力，同时使活动开展得更加优质。

2. 如何发现人才

（1）通过任务发现人才

迅速筛选出优秀新人的方法之一是用任务发现人才。以 2015 年 2 月加入的 @Mr 蔬菜为例。@秋叶和 @Mr 蔬菜通过微博第一次私信沟通。

在这之前发生了什么呢？当时正值大四的 @Mr 蔬菜通过微博发了一篇他的思考长文，总结了秋叶老师的品牌活动"群殴 PPT"，他作为旁观者分析了这个社群活动的流程、逻辑、价值，甚至每一期的经费预算。能这样主动去思考剖析，一个大学生来讲已属难能可贵，更难得的是他的思考基本是对的，与秋叶老师的思路基本没有太大偏差。秋叶老师又翻了一些 @Mr 蔬菜的其他微博，很快判断出这个小伙子的能力，然后发出了私信。这时他并没有立即发出邀请，而是直接给了一个任务作为测试。这个题目就是情人节活动策划，秋叶老师给了 @Mr 蔬菜一个初步的方案和文案，让他自由发挥，限两天时间。@Mr 蔬菜接受任务后，在浏览淘宝网站时突然脑子一闪，想了一个淘宝体创意，做了一个初稿发给了 @秋叶。秋叶老师评估后立即邀请 @Mr 蔬菜加入了核心群，然后把这个创意扔到群里，让大家提意见，群里调侃玩耍，结果激发了一群人的讨论，加上秋叶老师敏锐地发现这个创意的可行性，加以引导，大家你一言我一语，提了很多点子，大家的效率很高，马上敲定这个想法，很快一个绝妙搞笑的创意推广就做出来了。最终 @Mr 蔬菜不但激活了内部团队的灵感，还带动了外部社群成员的参与。

（2）通过老人推荐人才

社群规模变大的时候，一些优秀的新人是很难通过一一沟通了解发现的。可以找一起工作合作的"老人"问问，哪些新人值得关注和培养。这样一方面可以节省管理者的精力，另一方面可以对新人有助力，因为通过老人推荐来的新人，往往在之后的工作中因为有这种纽带关系，会得到推荐老人更多的帮助和资源。

（3）通过制度激发人才

通过制度设计可以让有才华、有想法、有能力的新人冒出来。制度可以是激励型的，如 BetterMe 大本营社群设立了层级制度，每个层级所享受的待遇和奖励也是不一样的。那么新人只有不断地展示自己的能力，才能晋升到组长、部长等，获得更大的平台施展才华。

（4）通过活动发现人才

可以通过一些社群活动来发掘人才，如 BetterMe 大本营社群有小额付费的 7 天社群集训营，被吸引进这个集训营的人，都是有付费意识的人，并且对社群是感兴趣的。那么这 7 天里，通过开展活动，可以筛选出不少有能力的新鲜血液加入社群运营团队。

（5）通过招募发现人才

橙子学院实行"橙子合伙人制度"，每个城市有 3～20 名合伙人，大家做好角色分工，在合伙人大群中相互交流经验，定期分享，各地有各地的特色。"橙市合伙人"最初由新精英生涯规划师、培训师以及之前训练营中的优秀学员进行初步甄选，后期进行扩招橙市合伙人角色 & 技能属性，设定"橙市长""策划橙""资源橙""宣传橙""微信群运营橙"等角色。

橙子学院通过微信公众平台推送招募通知，节选如下：成为橙子学院的橙市合伙人，你就有机会：汇聚当地有个人成长意愿和有类似气质的橙子社群成员，成为社群领袖；通过组织活动提升自己团队协作、领导、策划能力，还可能在和有趣的小伙伴碰撞的过程中大开脑洞，发现不一样的自己；建立自己身边的支持系统，让身边的成长资源流动起来；如果，你想要带着当地小伙伴共同成长，快来看看橙市合伙人里都有哪些超级厉害的角色，然后申请加入我们吧！！橙市合伙人角色 & 技能属性："橙市长"希望你是愿意带领一群小伙伴一起成长，有责任感、有担当、能服众的超级英雄。这个角色需要以下 3 项特殊技能：搭建本地合伙人核心团队，建立组织框架，开展社群活动；与其他橙市合伙人交

流切磋，一起完善社群发展攻略；配合橙子大本营提交每月橙市发展报告。

"策划橙"希望你是点子多、脑洞大、擅长组织各种超赞活动的创意达人。这个角色需要以下2项特殊技能：策划线上、线下社群活动并落地执行；做好活动问卷反馈调查表。

"资源橙"希望你是这样的：喜欢在各种社群活动中穿梭，有一定的学习资源和活动场地资源。这个角色需要以下2项特殊技能：发挥你的超乎想象的勾搭神技能，对接各种学习导师、场地资源；熟悉活动组织流程和注意事项。

"宣传橙"希望你是：喜欢摄影、码字等文艺青年必备技能，喜欢新媒体，擅长公众号运营者优先。这个角色需要以下2项特殊技能：集齐几位宣传团队成员——摄影师、公号组、笔记侠，一起展现社群活动精华；收集社群活动相关照片和信息，做好社群宣传工作。

"微信群运营橙"希望你是：善于活跃气氛，喜欢线上社交并且愿意花时间和群内小伙伴打成一片。这个角色需要以下2项特殊技能：配合策划部一起带领大家头脑风暴；卖萌逗趣。

各地橙市合伙人社群成立后，需共同完成以下事项。

①建立地方微信群和建设地方管理团队，学习社群运营，完善社群管理。

②非特殊情况，每月最少一次线下活动+回顾文（回顾文需有照片、文字+队旗合影）。

③建立地方专属公众号，作为信息发布平台。

④配合总部各项工作落地执行。以上全部岗位，橙子翘首以盼！请自带此属性的同学快快来申请吧！

3. 如何吸引人才

发达的互联网时代，以及微博、微信的普及，使得各种资源更加容易连接，其中包括各种优秀人才。社群就有着这样的魔力，它能够海纳各行各业的精英，社群核心骨干要做的是找到各行各业的精英，然后吸引他们加入自己的社群工作团队。

（1）分析人才加入动机

首先需要思考一个问题，优秀人才加入社群的好处是什么？社群是会给成员带来成就感、新机遇、可施展的舞台、影响力，还是丰厚的酬劳、有效的人脉、新鲜感，还是其他？根据动机把被吸引的各种优秀人才大致分为以下4个类型。奉献助力型：这个类型的人，喜欢帮助他人和分享，当他们遇到一个同频率的群体，加入工作团队，能够更加便捷地提供帮助，获得成就感和满足感。这个类型的人才的存在可以在社群初始尤其是各方面人才都缺乏的时候，提供很大的能量和助力。求知探索型：这个类型的人，有着更强的求知欲、好奇心，有的从未接触过社群，感到好奇；有的对社群运营模式、管理方法、优质内容感兴趣，想要主动参与其中，一探究竟；有的社群团队中已有优秀的人存在，他们想要加入学习，得到提升进步，这个类型的人，往往学习动力强，自我驱动力好，能够带动社群核心团队的整体学习氛围。成长反哺型：这个类型的人，在进入社群之前或者进入社群之后，受到社群的帮助或者得到成长，希望自己能够出力反哺社群，因为参与度高、忠诚度高，他们往往会成为社群中的核心运营力量，与社群共同发展。资源互换型：这个类型的人，他们可能自身具有某方面的能力或者资源，有的通过资源互换相应的酬劳、人脉、平台、影响力；有的希望通过连接遇见更多可能性。他们的存在能让社群的基因更加丰富。一个人身上可能同时有多种类型的动机，只不过在某个阶段某种类型的比例会相对高一些。可以根据自己社群的性质类型和规模发展需要，针对这些类型运用不同的方法吸引人才。

（2）修炼社群品牌

社群吸引优秀人才最有效的法宝是修炼内功，提升社群自身的能量和品牌形象。优秀的团队才能吸引优秀的人才，有能量的社群才能通过影响力辐射更多不同特点的人群，通过资源互换创造跨界激荡。当社群影响力和规模都还不那么大的时候，可以集中精力打造微品牌，通过专注持续地做好一件事来打造好口碑。其实在同一个领域的顶端圈子都是很小的，当社群持续有影响力的优秀人才加入后，就会产生多米诺骨牌效应，其他的优秀人才和资源会跟着倾斜过来。像秋叶PPT团队，最初以PPT为起点发力，做精品线上课程，吸引到一群高手，高手们又不断在内部通过灵感激活灵感，用创意激发创意，升级精品教程，进而拓展到在线教育其他各个领域，形成品牌和影响力的良性循环。

（3）有节奏制造品牌曝光

有一个悲伤的故事，一个男子爱上一个美丽的姑娘，每天认真给她写上一封情书寄出去，最后，这个姑娘爱上了邮差。日久生情是人类的一个常见特质。有节奏的曝光能够保持社群品牌的存在感，从而让更多人开始想认真关注社群的运营，为了解团队的方方面面而参与进来，最后产生感情。社群曝光不一定就是发布高大上的活动，也可以在活跃的群里发一些轻松愉快的故事，在朋友圈集体卖萌玩刷屏，还可以创作优质文章、金句输出到各个社交媒体平台传播，来呈现社群的方方面面。内容曝光：定期对自己的核心产品或者内容进行适度曝光，不断优化升级的内容代表着一种持续的能力和进步，能够引起一些旁观者转化为求知探索型或资源互换型人才。如秋叶团队通过各种社交平台、活动培训、出版书籍等渠道让大家知道有这样精品课程的存在，而精品课程通过学员提交优质作品引发朋友圈的二次传播，让更多的人才被吸引过来。为秋叶团队出品的PPT手绘教程之《三分钟教你变身肯德基老爷爷》的作品，当时从小圈子里的高手们自发换肯德基头像开始传

播，再到学员，再到普通的社群成员，大家动手画自己的肯德基头像，风靡了朋友圈，吸引了大量眼球，后来秋叶PPT团队社群成员趁热在网易云课堂发布"简单快速制作手绘表情包"课程，很快就销售破千。

团队曝光：社群团队内部的管理运营，外界无法看到，信息是不对称的。一些优秀的闪光点可以通过曝光，让外面的人对团队有更多的了解，降低认知成本。团队曝光可以是对优秀标杆、丰厚福利、团队精神面貌等的曝光。有的对BetterMe大本营内部如何调动工作人员的积极性很感兴趣；有的设计师也希望加入被虐，从围观者型转化成了求知探索型。

话题曝光：一个好的话题可以引发很多人的点评和思考。心灵鸡汤、书评影评、热点事件都是好的话题素材。找准一个点切入话题能迅速引爆传播。

内容源自秋叶在一次跟团队核心成员谈心时说的一句话："大部分人最后的结局是平庸的，除非你能一直有一颗勇敢的心。"团队成员不经意流出外界，却引发了朋友圈配图刷屏的金句。

（4）完善激励机制

社群针对不同的用户群体，激励机制应该是不同的。因为他们对激励的反应和期望是不同的，可以对社群人群自己做如下3个自问。我的社群用户群体类型有哪些？他们分别对社群的参与度如何？这几个类型的人对其他类型的人影响力如何？以秋叶PPT为例，用户大致可以分为以下几种，P圈高手（积极参与优质内容创造输出）、PPT爱好者（偶尔参与少量作品输出）、围观者（基本是围观点赞）、分享者（自身有一定能量，想做跨界资源互换）。不论哪个领域，高手都是稀缺的。按照二八法则，少量用户贡献社群的大量内容和影响力。现在秋叶团队对于PPT圈高手是只要有优质内容输出，就会积极帮助高手传播扩散，帮助高手打造个人品牌。当高手积累到一定程度，会被邀请进入69群核心团队进行更多的培养，如出书、出在线教程、出培训课程、出内训课程。淘汰也是秋叶团队对高手的激励方法之一，吸引不断的新生代力量源源不断加入的同时，促使元老们精益求精不断进步。对于PPT爱好者，只要做了作业就会认真点评，帮助其提高技能，通过这样的方式引导他们变成在线课程的付费学习者。对于围观者，更多的是以兴趣培养为主，能够帮助其觉得学习是一件快乐的事情，那么就达到了目标。对于分享者，秋叶团队能提供的是一群爱阅读爱思考爱动手的学员，如果分享者的内容在秋叶学员群内受到欢迎，他们会自觉自发写分享读后感、做PPT、发微博和朋友圈，甚至购买分享者的产品，对分享者的品牌形成了良好的内容二次传播。秋叶团队对高手的强力激励机制，同时也形成了对其他PPT爱好者和围观者的莫大刺激。促使那些PPT爱好者更加雕琢自己的技能，而围观者能够通过高手和爱好者的作品了解到学习PPT能够得到怎样的成长，从而跃跃欲试。三者形成求知探索型、成长反哺型、资源互换型的互相转化。

对于分享者，秋叶团队始终坚持一个原则，对内只对付费学员提供分享福利，没有门槛的福利是没有任何人会珍惜的，没有珍惜就没有投入，没有投入就没有疗效，社群的运营从来不是单方面的一厢情愿。但是秋叶PPT团队鼓励内部认可的核心社群成员以秋叶PPT团队核心成员的名义去其他社群参与开放式分享，这样也是一种品牌资源的对外输出，这种"个人品牌＋团队品牌"输出模式也会激励团队内核心社群成员获得成长的动力。

（三）培育新人

1. 什么样的新人适合被培养

（1）积极主动

他们往往执行力强，能根据反馈及时调整行动，能自我螺旋式地进步，自己给自己安排任务，在社群还没有给安排任务的时候，他们已经把下一步该做的提前完成了。他们有上进心和强烈的学习欲望，乐于分享，愿意为了社群不断学习提升，积极参与社群内的讨论和活动。能够独立思考、自主学习，能减少培养一般新人所需的成本与精力。他们是一个社群里的鲶鱼，能够激起社群里积极的池水，是应该被重点培养的新人。

（2）踏实上进

对于一个新人来说，聪明固然重要，但是踏实上进的聪明人做出来的任务，好评率相对会更高。

（3）团队至上

社群是基于网络的，人才的流动性大，当群员愿意跟着社群从0到1，跟着社群成长并一起面对困难，共担责任，哪怕其他方面的能力没有那么强，也往往是值得去培养的。社群运营者往往乐于与服务社群分享。一般能够做到这些的群员，情商不会特别低，他们往往受到团队的喜爱，并能很好地连接整个社群，使社群的凝聚力得到加强。也因为他们在社群待的时间长，对社群方方面面的熟悉度也会更高，对社群有归属感。他们会把社群当作自己的一部分，同气连枝，愿意付出更多的心力和时间，跟社群一起去实现共同的目标。

2. 如何培养新人

（1）明确新人定位，采取不同的培养方案

要培养新人，首先得清楚加入社群的新人的定位是什么。如果希望这个人成为社群的开心果、气氛点燃者，喜欢自黑娱乐的人，让他做自己就好。唯一要引起关注的是，是人就会有情绪低落的时刻，这个时候要让他看到社群对他的关心，帮助其摆脱负面情绪。如果这个人是社群的内容创造者，就得主动提出内容策划方向，由他们完成内容的创作。

特别是新人，如果没有得到方向指导，稳定持续创造出内容是很困难的。新人经过多次内容创作，就会慢慢找到自己的喜好方向和开发节奏，甚至自己结合社群运营方向形成稳定的产出，那么秋叶PPT团队会把开发工作形成一个工作包，外包给新人负责，并慢慢帮助新人形成稳定的创作团队。如果发现新人的创作进入疲怠期，就会采取一些行动和交流，一起找到新的创作灵感。

秋叶PPT社群是努力发现有内容创作才华的新人，然后逐步把这些有内容创作经验的新人发展成课程开发人才，然后把稳定产出的课程开发人才和运营人才变成社群背后的全职工作团队。而BetterMe大本营社群，更多是面向线上、线下活动组织，社群的运营基点是整合资源能力。社群需要新人尽快理解如何借助BetterMe大本营社群平台找到适合活动的人物，然后独立完成社群需要的工作。因此在BetterMe大本营社群，为新人提供引导就非常重要。在BetterMe大本营社群内部，提供了详细的《新人成长手册》，积极主动的新人可以自学了解相关规则及运营知识。《新人成长手册》让新进来的成员迅速熟悉社群和所在部门的具体架构以及发展目标、形式等，并找到与这个社群的连接点。

另外，社群和公司一样需要对新人进行基本素质和技能的培养，提高新人的综合能力。像秋叶PPT团队每年都要组织1~2次核心成员线下聚会，在聚会上大家除了一起玩，秋叶老师会进行内部分享，交流观点。当然，除了内部培训，还可以邀请外部的名人来做分享和培训。除了大规模的线下聚会，秋叶PPT社群也会经常结合出差机会进行同城社群成员线下聚餐交流，社群的新人通过线下交流，一旦产生对社群的认可，反而更容易通过网络协同产生战斗力。

（2）提倡试错文化，通过复盘进行迭代改进

适应互联网的运营模式一定是提倡试错文化的，一定是重视在复盘中进行迭代改进的。秋叶PPT团队侧重内容运营，非常重视阅读各项运营数据评估工作的质量到底有无提高。内部会不定期随时结合数据和大家交流文章准备的方向和调整改进建议，甚至通过语音电话交流，让大家尝试新的写法、挑战新的话题，避免内容创作陷入停滞或重复，哪怕在这个过程中内容没有得到认可，也要鼓励大家大胆去做，然后慢慢总结原因，找到改进的方向，进而采取迭代改进模式来完善，而不是追求一步做到完美，这样就可以适应互联网快速发展的挑战。对于活动型社群的新人组织能力的培养，社群运营者更要敢于放权，大胆试错，必须放弃一切论资排辈的习惯，一个人能否承担社群工作最重要的评估点是新人有无热情，有无时间，有无能力储备，而不是有无资历。

新人对工作从陌生到熟悉，一定是需要不断实践的。在以老带新的过程中，老成员如果事必躬亲，不但会拉低团队合作的效率，也会让新人养成依赖的习惯。因此，老成员应该先放手让新成员去做，并给予其足够的资源支持，不随便把自己的想法先入为主强加

在新成员身上。为了避免风险，可以先让新人小范围内独立做一些完整的工作，积累几次经验后，就该放手让新手独立完成活动，通过承担更大压力的活动来锻炼其综合能力，并通过复盘总结帮助新人实现能力的螺旋式上升。无论是培养新的内容创作者，还是培养新的活动运营者，我们都必须鼓励新人逐步学习如何做个人品牌，在团队中带新人，形成自己的能量辐射圈。只有当一个人通过社群找到自己的能量圈，而且意识到可以通过社群不断扩展自己的能量圈时，他和社群的连接关系才会变得稳定和持续深入，而不是新鲜期过后对社群的各种活动形式都变得麻木，不再持续参与。这是很多社群活动开展时最容易遇到的问题，一开始有活动，大家参与的积极性很高，慢慢大家对内容产生审美疲劳，开始逃离，社群的能量就进入涣散期。

不过即使是好的活动形式，有积极的运营者，也会遇到活动形式进入瓶颈期的问题，这个阶段就需要社群运营者引入新人来组织，鼓励新人提出自己的看法，借助新人的热情点燃活动的能量，这个阶段要大胆允许新人试错。秋叶PPT团队打造了一个"群殴PPT"活动，即每周四在网络上发布一个PPT作品，发动网友一起来修改，看看谁的灵感好，就给网友打赏。这个活动发布后很受欢迎，但是运营数据也有过起伏。为了激发更多网友参与，避免活动进入审美疲劳期，不断扩大或更新活动，同时加大对活动的投入，让新人尝试各种可能性。在活动中逐步形成了如下改进。对优秀者提供红包奖励。将优秀作品制作成明信片邮寄（这个礼物非常受欢迎）。开发"群殴PPT"投稿网站，并不断完善网站功能。不仅提供修改原始案例，还提供修改示范，鼓励大家动手模仿。尝试群殴内容，准备轮流值班制度。尝试结合热点或话题，提供"群殴PPT"素材。允许网友提供修改案例，我们选择后作为群殴素材。增加"群殴PPT"点评老师的队伍。引入企业作为广告合作方，让其加入群殴。尝试在企业内训中和"群殴PPT"结合……在这样实践的过程中免不了要犯错，会带来数据波动，但如果对新人的想法不敢试错，新人的热情和才华也不会被点燃。

同样，在BetterMe大本营社群也有一个内部文化，那就是鼓励试错，在试错中成长，在试错中发现问题，优化方案。往前多走一步，哪怕可能是错了摔倒了，但是一定会比一直站在原地踏步强。

（3）设置运营教练，关键时刻提醒，进行升级考核

由于新人对于社群运营工作参与经验不多，对于全局的掌控感不强，往往对工作进入哪个阶段需要快速采取哪些动作才能提升效率并不清楚，在第一次工作时还是会有茫然感，这个阶段，社群负责人需要为新人指派一名有经验的运营者协助，只负责在重要节点或者容易被新人忽视的节点进行适当的提醒，就像一个婴儿学走路，摔倒是常有的事情，但是明知道下一步就是悬崖，就必须提前规避危险。通过现有精英社群运营者的适时指

导，能帮助新人更快地进步，也可以更进一步直接采用师徒制，让社群成员之间有更深的感情连接，以后即使新手在执行任务中遇到问题，也会找对人及时指点。除了帮助指导新人，和职场一样，社群运营也应该有升级竞争、考核淘汰机制。如秋叶PPT社群中的优秀学员，会得到秋叶邀请投稿的机会，如果投稿优秀会得到继续邀约投稿的合作机会。如果合作投稿也很优秀，会得到邀请加入微信群和其他社群成员连接的机会。如果在微信群中表现稳定，会得到进入核心群的机会。

当然，如果在69群中表现出色，会得到合作写书、合作开发在线课程的机会。如BetterMe大本营社群中的新手，通过为期一个月的实习期，就可以晋级BetterMe大本营咖啡厅，拥有BetterMe大本营社群工作团队的编制。如果表现特别优秀，可以被选拔进BetterMe大本营的CPU团队，作为社群的核心团队成员。社群的资源也是根据三者对社群的付出，给予相对应的福利。CPU团队能优先得到任何福利，咖啡厅能得到在编团队的福利，实习期的新手在没有结束实习前没有福利。这就让新手们有了更多的动力进行自我能力的升级。除了福利，社群也需要有考核机制。考核机制的引入能够使新手看到自己在社群中付出的量化指标、与精英们相比的差距和自己应该努力的方向。对于社群管理者来说，考核能够更直观地看到新手们的参与度。BetterMe大本营社群数据部有考核，通过考核，成员们参与度更强了。有了量化目标后，每个人都争取能够更高效地完成，用更短的时间做更多的内容。

在BetterMe大本营社群内部，福利也是根据积分制来倾斜的，积分等级决定福利的多少和权限门槛。这也需要社群本身不断地进步升级，让自身能有更多的能力给予团队相应的回馈。对于考核不及格的成员，会有淘汰制度。有淘汰才会有危机感，有危机感才会更珍惜自己的社群工作。关于淘汰方式，社群可以进行如下多元化设计。末位淘汰制：考核积分中得分最低的淘汰。区段淘汰制：考核积分中某个区间以下的淘汰。如果没有考核，以在团队中的贡献度来决定淘汰人选。淘汰是为了更好地升级，但是淘汰需要有弹性。可以有返场设置，当被淘汰的人通过努力，达到团队的要求，可以再次返回团队。如秋叶PPT的核心社群成员团队规定人数不得超过69人，超过69人就必须强制踢人，但是如果留下来的人活跃度不够，每半年会定期调整，引入新人，让不活跃的人转移到微信群。当然，如果社群成员表现又活跃了，又会欢迎其再次进入69群。

3. 如何打造社群人才储备梯队

课堂讨论

社群日常运营中，人才储备非常重要。如果社群没有人才储备机制，一旦出现有工作人员突然离开，其他人因为不懂工作内容或工作节拍跟不上运营流程，就会打乱社群的正常运营节奏。如何做才能给社群建造一个人才储水池呢？其实答案很简单，就是 3 个关键点。

（1）设置观察员角色

很多社群活动，并不需要太多人参与，几个人就足够撑起一台戏。为了让社群持续运营，建议在团队里每次活动中设置几个观察员。观察员一开始就要约定他需要了解整个活动的流程，但并不需要马上进行具体工作，但是一旦一个人有了要了解和观察的意识，他就会从活动的参与者变成活动的观察者，对活动过程的细节更加留意，就能学到更多的东西。在网上很难对社群成员进行强化培训，但是通过让社群成员在群里耳濡目染的方式，也能让他们了解社群的运营模式。另外，网络社群成员因为种种原因随时可能出状况，这个时候观察员也可以随时扶正救急。

（2）提前储备可用人才

以 BetterMe 大本营社群为例，人才储备分 3 个阶段进行。第一步：发起内部推荐，由核心群员推荐优秀的成员。第二步：填写推荐理由，推荐群员关键是要交代成员背景，说明推荐理由。他是什么时候加入本组的？他做了哪些事情让你觉得他可以胜任更重要的角色（客观事实，具体数据）？你对他的评价（主观看法）？第三步：纳入观察员考核体系，提供社群小任务测试群员的能力和意愿度。

（3）完善社群岗位工作移交说明书

一旦观察员表现合格，就可以正式纳入社群运营核心骨干，这个时候，社群内部应该逐步整理出关于社群运营岗位的工作移交说明书。虽然社群是非正式组织，但是和工作一样，也需要岗位职责说明和工作流程配合及各种移交说明书，特别是在网络环境下，人员变动频繁，没有辅助文件体系帮助，沟通会比职场面对面效率低很多。在社群规模还不大的时候，大家互相熟悉、彼此沟通的成本很低，相互之间都有默契，不需要说明书就能把工作完成得很好。但是社群一旦想做大，要吸引储备人才，面对全国各地社群人员的变动，就必须像企业一样做岗位职责说明书，甚至在网络环境下，因为人员变动的可能性更大，岗位职责说明书存在的必要性会更大，所以更要特别强调岗位职责移交说明书的重要

性。例如，在 BetterMe 大本营社群，内部工作移交时都已经建立了规范的移交文档系统。文档的内容主要包括：对 BetterMe 现状的简介（各组主要工作内容及人员分工安排详细说明）。工作内容，即说明该岗位的工作职责。正在推进中的工作事项，推进中存在的问题及后续注意事项。后续工作推进计划。提交汇总的文献资料和资料清单。向工作团队介绍接管人。敏感的信息，单独告知接管人留存，如微信公众号、微博、公共邮箱等的账号密码等。其实岗位职责说明书相当于在社群人员变动时，可以快速移交现任负责人所做的工作，让后续接手工作的人可以快速上手。如果有可能，建议最好让移交人与接管人用一段时间共同推进工作，会让工作衔接更顺畅。

二、小团队的快速壮大

（一）看清形势，学会判断

课堂讨论

团队发展壮大的路上，最怕一群人在错的路上越跑越快。看清大形势再上路，在路上再小规模地调整迭代是团队进化中最重要的事情之一。哪些是需要看清并学会迅速判断的呢？

这里提供一个反思清单做参考。

1. 行业趋势

判断自身所在的行业处于成长期、壮年期还是夕阳期。如果是成长期，迎接风口需要哪些准备？这个风口是不是一定会到来？如果长时间不到来，团队该怎么运营？如果是壮年期，存在红利，那红利周期大概会是多久？自己是否能够抓住红利？如果抓住困难，那团队要做哪些努力才能追上？可以利用的资源有哪些？如果是夕阳期，寿命大概有多久？能否转型？如果需要转型，该做哪些准备？

2. 竞争对手

竞争对手的问题也是在奔跑过程中需要随时关注的问题。自己存在多少主要的竞争对手？存在多少潜在的竞争对手？主要竞争对手目前的情况如何？比自己强还是弱？为什么？对方的优势和劣势都有哪些？哪些可以学习借鉴甚至复制创新？对方未来的发展方向是否可以预测？是否还会在同一个赛道上继续竞争？

3. 核心能力

自己的核心竞争力到底是什么？能否凭借自己的核心竞争力占据市场并且迅速发展起来，是每个团队都需要考虑的问题。

（二）懂得授权，舍得放手

为什么人人知道放权的重要性，却难以做到放权呢？不懂授权的原因主要有以下 3 个方面。本能厌恶。人本能对风险的厌恶。放权后，可能因为其他人办事不妥当，反而惹出更多事让你善后，甚至错过机会或者降低效率。那么，很多人就担不起这个机会成本，也不想冒这个风险。替代成本。有些关键职能岗位短期内换人无法替代，有些关键性的职能岗位，替代成本高，短期内也很难找到高度匹配的人。没有章法。也就是不知道哪些能放权和该怎么放权。团队越大，需要处理的事情越多，而管理者的时间却是恒定的，要求也就越高。抓大放小、学会放权是管理者进化路上的必修课。因此，要从小权开始放，逐步增强群员的办事能力。如何有效授权呢？有这样以下几个注意事项。

1. 确定授权对象

在准备授权时，首先要确定给什么样的人授权，根据对象相关的时、事、地、因等条件的不同采取相应的方法、范围、权限大小等。在社群运营的过程中，事物都有不同的"合适"的人，未必就是最"资深"的那个人，因为所指定的被授权人，如果经验多但对于该项任务不擅长或意愿不高，未必就会比经验尚浅但有心学习而跃跃欲试的人适合。为一个任务选择一个合适的人，要比改造一个原本就选错的人容易得多。

2. 明确授权内容

该授权哪些内容呢？从实际运营工作中衡量，只要是分散核心成员精力的事务工作以及因人因事而产生的机动权力都可以考虑向下授权。简单来说，当社群核心成员列出每天自己要花时间做的事，根据"不可取代性"以及"重要性"，删去"非自己做不可"的事项，剩下的就是"可授权事项清单"了。

3. 不得重复授权

授权必须明确具体，不能含糊其词，不能重复授权。例如，派给 A 一个关于社群调查的任务，随后又把同样的任务交给了 B，这样就造成 A、B 之间的猜疑，各自怀疑自己的能力不行，于是积极性也因此下降。出现重复授权可能是无意的，因为社群运营并不像企业那样严格，难免有时是在口头上的授权，但团队成员就会在语意不明确的情况下，都以为这是交给自己的任务，于是就会出现双头马车的现象，造成团队资源的浪费，甚至引起核心成员之间的不团结，所以一定要注意。

4. 授权时要信任

缺乏信任的授权，会使团队成员丧失动力，降低工作效率，甚至产生反抗、厌烦等

不良的抵触情绪。正所谓"用人不疑，疑人不用"，信任具有强大的激励效应，能够比较好地满足团队成员内心的热情，因信任而自信，工作积极性骤增。

5. 权责一起交授

授权时要将责任和权力一起交给执行人，如果只有责任而没有权力，则不利于激发工作热情，即使处理职责范围内的问题也需不断请示，这势必造成压抑情绪。而如果只有权力而没有责任，又可能会出现滥用权力的现象，增加社群团队管理的难度。

6. 有控制和反馈

授权不是不加监控地授权，在授权的同时应辅以一些适当的控制与反馈措施，掌握进展信息，选择积极的反馈方式，对偏离目标的行为要及时进行引导和纠正，这样才能使授权发挥更好的作用。

7. 重视成本，重视营收

社群不论有没有商业化运营，都应该重视营收，公益性质的社群，也需要考虑持续的现金流营收，长期靠志愿者贴补或者非持续性的赞助很难坚持下去。如果是商业化的运营，就更应该重视营收状况了。发展得越好，越想做大做强，资金需求的缺口可能性就越大。

三、社群人才的"选用育留"

（一）社群核心团队成员流失的原因

核心成员是社群的管理者和运营者，他们熟悉社群的流程和制度，投身于社群运营的日常工作中，维系社群的正常运转。他们参与程度高，对社群的归属感、成就感会比普通成员更强，对社群贡献大，他们的存在是社群良性发展的重要条件。但核心团队成员离开社群仍然会贯穿社群发展的整个时期。核心团队成员出走有以下几大常见的原因。

1. 为爱透支工作量大

社群在初期没有形成规模的时候，各方面的机制都在完善之中，需要从0到1去梳理建设，工作量大。当社群形成规模后，机构庞大，沟通变得更为复杂，各方的合作和事务的数量也会跟着增加。如果没有合理的平衡，高强度的工作量会影响到核心团队成员的日常生活，引发核心团队成员的不满，很容易造成人员流失。

2. 没有回报没有认同

许多社群一开始并不是以公司的形式运营，由于经费有限甚至没有经费运营，采用的是志愿者模式或者是兼职打赏模式，核心团队成员付出和收获比例落差大。如果社群管理者管理不善，社群的定位和发展前景也不清晰，一味地让人埋头干活，既没有重视他们在社群中的价值，也没有让他们在社群中得到应有的回报，当出现了其他的发展平台，同样的时间，同样的精力，他们预期自己会有更大的回报，那么离开也是意料之中的事了。

3. 成长停滞心理逃离

社群中有一部分人在社群发展初期势头很足，能够挑起社群中的大任，但是在社群发展的过程中，有时会失去后劲，没有跟上社群发展的脚步，无法在社群中继续找到自己的位置。如果他们在之前对自己的期望值很高，社群对他们的期待也很高，那么当面对个人的停滞不前，就会产生巨大的心理落差，产生对自己的能力的怀疑，对无法再回馈社群而产生逃避，会加速他们离开社群的步伐。

4. 团队不和凝聚力差

社群是以人聚集的，并不是简单的牛人聚合在一起就会产生化学反应，一个没有凝聚力的团队，一个只有争论和不和的团队，只是一盘散沙。工作氛围差，彼此不理解、不包容、不沟通，会耗尽核心团队成员的精力和时间，还有继续留在社群的耐心。

5. 前途不明，对手挖人

经过社群发展活跃期后，整个社群的活力下降，用户黏性变弱，平台开始走下坡路，核心团队成员看不到社群的未来，觉得继续留着也无力回天，只能另寻出路。或者社群自身力量过于弱小，遇到有其他更有资源的社群来挖墙脚，就直接人往高处走。

（二）如何留住社群核心成员

课堂讨论

有人说社群应该是"去中心化"的，成员都是自动自发地为社群付出，你觉得这个能实现吗？核心成员愿意几十年如一日不求回报地付出吗？

归根结底，社群的运营真正的挑战是如何建立一套适合互联网工作的组织模式，而不是天天谈去中心化，连接一切虚的概念。一个社群如果在运营流程建设、内部沟通文化、团队组织分工、运营绩效评定、商业收益转化几个维度做好工作，社群核心成员有畅快的工作心情、有默契的工作氛围、有合理的工作回报、有可控的投入时间，那么愿意坚持下来的概率就大大增加。所以社群在运营过程中，要重点关注如下工作。

1. 持续完善社群运营流程

要将工作逐步标准化，减少核心团队成员在沟通和产出比例低的琐事上耗费精力。如秋叶PPT团队，一直强化社群核心成员工作事务的标准化，一开始，课程开发、内容运营、产品推广和客户服务都集中在两个人身上，随着社群规模成10倍增加，就不得不细致总结一些工作的方法，变成可以标准化操作的流程，这样就可以把一些非核心业务外包给社群成员完成，这样既可以解放核心成员的精力，也可以控制运营工作的质量，这个

运营标准化梳理工作会一直伴随着社群的扩大而不断持续进化。

2. 不要追求大而全的运营规模

所有的管理都强调把正确的人放在正确的位置，合理分工，尽量让成员做自己擅长的事情。但要特别提醒的是，社群核心成员并不需要全部扎堆在一起，都在一个群或加入全部在线聊天群，这样会给核心群员极大的信息过载负担，所以更提倡"核心群 + 多讨论组"运营模式。如在秋叶PPT团队，有的团队成员的兴趣点在与专业课程内容有关的问题，那么社群日常运营工作就不让他们参与，甚至连群都不让他们加入，减少弹窗消息对其造成的负担，但是会另外建立讨论组讨论有关的工作，会在线下活动时邀请其一起聚会，加深彼此之间的感情。

3. 建立情感连接

社群核心团队成员经常在一起，彼此熟悉后知道对方的生日，鼓励大家互相通过网络祝福、发红包，逐步建立社群核心成员的情感联系。另外，当社群核心成员遇到困难时，要及时发现，私下沟通，发动社群资源帮助其解决困难，有些事情你一个人面对是困境，但是一群人和你一起面对就有很多新办法了。像秋叶PPT团队核心社群成员，如果毕业求职遇到困难，秋叶老师一定会想办法找内推机会，联系可能的企业，或者在企业咨询社群成员能力时提供详细的推荐，所有的情感连接都建立在关注对方真正的关切点之上。

4. 设置有弹性的组织架构

有些社群核心团队成员属于兼职或者志愿者的形式，那么当核心团队成员在本职工作和学习压力过大的时候就只能退出。如果采用弹性的组织架构，本职工作忙的时候就在社群组织架构的休息区，不忙的时候就在组织架构的高速运转区，这样就能让成员有一个回旋的余地，而不是一忙起来就只能离开。如BetterMe大本营社群的组织架构分为3个部分：CPU、咖啡厅、实习区。一般核心成员都在CPU里，但是如果核心成员在现实生活中有段时间特别忙，就可以申请到咖啡厅休息一段时间，等忙过了这一阵再申请调回CPU，这样既保证了社群持续有节奏地运转，也让暂时没时间投入社群工作的核心团队成员能有退路。

5. 建立合理的回报机制

社群首先要能给核心成员一个清晰的未来发展规划，不断有机会让团队的成员去学习，进行自我提升，能让其获得管理、技能、专业知识等方面的提升。在社群初期，留住核心成员的关键是提高成就感，精神上的回报要高于物质回报，要让核心人员觉得自己的存在是有必要的，他所做的事情是有价值的，而且在组织里能够找到自己的定位，产生归属感。一旦核心成员深度参与社群的运营，见证社群的成长，那么社群对于他们来说，就不仅仅是一个平台，更像是自己的作品和陪伴的朋友。只要建立了深厚感情，就不会轻易割舍。

　　曾经 BetterMe 大本营社群让所有核心成员填写过一次问卷调查，得到的有很大一部分答案是，从社群建立到现在，看着它长大，就像自己的一个孩子，没有人愿意舍弃自己的孩子，所以 BetterMe 大本营的人员流失率非常低。当社群有赢利能力，更需要有一套清晰的奖惩制度和绩效考核制度，让付出有效劳动的成员有相对应的物质回报，让精神力量有物质基础的支撑。如秋叶 PPT 的核心团队，每个参与开发课程、组织活动或者进行在线分享的社群成员，都会根据自己的付出程度和工作质量，得到相应的回报，很多时候会是大大超出自己预期的回报。

6. 及时清理不同频的人

　　对于社群核心成员，要给予足够的信任和尊重，真正的信任能调动核心人员发挥自己的主观能动性，增强在社群的参与感。但是对于加入社群后开始表现积极，但是并没有真正认同社群核心价值观的人，或者加入社群更多是为谋取个人名利的人，要及时清理，因为留下一个不同频的人，就是伤害大部分志同道合的人，及时清理不同频的人，把内部矛盾从源头上肃清，使社群保持一致的价值观，反而能提高团队的含金量。

　　有些人被清理出去后因为情绪原因可能会在外面散布一些谣言，以内部人身份发布一些并非真相的内幕，这也能一时迷惑一些人，但是总的来说，这样的谣言的存在反而会刺激社群内部核心成员的凝聚力，把工作做得更好，核心团队要用好的工作进行反击，而不是用言论去回击情绪。

7. 社群增加自身品牌影响力

　　社群发展的根本在于自身平台本身逐步形成品牌影响力，不论哪个核心成员跳出去也带不走，反而让自己离开了这个具有非凡价值的平台后，失去一些发展和连接的机会。努力运营好社群，不断让社群可以连接更高能量的资源和平台，反而能让核心团队成员慎重考虑自己每一次的决定，从而保持社群健康发展的节奏。

　　如秋叶老师经常借助社群成员的才华和能量从外面对接一些优质合作机会，如秋叶 PPT 社群成员就可以靠才华得到在罗辑思维平台上合作，展示读书笔记 PPT 内容并署名发表的机会。一个集体的成长，会让人更加愿意长留。秋叶 PPT 的 69 群，因为里面的人都各有所长，每个人每天都在逐渐变强大，连在里面潜水都能学到很多东西，核心成员们都很珍惜留在里面的机会。

四、社群运营的 KPI 该如何设置

（一）什么是关键绩效指标（KeyPerformanceIndicator，KPI）

是通过对组织内部流程的输入端、输出端的关键参数进行设置、取样、计算、分析，衡量流程绩效的一种目标式量化管理指标。KPI 法符合一个重要的管理原理——"二八原理"。在一个组织的价值创造过程中，存在着"80/20"的规律，即 20% 的人创造组织 80% 的价值；而且在每一位团队成员身上，"二八原理"同样适用，即 80% 的工作任务是由 20% 的关键行为完成的。因此，必须抓住 20% 的关键行为，对之进行分析和衡量，抓住业绩评价的重心。

（二）社群运营是否需要设置 KPI

课堂讨论

社群可以设置 KPI 吗？这与社群的特征矛盾吗？

对于规模较小的社群，因为不确定因素太多，一般而言，不应采用 KPI 制度，引入此制度其实是降低效率的做法。而对于人数庞大的大型社群，不提出目标考核管理方法，则意味着很难运营庞大的社群。但是 KPI 的不足也非常明显，如追求 KPI，可能会导致无人愿意顾及运营细节，而群员的创新能力也是无法用 KPI 衡量的。更糟糕的是，KPI 的引入会让群员感到日常组织文化对社群氛围的影响，会引发逃离社群效应。

加入社群就是希望有一个轻松的沟通环境，怎么又来了 KPI 考核？所以社群是否需要设置 KPI，最终还是要看社群的需求是否需要 KPI 作为目标实现的工具。KPI 作为实现目标的其中一种工具，社群运营设置 KPI，是对社群战略目标的进一步细化和发展，最终还是为了实现社群的发展目标。社群运营是有生命周期的，不同的时间段，不同的社群属性，目标也会不一样。

当社群运营的侧重点转移时，关键绩效指标就需要同步修正来反映公司新的战略内容。提升用户黏性和留存，建立自有传播渠道，是社群在初期第一阶段常见的基本战略目标，也无法用简单粗暴的 KPI 来锁定。因此，社群运营第一阶段不设置 KPI，但是要有目标和运营数据分析。

有的社群以项目驱动，以产出质量来决定是否符合目标要求，他们主动采取行动以实现目标，清楚应采取什么行动来实现目标，不需要 KPI 作为辅助手段。如秋叶 PPT 团队合作开发在线课程，就是以各种开发课程的质量来决定回报，并没有设置业绩 KPI 来运行。有的社群工作团队处于无序状态，信息不对称，又有商业利益分配的问题，为了让社群核心成员感觉到管理者能公平公正处理问题，不搞暗箱操作，这就需要 KPI 这种具备一定主动性的契约式的目标管理制度，来提高执行力，并控制成本。

（三）社群运营 KPI 的类型

课堂讨论

根据目前对社群相关的学习，如果一个社群要做好，应该设置哪些 KPI 指标？为什么？常见的社群运营 KPI 分为结果导向型和过程导向型两类。作为结果导向型 KPI，评价指标有用户新增量、转化率、复购率、活动参与度、朋友圈点赞数等。作为过程导向型 KPI，评价指标有活跃度、活动频次等。

1. 用户新增量

用户新增量包括社群用户增长量和平台用户增长量，这是社群运营的一个基础指标，如果一个社群没有新增用户，这个社群其实已经死亡了。有的社群过于在意用户新增量，采取积极手段拉粉，导致大量无效粉、僵尸粉关注，这并没有意义，这只会让一些用户失望，不仅不能吸引粉丝，还会产生很多负面口碑。

2. 群活动频次

社群要保持群员对社群的认可度，最常见的做法是组织一些活动。是否按节奏安排群活动，保持适当的频率，是评估一个社群运营规范化的方式。某些社群为了不让群里死气沉沉，没话找话，做一些没有营养的话题讨论，不但没有活跃气氛，社群成员参与度也不高，反而让人觉得群里信息太多，让人觉得很烦，只能屏蔽或者退出社群。

3. 活动参与度

有了活动还不够，还得评估群员是否积极参与活动，在活动中是否保持一定的活跃度，这是评估一个社群运营质量的方式。如很多活动设置朋友圈点赞数指标，但并不推荐把点赞数作为考核指标，这会导致朋友圈信任被透支。例如，你一定收到过"请你给我的朋友圈第一条点赞吧"这样的信息，勉强点完赞后你会对朋友产生好感吗？时间过去你还会对点赞内容有任何印象吗？不见得。这是在骚扰潜在用户。

4. 转化率和复购率

如果社群有商业化产品，就可以考虑转化率和复购率指标，这是健康社群最愿意看到的运营指标，转化率高意味着有回报，复购率高意味着能获得稳定的回报。有的领导在社群还没有建立与用户的黏性，也没有想好该用什么产品、怎么去转化的时候，就盲目推出产品要求导购，最终的结果只能是不尽如人意或是社群成员因为难以做好指标而丧失信心。

另外，需要提醒社群运营者，KPI 指标是对社群运营关键质量的衡量，而不是对社群运营过程的管理。社群内每个职位的工作内容都涉及不同的方面，核心管理人员的工作任务更复杂，但 KPI 只能帮助评估社群整体战略目标实现进展，而不能评估日常工作运营的工作量和效率。另外，和企业不同的是，社群 KPI 不能由社群团队的上级强行确定下发。在社群内不能搞一言堂，不能搞以上压下，更不能搞普遍化的绩效考核（建议对运营核心团队，有利益回报的人才能进行绩效约束），社群 KPI 最好是社群团队内部经过讨论达成的共识。

实战训练

你之前建立的社群中，如何搭建一个社群运营小团队？请填写表 3-1 所示的社群团队构建方案。

表 3-1 社群团队构建方案

初步团队	构建框架	
	发现人才	
	培育新人	
壮大规划	形势分析	
	授权规划	
	成本营收	
留住人才	运营流程	
	情感连接	
	组织架构	
	回报机制	
	同频清理	
KPI 设置	用户新增量	
	群活动频次	
	活动参与度	
	转化率和复购率	

📊 章节作业

1. 社群运营团队如何更好地发现人才、吸引人才？
2. 如何使小团队迅速壮大？
3. 社群运营的 KPI 该如何设置？

社群塑造

📊 学习目标

➤ 了解社群用户的身份价值

➤ 社群群主人设打造

➤ 了解社群运营发展规划

➤ 了解社群种子用户的培育与引流方法

➤ 了解维持社群用户的凝聚力的方法

➤ 了解社群危机公关的方式

📊 学习过程

情景设计

某时尚品牌，以其独特的设计理念和优质的产品质量在市场上赢得了良好的口碑。为了进一步提升品牌影响力和用户黏性，该品牌决定通过社群运营来打造一个具有品牌特色的用户社区。

首先，该品牌对自身的定位和目标用户群体进行了深入的分析。其品牌定位是高端、时尚、个性，目标用户群体主要是年轻、独立、追求个性的都市女性。为了体现品牌的独特性和时尚感，该品牌为社群设计了一个简洁而富有创意的名称——"时尚先锋部落"。其次，社群标识也采用了品牌标志性的图案和色彩，以强化用户对品牌的认知。再次，在社群运营中，制定明确的规则和价值观有助于塑造用户的身份认同感。该品牌社群规定了成员须遵守的行为准则，如积极分享时尚资讯、尊重他人观点、禁止恶意攻击等。同时，社群还倡导个性、独立、自信的价值观，鼓励成员在社群中展现自己的独特魅力。最后，为了激发用户的参与热情，该品牌社群定期举办线上线下活动。线上活动包括时尚话题讨论、穿搭分享、品牌新品试用等，线下活动则包括时尚派对、品牌发布会等。这些活动不仅为用户提供了展示自己的机会，还增强了用户对品牌的归属感和忠诚度。经过一段时间的社群运营，该品牌的用户身份塑造取得了显著的效果。

📈 任务描述

社群塑造。

📈 知识导航

一、社群用户的身份价值

先成"家"，再"立业"，给社群不一样的身份价值。任何个体都必须在有效的管理中才能将力量汇聚在一起，发挥出巨大的能量。

在社群经济中同样如此，当借助社群"大招"坐拥大量用户之后，接下来该怎么做？要想获得用户的支持，我们必须真正将他们当作家人。

既然是家人，我们自然需要给用户一个家，让社群为用户提供不一样的身份价值。我们的用户可能遍布全球各地，他们处于一个松散的结构当中。对于传统电商而言，用户只要能上网购物即可。然而，在社群经济中，我们要关注每个用户的需求。

但是，松散的用户却有着各自不同的想法和意见，也有表达自己意见的方式。那我们怎样将松散的用户聚集在一起呢？

（一）社群是用户的家

社群就是社群粉丝经济运转的大本营，当用户被吸收进社群中时，他们的归属感也会得到提高。因此，基于用户的使用习惯，我们需要建立微信群、微博等"据点"，为用户提供一个聚集的地方。

针对不同的社群平台，具体运营方式也要有所区别，但其核心本质却相同，即为社群用户提供一个互动交流的平台，从而更好地为用户提供服务，使用户得以表达自己的意见和建议。

（二）不断完善社群系统

构建社群是一个系统的工作，并非只是建群即可。在社群的运营中，需要投入营销、客服、技术等各种力量，以便提升用户体验，并及时处理各种可能发生的问题。所以，在一个社群中，我们必须设置管理员、客服、营销、技术四大职能岗位。

管理员负责对社群的整体运营，客服负责解决用户的各种问题，营销负责向社群推送各种内容，而技术则负责社群运营的技术问题。

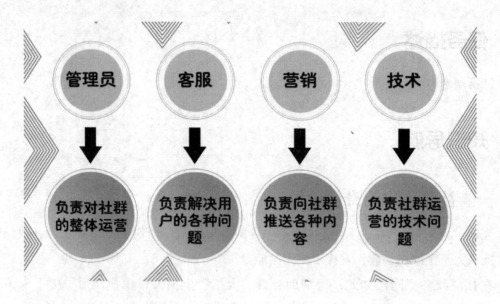

（三）鼓励用户主动建群

当社群用户量级较小时，我们可以亲力亲为，将所有的用户囊括在有限的几个社群当中，为其提供优质的社群服务。

然而，一旦用户量级上升到一定程度，我们就很难做到面面俱到了。因此，在社群运营中，我们也需要有所侧重，筛选出社群的核心用户，为其提供最佳的服务，另外，还要鼓励用户主动建群。

我们可以鼓励核心用户担当"社群团团长"，交给他们构建分群、吸收用户的任务，让他们帮助我们进行辐射管理。当然，想要核心用户做好这项工作，相应的激励和管理是不可或缺的。

在社群经济中，只有在"成家"之后才能实现"立业"，而社群就是用户的"家"。我们必须努力塑造并完善"家的体验"，尤其是在社群运营初期。当社群发展到一定规模之后，我们则要鼓励用户分担社群运营的工作。

（四）给社群独特的身份价值

对于品牌而言，构建社群是聚拢松散用户的必要手段。然而，对于用户而言，加入社群又能获得怎样的收益呢？

关键其实不在于其中的物质收益，而在于社群的身份价值。

社群是给予用户身份情感认同的最佳方式，在社群用户的相互交流中，社群成了一部分同好的小圈子。而在这个小圈子里，用户追求的并非高人一等的身份等级，而是独特的身份价值。

1. 找到"亲人"的归属感

"社交网络正在让人变得更加孤独"，在无限的社交网络中，很多人仍然未能找到一个志同道合者。社群却能将用户聚集在一起，让他们在相互交流与分享中，感受到找到"亲人"的归属感。

2. 感受适宜的圈子文化

在移动社交时代，很多人都感受到社交网络带来的巨量信息。然而，在人流汇聚的社交网络中，其平台文化氛围也不尽如人意。此时，社群则能够通过组建专属的小圈子，为用户提供更加适宜的圈子文化。

根据用户属性的不同，这个圈子里可以都是宝妈，也可以都是知识分子，或许都关注时事，或是只聊美妆勿论其他……在这样的专属圈子中，其文化氛围也更加舒适。

身份情感认同是吸引社群用户的重要手段，而社群则是提升用户身份情感认同的进阶法则。

因此，在社群运营中，我们必须努力营造出专属的文化氛围，给社群不一样的身份价值。

案例：

爱败妈妈网创始人王勃彤：社群用户的标签是对身份价值的认同

葡萄园简介：葡萄创投是垂直于创始人 CEO 的创业社群，也是国内第一家专注于创投领域线下沙龙活动的创投机构。

人物名片：王勃彤，她所创立的网站以"会员邀请制"高端私密亲子社交平台的姿态，打造"爱败、爱娃、爱生活"品质育儿的时尚生活理念，定位于高素养、高品位、高生活品质精英妈妈们的意见领袖。

关键词：垂直、标签、高端社群、人群认同、真实身份、去中心化

首先简单介绍一下爱败妈妈网，爱败妈妈网社群现在已经有七万多名会员，非常感谢葡萄园的邀请参加这次分享活动，实际上我们差不多每年有一千场左右不同的活动。

我们的名字为什么叫爱败，就是爱败家的妈妈，我们爱败家，但是我们要把钱花在刀刃上，怎么持家育儿是我们最主要的问题。我今天跟大家聊一下高端垂直母婴社群

运营。

第一，社群用户都有一个明显的标签：对身份价值的认同感。

大家都知道做垂直品类的产品的用户大多数都是典型的社群用户，都有一个明显的标签，对身份价值的认同感，比如我们爱败妈妈身份标签是妻子、母亲。

举个小的例子，有一千个人去访问你的网站，通常只会有20%左右的用户会注册这个网站，两周以后20%可能之中又有20%回访，30天以后可能最后留存大概20个人留在你的网站上变成活跃用户。

对于社群来说，如何提高用户的高留存率和持续的使用率，是我们最重要的一件事情。对于垂直商品来说，必须精准才能提高你的留存率，提高活跃度的产生。

我们的社群特点比较简单，我们的所有的标签、共同话题就是母亲、妻子，持家、育儿这样能引起长周期话题的。女性的特点是这个样子，男人会把购物和社交分得非常清楚，但是在女人身上购物和社交是不可分割的。两个妈妈在一起有共同的话题，你去哪？你的孩子去哪上学？这是一个特别简单的话题，两个人就此聊起来。

人群认同非常重要，我们的用户来自私立医院、定向邀约的妈妈等。我们用户盯准这一类，大家会产生非常多的共鸣，也是在座的小伙伴大家一起讨论社群，我们都有对同一议题强烈的相关性。

随着女人的成长，她的消费观是不停地成熟，妈妈和准妈妈掌握更多的经济消费，女性决定大部分的家庭消费，除了买房买车，绝大部分家里的消费百分之六七十可能都是由妈妈角色来产生的。

第二，群居社交是冲动消费。

在北京有几个特别有名的创业社群，比如创业家黑马会，每个人大概交十几万元不等，一年的学习，这是最标准的社群，在北京或者中国这是最明显的强黏性关系的社群，葡萄园这种组织也是类似，联想的联想之星也是。

这些用户有一个大的特点强黏性、真实身份。不管你用微信、脉脉还是什么社交工具，假设你是虚拟的，你不用为你的任何行为负责任；如果你加入这样一个真实的社群，每个人会爱惜自己的羽毛，你要很重视自己的身份产生的信用评价。

我们认为这种信用价值非常重要，因为你频繁的见面，你给大家展现的是你的真实身份，没有人会拿自己的真实身份和信用评价开玩笑。

所以社群用户的评价其实是一个非常重要的购物类型和消费类型的引导。比如好朋友之间的介绍，不管是黑马营还是葡萄园大家会频繁地聚会，大家对对方有一个深入的了解，这是一个特别重要的事情。了解的时候你是不是我喜欢的，是否和我有相同的消费理念、相同的价值观，这是一个非常引导用户去影响用户消费和影响用户理念的事情。

广告和帮助只在一线之间，朋友推荐很可靠。如果这个人我很喜欢，他给我推荐的东西我会觉得很好。假如我是个孕妇，你介绍，我现在在一个私立医院还有折扣，我觉得很好，朋友向我介绍这个我得感谢他，如果我现在知道早教班打折，你要不要买？

对我来说，我完全没有必要买，大数据很大，很多初创很难搜索到用户的路径，你知道现在的身份，对什么感兴趣，然后推给他。

我也听到朋友说我们如何评估大数据精准分析，大家可以用一些比较简单的办法，了解他现在的痛点，找到最需要的，一定要强调广告和帮助真的只在一线之间。

如果你的商业气息太浓的时候，其实就是告诉你，你的推送有问题。你给我推送的东西都是我不喜欢的，不是对我来说有价值的。如果我现在是一个孕妇，你对我的孕期怎么吃饭、应该怎么运动，我应该让我的宝宝顺产，这些话题会非常感谢你，所以发现用户的使用习惯是非常重要的事情。

还有一点，所有人都会相信我的朋友说这句话，朋友说这句话是非常重要的一个事情。闺蜜和朋友的推荐是朋友中最重要的一环。

在这儿我再强调一下用户的标签、用户的价值，给你每个用户贴上一个清晰的标签。经常有人开玩笑说，我们爱败妈妈是以收集老板娘著称。

最近新锐起来的几个网站女创始人也是我们爱败的会员，我和她们也会经常在一起聊天，这就是发现了用户的价值，刚开始和妈妈的交往中了解每个用户到底需要什么。

所谓的引导用户并不是像微博上的红人一样晒上漂亮衣服就引起用户的反馈，他们是真的用了用户体验和研究，比如我到底要给孩子吃什么，有一位妈妈当时在网站也买市面上的尿不湿拿回来做注水实验。

到底哪种最合适，买回来奶粉去做化验，甚至拿回来所有的奶瓶会不会让孩子回去胀气，她所有做的一切是基于当年对用户的体验，而不是我们所说的一个美妆和达人，我们要清晰我们用户到底要什么。

第三，最重要的事情是拥有一个信用体系。

我们一定要和我们的虚拟社群分开。现在做的社群都是基于真实身份，我们同事最近给我推荐脉脉，我发现在里头玩得非常开心，基于用户的反馈，这样的用户产生的信用体系，这种社群信用是非常有价值的，这样才能把真实的会员连接在一起，这是我一直特别想强调的强关系和弱关系的体验。

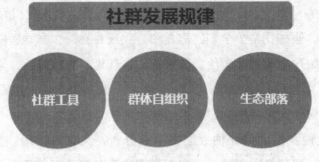

我们强调的每天都是不停见面，刚才我们的视频都是所有的活动。现在社群有一个明显的特点，第一是去中心化、自组织，还有是没有水军、马甲。不用说大的社群数量，我们每次参加活动的时候是真实的，没有水军和马甲，你知道的信息你认为是真实的，这种社群信用是非常重要的。

还有一个关于社群问题，我们原始的会员大部分是我的好朋友，大家一起团购，一起带着孩子去想我们怎么把孩子照顾得更好，到现在为止爱败妈妈所有的理念都是爱败、爱玩、爱生活，现在叫作精英妈妈的意见领袖，如何做到精英妈妈的意见领袖？

回到社群信用，我和我的好朋友们一起产生了社群信用的价值，这个价值才能产生让你有资格去真的C2B要求商家。愿意给你付广告费的商家并不是最有吸引力的商家，你真的想要的大品牌常常不来投，这是一个挺明显的事情，为什么呢？你用什么跟那些大品牌谈资源、谈合作、谈广告。还是建立社群价值，才能谈到想要的大品牌商家，让他降低身段来跟你合作。

我的社群并不是一个很大的社群，我们只有七万多会员，相对很多大众网站是非常小的数字，但我们保证会员是真实的，没有水分的，发现不合格的会员立刻踢出，我要保护我们所有妈妈真实感受。

我们有专门的频道叫作爱败小兔，我们欢迎爱败妈妈做生意，我先跟你交朋友做生意。对这种高端网站特别建议，包括我自己在上黑马营的时候有非常清晰的体验，所有人都是做生意的，每个人都是开公司的，我们合作，摆在台面上是更好的事情，目的是一样的，最害怕的是影响社群信用的一群人。

做社群要去中心化，把会员放在前面。

我还想说一点，今天上午我来之前我公司小伙伴跟我特别委屈地说，彤姐，某某社群拷贝了我们一篇文章，除了把名字改了剩下全部都是一模一样的。我当时很淡定，我们一直被模仿，从未被超越，这就是社群的灵魂。他抄你文章太正常了，但每个东西都有自己的灵魂，我们社群的特点就是去中心化。

在创业社群里面不能把自己树这个标杆，第一因为你还不够成功，把你放在这不如你的人怎么办，比你强的人不会来听你的课，这一点包括葡萄创投、黑马营这些都做得非常好，让会员在前面去分享，所以每个人都是自己的中心。

尤其我们这种母婴社群因为没有一个妈妈的育儿是完美的，你不知道自己将来会怎么样，做母婴社群千万不要把自己放在前面，我就是你的榜样，定制社群完全是不同的，做高端社群去中心化，把自己放在后面，把会员团队放在前面。

二、社群群主人设打造

每年双 11，老群促活，新群建立，总感觉社群里热热闹闹的；但过了双 11，热火朝天的社群很快气氛走向低迷。面对这种情况，往往很多淘宝客小伙伴都不知所措，最终社群也就走向了沉寂。

其实出现这种现象，有一个原因，就是因为社群没有给用户留下深刻的印象，在大促期间，我们借助着优惠活动、平台玩法能够让粉丝一时活跃，但随着活动结束，粉丝也将社群抛之脑后了。所以，我们今天为大家邀请了淘宝联盟课堂的乐阳老师，来分享社群群主 IP 该怎么打造。

（一）为什么群主需要做 IP？

在经营自营模式的社群时，就经常可能遇到以下的情况。（自营模式，也就是你直接将粉丝邀请到你群里，然后对他去进行商品的推荐维护，进行变现的这么一个过程）。

我们建立 IP 就是为了解决这些问题。我们不妨想想，你会愿意跟着完全陌生的人购买商品吗？我想大部分人的答案应该是不太会。在现实生活中，人与人之间从陌生到成为朋友，是通过不断接触、交流，慢慢转变的。作为一名淘宝客，我们也要通过各种方式增加和粉丝之间的熟悉度。打造 IP 就是其中一种方式，鲜明的形象能够让对方循序渐进地知道你是谁，你在做什么，你有什么样的性格特征……在新群开启后，如果有 IP 的话，

他对你的信任度会变高，转化率也能有所提升。群主的 IP 能让粉丝对你的社群更加有印象，这样会经常打开社群看看，产出自然也能升高一些。经常有活跃粉丝来看的社群，自然生命周期会更加长久，气氛也会更加热烈。综上所述，我们在建立社群的时候，树立一个好的 IP 是很重要的。

（二）怎样做群主 IP？

IP 到底是什么东西？听起来好像有点高大上？其实不然，IP 简单点说，就是别人对你个人形象的一个认知，你可以通过任何方式来建立别人对你形象的认知、记忆跟信任感。

实际上我们常见的在网上刷到的这种网红主播，他们就是一个 IP，你肯定是记得有一个某某博主、某某大 V、某某网红，他分享了这个东西。你记得哪些商品更便宜吗？你记得说保温杯更便宜吗？你是记不住的，你只会记得某某推荐的保温杯便宜对不对？或者某某推荐的这种保温杯很好？所以说在我们做社群的时候也是这样的道理。

有一个问题就是你认为粉丝是先认可人，还是先认可产品的？对于做 IP 的人来说，是先认可人再认可产品的，就跟我们刚刚说到你是先认可这种网红大 V 然后你再认可他推荐的产品的一样。

举个例子，雷军，如果他卖的手机不是小米，卖的是大米，你会买吗？我相信你还是会买。罗永浩他之前卖的是锤子手机，他现在不卖锤子手机，开始带货。他卖的中性笔你会买吗？你也会买。因为你信任的是什么？是这个牌子吗？不是，你信任的是雷军和罗永浩这个人。

所以我们做社群的时候，粉丝他一般只要相信了你这个人，比如说你这个人推荐的东西是靠谱的，后面你推荐的东西，他如果需要，他肯定是会买的。我们不要走进最低价的死循环，因为没有最便宜的，只有更便宜的。

在做 IP 的时候我们要更新认知，我们在经营的过程中是先认可人，而不是认可产品。

第二，认可人还是认可公司？我们很多淘宝客在做的过程中，可能会为了证明实力建立一个公司，然后在这个群名挂上公司的牌子，作为统一的品牌名。

我们公司厉害，所以你认可我们公司这个角度是对的还是错的呢？

我还是举个例子，比如说人们对一个品牌会产生感情。假设说你以前没吃过肯德基，你第一次关注了肯德基的这种账号，你会对它一个叫肯德基这三个字的品牌账号产生感情吗？我相信是不会的，大多数的人不会对公司的账号产生感情，而你可能会对肯德基里面一个店员的服务态度、专业能力、做事效率产生"感情"。

很多人是会产生信赖感的，因为他看到的不是一个人，而是一个品牌，来到肯德基用餐就会觉得他家的食品好吃、干净，等待时间短，服务态度好等，是对这个品牌的信任以及依赖。在我们的 IP 梳理过程中也一定是要人格化，你一定是先树立一个人的形象，进而才能树立一个公司的形象或者品牌的形象。

第三，我们在设立人的形象过程中，我们在这个群里服务，虽然我就一个人做，但是我要显得规模很大的样子，在群里面加了好几个客服，其实也是我自己在回，但是我觉得显得我很专业，这个也会陷入 IP 的误区。

你会认可客服，还是会认可店长跟老板？

如果说一群这种客服销售人员加你微信会对他产生好感、信任感多一点，还是某某店的老板呢？答案肯定是后者，你对这种品牌的创始人会更加信赖。所以在树立形象的时候，你不要把自己定位成客服，一旦定位成客服的时候，你这个 IP 就没有了势能。

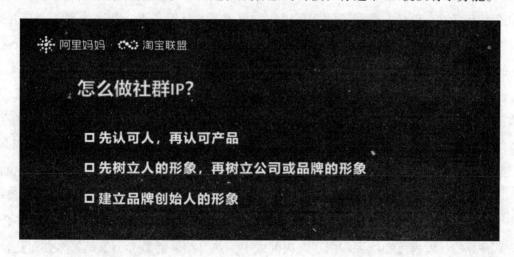

（三）10 分钟快速掌握 IP 技巧

可能很多小伙伴会说：不是我不想打造 IP，是我真的不知道怎么做！怎么去建设 IP，首先就是创造形象的画面感，然后建立第一印象。做 IP 的这些方法、技巧有很多，包含基础的形象，例如头像、昵称、朋友圈等等。具体可以看看之前的文章：

今天我们主要是结合场景分享两个借势扭转的技巧，面临社群里出现的突发问题，我们可以如何借势创造形象！

第一个技巧，用售后的问题来创造形象，这种方法更适合有一定产出的精细化运营的社群，投入产出比非常重要。

什么叫售后的问题？售后的问题就是当你在开群后，粉丝来买东西，就会有售后问题。很多淘宝客对于售后问题避之不及，其实不然，售后问题的出现恰好是一个非常好的建立 IP 的时机。

所以当消费者在群里提出问题的时候，不要慌，及时闪亮登场，第一个你要在群里道歉，然后在群里承认问题所在。接下来你就去私聊这种售后的用户，你发一个小红包，

然后再次道歉。

你发完过后要把这个图截出来，截出来你发到这个群里，然后你在群里再发一个红包，"艾特"全体成员。你要把这个事情闹得大一点，让大家知道这次事件并且你也妥善处理，让大家之后遇到问题都可以找你私聊解决。

做完这个以后，你还需要让两个朋友或者说其他的客服号两三个，然后在群里说一下群主的好话，说一下群主有责任感，夸一下群主。

甚至有时候，如果没有售后问题，你可以自己制造售后问题。比如说，你在收到商品后，发现有些商品可能不那么好用，或者有描述不一致的情况。你可以主动在群里提及"之前的时候，给大家推广的 ×× 商品，跟我第一次购买收到的产品描述上有一些出入，不知道大家有没有遇到？遇到了的，可以在群里拍图片反馈一下，我来处理"，时间的话可以选择晚上 8 点的时候，人多比较活跃，可以安排自己的朋友，从正反角度来反馈这个产品的情况，然后你再进行妥善处理。

经过上述操作，从粉丝的角度来看，这个群是真实可靠的，因为你都收到货了。值不值得信赖？出问题了，店铺不给我解决，群主都能帮我解决。你值得信任、靠谱的 IP 形象，也就随之树立了。

第二个技巧，用产品的问题来创造我们的形象，这个活动适合社群初期刚建立的时候，且不适合重复使用。什么叫产品问题？有些淘宝客朋友，可能会提前做产品的预热，说什么时候会有产品上新，让粉丝来购买。结果，验货的时候，发现这个产品是不合适的，不够好的，大家可能就会慌张了。提前做了预热，结果商品上不了，怎么办？这种时候，恰好也是一个创造形象的机会。我们可以接到了时间的时候，说取消了，不发了。为什么呢？如实地告诉大家，因为我们检查实物的时候发现，实物和商家给的宣传之间存在偏差，这种东西不想要推送给群里的小伙伴。所以产品我们就先取消了，我们今天安排其他的商品发布。

同样的，这件事一定要尽可能让群里的粉丝们都知道，接下来可以发红包告诉大家：抱歉，我们今天发不了这个东西，然后因为我们的选品都是群主实际用过的，看过的，都是好东西才会推荐的。

这样，粉丝就会发现群主还是靠谱的，会因为质量问题，取消自己本来应该要发的东西，群主不是完全为了赚钱在随意发一些产品，而是为了分享好物给大家带来实惠而发产品。

总而言之，我们要学会恰到好处地利用问题，处理问题，顺势打造我们独特的形象，让用户愿意跟着我们下单购物！做淘宝客必须付出时间、精力，我们要用方法、用技巧、用真心面对用户，尽自己的努力解决粉丝的问题，让自己能够走得更远一点！

三、社群运营发展规划

社群已经成为企业重要的变现渠道之一，几乎成为企业发展的标配。但是社群不只是消息的群发和通知，它更包含了运营、话术、转化、促活等多个方面的内容。那么，怎么才能做好社群运营规划？社群运营方案需要注意什么？

（一）如何做好社群运营规划？

社群的运营阶段主要分为五个：拉新、促活、留存、转化、长期发展。要做好社群运营，必须就这五个阶段逐一做好，就需要在开始前做好一个规划。

企业可以从以下角度去着手思考和规划：

1. 社群的目标客户

需要确定我们需要组建一群什么样的人，才方便去开展后续的细节规划。

2. 社群的客户从哪里来

社群的客户除了将自有的再次整合，还应该思考针对目标用户从哪里引流。比如：如果我们想面向年轻群体组建社群，那我们应该从 B 站、微博、小红书这些比较潮流的平台去进行引流。

3. 社群的定位

思考"运营社群的目的是什么"，组建社群是想宣传企业文化，还是进行卖货转化，还是活动后期给客户进行售后？不同的目的，企业需要有不同的运营侧重点，以及对社群的运营进行不同的功能性布局。

4. 社群的运营方向是什么

比如，社群是否要跟着活动去走，去调整社群的内容？还是要跟随竞品的动作，对标调整？

5. 社群的投入

思考每天需要多少投入、多少人力成本和时间成本去操作这个事情。如果是利用语鹦企服增长工具箱的一些自动化功能，比如"关键词进群""个性化欢迎语"等，就能在运营上减少一些人力成本的投入。

（二）社群运营方案需要注意什么？

在设定社群运营方案时，很多人只会简单地列举一些举措，并觉得只是建群而已，从而疏漏了很多地方。那么社群运营方案需要注意什么？

1. 沉默成本的投入

需要着重说明投入产出比的不确定性，社群是需要长期运维的东西，要投入一定的时间成本、人力成本以及物资成本。

2. 工具的选择

要人为地去管理社群的多个方面，很难。因为很难把控客户有需求的时间，因此企业可以借助工具去运维。工具的选择尤为重要。我们的工具箱内需要含强大的社群运营功能，能帮助企业在五个环节减轻运维压力，减少人力和时间成本的投入。

如，在企业进行社群群发规划时，可以通过"定时群发SOP"功能，按天/月/年为单位进行布局并及时提醒，避免重发、漏发的情况发生。

如果企业设有会员日等活动，或者在某个特定时间点会有特定的发布内容，则可以使用"周期转发"，只要设置好周期转发的时间区间，就可以实现在同一时间发布同一内容的操作。

社群运营中还能通过"大转盘＆九宫格抽奖""群签到打卡"等功能进行促活，让社群在活动前后进行预热与收尾。

企业具有类似工具箱，无论企业内部有多少人均可同步使用。避免部分功能收费，或人数限制使用，导致更换软件带来的不便。

3. 数据的监控

只有不断地复盘才能向上迭代，让客户满意，增加黏性。工具箱中的"轨迹素材"和"社群链接跟踪"都可以帮助企业去复盘当天客户还有社群成员对发布社群的内容的感兴趣程度，并对员工发起提醒通知，方便员工跟进客户，同时也可以通过点击情况判断发布内容优劣及时进行调整。

同时，这类社群工具箱中还有多个数据面板，能够记录每天进退群的情况，生成可视化图表，给予企业最直观的反馈。

私域社群运营规划方案模板：

初级社群周维护排期

日期	发布时间	分类	投放社群	备注
周一	8：30	心灵鸡汤（早）	初级群	
	10：00	推荐爆品1	初级群	当天10点上线的爆品，红包预热
	11：00	推荐爆品2	初级群	当天10点上线的爆品，红包预热
	14：00	群内互动	初级群	鼓励用户晒单、讨论热门话题或今日爆品等，尽量将群气氛调动起来
	15：00	重复推爆品	初级群	再次推当天爆品，红包预热
	16：00	爆款预热	初级群	提前预热需要一张商品合集的整体海报
	17：00	群内互动	初级群	可安排二次互动，由群主主导，目的是保持社群的高活跃度。互动内容可以自己定
	20：00	大事件宣导	中级群	大事件宣导，红包预热

续表

日期	发布时间	分类	投放社群	备注
周一	22：00	爆品预告	初级群	发次日的爆品预告
	22：30	心灵鸡汤（晚）	初级群	
周二	8：30	心灵鸡汤（早）	初级群	
	10：00	推荐爆品1	初级群	当天10点上线的爆品，红包预热
	11：00	推荐爆品2	初级群	当天10点上线的爆品，红包预热
	14：00	群内互动	初级群	鼓励用户晒单、讨论热门话题或今日爆品等，尽量将群气氛调动起来
	15：00	重复推爆品	初级群	再次推当天爆品
	16：00	爆款预热	初级群	推广文案+9张预热海报
	17：00	群内互动	初级群	可安排二次互动，由群主主导，目的是保持社群的高活跃度。互动内容可以自己定
	20：00	爆款预热	初级群	商品宣导
	22：00	爆品预告	初级群	发次日的爆品预告
	22：30	心灵鸡汤（晚）	初级群	

四、社群种子用户与引流

在营销领域里面私域流量一直是热门词汇，可以更快、更精准地变现流量，因此早期的启动和后续的运营都很重要，那么私域搭建如何获得早期的种子用户？企业如何通过种子用户打造高质量社群？今天就来了解一下吧。

（一）私域搭建如何获得早期的种子用户？

在做私域流量早期启动的时候，可以通过各大平台进行引流，如：公众号、抖音、快手、百度贴吧、知乎、简书、今日头条等；内容是私域流量的核心，可以通过内容营销来获取用户，比如在公众号里发布一条进群有礼的活动，或者像学习型社群可以定期组织专题讨论会、分享会等等；最后可以通过一些有趣的营销活动来吸引用户，比如定期红包雨、定期的答疑互动、每日一练、群接龙等，用准备好的活动链接、文字、海报发送到群里，并让管理员主持，保持活动的热度和节奏。

社群也是私域流量的重要来源，企业也可以通过社群运营来获取精准的种子用户，比如有些工具的社群裂变功能就可以帮助你方便快速地增长自己的粉丝量，只要在管理后台创建一个裂变活动，并将活动海报进行传播，客户为了完成任务就会源源不断地传播，粉丝量就会快速上涨。

同时客户扫码可生成自己的专属海报，奖品也是自动发送的，还能设置阶段任务奖

品，还能实时监控后台数据，自动为客户打标签等，功能全面强大。

（二）企业如何通过种子用户打造高质量社群？

要明确社群的目标，还要根据社群本身的定位吸引目标人群。优秀的社群一定要能给群员提供稳定的价值，如坚持定期分享有价值的信息等。同时很重要的一点就是要建立社群的互动机制，例如有奖问答、社群暗号抽奖等等，而打卡签到则是最能明确社群活跃度的机制。

社群里要有签到打卡功能，只要登录相应的工具箱，找到"群签到打卡"应用，点击"创建链接"并完善基本信息，就可以创建签到打卡任务，然后返回列表页面点击"分发"就能拿到签到打卡的链接及二维码了。可以将它发送给社群管理员，再转发至社群、活动海报、公众号及朋友圈等来开启活动。

而且企业也可以在相应的工具箱查看打卡汇总数据、时间分布等统计数据。这样就可以根据签到打卡数据对社群运营政策进行优化调整，提高社群运营的客户转化率。

有位营销专家说："不出两年，所有的企业必须有自己的社群，不做社群的企业都是在裸奔。"不管是企业，还是微商、实体店、个体创业者等都在做社群，服务客户或者多次变现。

新建社群，如何快速获取优质种子用户？这是每个社群运营人必须思考的问题，因为只有种子用户，才能有后续的裂变，也是社群活跃的必要条件。

关于如何找到优质种子用户，我们先要思考以下几个问题。

①为什么要有种子用户？

②什么是种子用户？

③种子用户有哪些特点？

④活跃的时间和场景有哪些？

⑤对什么感兴趣？

1. 什么是种子用户？

一般是指第一批愿意追随我们，愿意私下为我们的产品买单，同时愿意帮我们传播的人，叫作种子用户。越小众越垂直的种子用户，对消费者的影响力就越强。他们是最值得信赖、影响力大、活跃度高的粉丝，经常与你互动，帮你转发朋友圈，给你提建议的那帮朋友。

比如：小儿推拿项目，要做社群。种子用户就是多年的老会员、比较认可小儿推拿的客户、宝宝见效比较好的客户等。

2. 为什么要有种子用户？

完善社群运营。大部分社群，刚建立的时候，可能会出现各种问题，不太完善。但是，当局者迷，旁观者清。作为社群运营者，可能不太了解，需要其他人来发现问题，共同解决问题。

口碑传播，转介绍。社群的种子用户，一般是比较认可你的，或者是社群价值等。他们更愿意邀请其他人进群，或者是转发朋友圈，帮你社群引流。

提升社群活跃度。新建的社群，活跃度至关重要，直接影响着新人的体验感。如果有种子用户参与群互动、话题讨论、价值输出等，可增加社群活跃度。

3. 种子用户有哪些特点？

这部分人群性别、年龄、地域、受教育程度等维度上有哪些特点？有哪些独特的习惯？消费能力如何？消费频次如何？消费偏好如何？

了解种子用户越多的特点，对于后期的种子用户精细化运营，也更有帮助。

4. 种子用户活跃的时间和场景有哪些？

不一样的人群在互联网活跃的时间不同，比如上班族和宝妈的活跃时间就不同。上班族一般下午下班后，比较多的空闲时间。宝妈是孩子睡觉后，可能才有时间看手机。

而且，关注的场景或平台也不同。有的是喜欢看微信朋友圈，也有人关注抖音、快手、今日头条、知乎等。

5. 种子用户对什么感兴趣？

喜欢什么？厌恶什么？有什么样的价值观？什么样的文章能与他们产生共鸣？有什么样的词语是只有这个人群看得懂的？

根据种子用户感兴趣的东西，设置相对应的诱饵或奖品。

还是以小儿推拿社群为例，种子用户裂变的诱饵是小儿推拿服务 + 成人艾灸。因为他们受益于小儿推拿，希望有更多的服务，帮助宝宝调理身体，更健康。

社群引流是指通过社交媒体平台吸引更多的用户关注和参与，以增加品牌曝光和业务转化。社群引流有哪些比较快的方式，分享社群引流16种方法。

五、流量的两种类型

无论你身在什么行业，流量都是决定你收益的基础。

比如明星、博主、大V等顶尖者，他们的巨额年收入都是依靠他们自己庞大的流量赚取的。流量的重要性大家都知道，不过很多人对流量没有一个标准，都是空泛的概念认知。

（一）所有流量一般统分为两大类型：公域流量、私域流量

1. 公域流量

顾名思义就是公共的流量，一个典型的线下公域流量例子就是：购物中心。

购物中心看似流量非常庞大，但实际进店的人特别少，更别说实际消费了。

也就是说公域流量看似有着非常庞大的流量，但实则转化率特别低。

2. 私域流量

意味着私域流量池的用户都是自己的，而不是属于某个平台的。当然得注意，私域流量池的用户一定是"活的"，只有活的用户才有价值，只有"活的"用户才能够完成触达、转化的重要环节，如果是僵尸粉则意味着是个死流量，那这个流量便没有意义。

（二）私域流量用户也分为 4 类

1. 僵尸粉

是由系统自动产生注册的虚假用户，也可以说是虚拟用户，通常用于刷量、关注、转发、点赞、评论等。

2. 泛粉

不确定是否有需求的真实流量。

3. 半精准粉

可能有潜在需求，但无法判断是否有购买意愿。

4. 精准粉

有潜在需求的，对产品、对 IP、对项目、对人物等感兴趣的，并愿意为其付费的。

（三）什么是精准流量

了解了什么是流量以后，再和大家说说我们需要的是什么样的流量。

流量有千千万万种，但并不是所有流量都可以成为粉丝，其中还分泛流量和精准流量，而精准流量也称精准用户，精准用户一般具有 4 大要素：

①能为你付费的人。

②能为你传播的人。

③能为你带来更多人脉和资源的人。

④能听懂你的话，并听话照做的人。

（四）如何获取精准流量

前面两点说了以后大家应该就知道了精准流量的重要性。

那么，获取精准流量最关键又是哪些呢？

没错，是推广，但不是随意的推广，而是建立在信任基础上的推广，因为只有这种推广获得的才可能是精准粉丝、精准流量。

信任是很难的事情，但是如果足够真诚并且使用合适的方法，还是完全可行的，建立的方法主要是通过线上和线下两种渠道。

1. 线上渠道

（1）如果资金充裕，百度竞价、知+、抖+等，站内站外的定向推广都是不错的选择，这些流量都是精准的客户流量，推广的效果比较明显。

（2）再就是各种社群，这些社群基本上都是属于建立在相对信任的基础上的，比如说学习群、孩子的家长群、读书群等等。通过这些群来获取精准流量是比较好的方法，比如推荐学习资料引到家长群，相信会有很多家长感兴趣的。

2. 线下渠道

线下的渠道主要是地推和各种活动，通过与感兴趣的人群的互动，通过获取联系方式、扫码关注等方式获取到精准流量。

3. 引流的三大逻辑

做私域都应该去思考什么是引流，引流的逻辑又是什么。

（1）价值互换

引流可以分为两个大的方向，第一个方向内容引流，第二个方向工具引流。

如果你想引流，首先得明确自己所能驾驭的方法属于哪一种。

在明白了这个问题之后，就要想别人为何要加你。

其实这个问题一直让很多人纠结，在大部分人的眼中，自己随便留个二维码，别人就会来加他，但就是从未想过，别人为什么要加他的这个问题。

所以，我们需要找到自己的价值体系，让自己拥有互换的价值。

比如你擅长引流，那是不是也可以把自己的一些实操方法分享出去，让其他人可以轻松学会？因为帮助别人的同时就是在引流。

（2）坚持

问自己一个问题，你做同一个引流渠道有超过三个月吗？

大部分人引流的时候，都是遍地撒网，今天做这个平台，明天做那个平台，但从不会想着把一个平台研究透。做了两天就抱怨引流方法不管用，没效果。

这里我们需要注意的是，不必把所有引流方法都学会，先把一个平台研究透彻，建立好自己的流量渠道，然后定期更新，即便是以后换了其他平台，但因为之前铺设好的引流渠道，一样还是会源源不断将流量导入进来。而这个过程，你只需要坚持。

（3）主动加别人

很多人在引流的时候，总是想着让别人来加自己，就是从没想过去加别人。

这其实很尴尬，因为要是大家都这么想的话，最终博弈的结果就是，谁也不加谁。人都有社交需求，在我们去添加别人的时候，也是自己价值呈现的一次好机会。

只要你有价值，有亮点，主动加别人并不会低人一等。

如果你比别人厉害，你加他，是一种谦卑。如果你不如别人牛，那你加别人，则是一种学习。

但无论主动与被动，其实引流的直接效果不就是好友名单上多几个人吗？

就此而言，主动与被动，没有什么根本的区别。

（五）各个平台引流的实操方法

无论你是在哪个平台引流，都要提前了解这个平台的规则，例如小红书、豆瓣、贴吧、社群、陌陌、公众号、百度知道等等。只要是有人群讨论的地方都可以作为引流基地，而我们提前了解平台规则是非常有必要的，因为能提前帮我们规避被封号的风险。

1. 小红书引流

这里我们来拿小红书做个例子，如果你想做小红书引流，那我们先搞清楚小红书的平台规则：

看了以上规范信息，简单总结3点：

（1）营销信息。

（2）购买链接。

（3）联系方式（只要是小红书的站外联系方式都算）。

通过以上三条可以看出，我们能做的，基本被限制了，所以你需要明白我们能做的就是尽可能去规避这些风险。

这里给大家总结出小红书引流5个比较安全的玩法：

（1）小号评论

①你可以准备一个小号，将名字改为与大号相似的昵称，将专辑名改为自己需要引流的联系方式。

②在大号下面评论，只需排序在前面的热门评论：例如，看我收藏专辑名。需要注意的是，不要每个评论都回复，只回复热门的评论就能起到引流的目的了。

③准备两个小号，使用A小号发布笔记内容，将联系方式包含在图片中，直到笔记发布成功为止。

（2）收藏笔记

可以用小号去评论大号的笔记，例如：看作者收藏就有呀，看博主收藏呗等等。注意，同样不要所有人全部回复。

（3）个性签名

这个功能小红书没有严格管控，所以你可以在个性签名中放 QQ 邮箱。然后指引用户看你的签名，这样用户可通过 QQ 邮箱的方式添加到你的微信（注意前期得设置邮箱和微信关联哦）。

（4）站内回复

①你需要提前准备好带有联系方式的图片，且联系方式不可过于明显，需要注意的是：图片每张只能用一次，因为重复用会被当作垃圾信息屏蔽掉。

②私信回复留微信不可过于明显，比如不能直接带有微信的相关字眼，可以用字母或同音字代替。可以总结为引流字眼不可太明显。

（5）评论笔记

小号关注和你同行业的博主，在热门话题或者评论区留言，再@你的账号，用户自然会从评论区点进来啦，但需要注意是以小号来做辅助。

2. 豆瓣引流

（1）豆瓣引流分为主动引流和被动引流

①主动引流：通常我们在豆瓣搜索相关帖子，底下的留言板回复了非常多的微信号，我们称之为"主动引流"；这些目标小组下基本是精准微信，只需要联系添加即可。

②被动引流：什么是被动引流呢？就是你找到目标小组发帖引流，在帖子或者留言板中留下你的微信号，有用户添加到你，我们称之为"被动引流"。

我们来重点说下被动引流，这种引流方式一般是通过评论或者发帖，利用干货、人脉资源来吸引用户添加自己。

这里需要注意，豆瓣发帖的标题不要直接有明显的利益诱惑方式。再者就是尽量不要放二维码，因为这样很容易被管理员删帖，直至禁言，如果被禁言就容易封号。

另外，我们在发帖前需要观察目标小组的帖子，去熟悉哪些文案要避免踩坑，再就是活跃度高的帖子的标题文案是怎么写的，有没有什么技巧之类的。搞清楚规则后你就可以发帖引流啦！

（1）制定社交媒体战略：在社交媒体平台上建立有吸引力的内容，并定期发布。这需要在不同的社交媒体平台上创建账户并投入足够的时间和精力。

（2）寻找并参与相关的社群：在相关领域中找到有影响力的社交媒体账户和话题，积极参与并分享内容，吸引更多的用户来关注和参与。

（3）创造吸引人的内容：制作有趣、有价值、有创意的视频、图片和文本内容，吸引用户的眼球，引发他们的兴趣。

（4）提供优惠和促销：提供优惠、促销、赠品等吸引用户参与的活动，增加用户的参与和黏性。

（5）合作和交换流量：与其他社交媒体账户和品牌合作，互相分享流量和资源，扩大双方的社群和品牌曝光。

3. 社群引流 16 种方法

（1）制定社交媒体策略：确定目标用户群体和社交媒体平台，并制定计划来达到这些目标。

（2）发布有价值的内容：发布吸引人的内容，吸引用户分享并帮助您建立社交媒体的声誉。

（3）社交媒体广告：使用社交媒体广告平台，如 Facebook 广告或 Instagram 广告，以吸引更多的用户。

（4）活动推广：组织线上或线下活动，吸引用户关注并参与活动，从而获得更多关注和曝光。

（5）招募社交媒体影响者：与有影响者合作，让他们在自己的社交媒体账户上分享你的内容，以增加品牌曝光率和网站访问量。

（6）社交媒体折扣：发布折扣信息并鼓励用户在你的网站上购买产品。

（7）社交媒体优惠券：发布优惠券信息并鼓励用户在你的网站上使用。

（8）推出线上竞赛：通过组织线上竞赛或抽奖，来鼓励用户访问你的网站或应用程序。

（9）制作视频：制作有趣或教育性的视频，发布到社交媒体平台上，以吸引更多用户。

（10）微信公众号：利用微信公众号推广，通过发布文章、推送消息等方式，吸引用户访问网站或应用程序。

（11）贴吧论坛：利用贴吧论坛推广，发布有价值的内容，并鼓励用户到你的网站或应用程序上了解更多信息。

（12）SEO 优化：通过优化网站的搜索引擎排名，增加网站访问量和流量。

（13）社交媒体互动：通过回复评论、点赞、分享等互动，增加社交媒体的活跃度，并吸引更多用户。

（14）联合营销：与其他品牌或网站合作，互相推广，增加曝光率和访问量。

（15）优质客服：提供优质的客户服务，增加用户满意度，使用户更愿意分享和推荐。

（16）营销邮件：通过电子邮件推广，向用户发送有价值的内容和优惠信息，吸引用户浏览。

需要注意的是，社群引流并非一蹴而就的过程，需要长期的持续性工作和耐心。只有不断优化和调整策略，才能实现最佳的效果。

六、维持社群用户的凝聚力

随着社群营销越来越流行，越来越多的人投入到社群运营当中，各种问题也接踵而至，一一暴露了出来。总的来说，问题可以归结一点：社群缺乏凝聚力。

社群的凝聚力，是社群对群成员的吸引力，群成员对社群的向心力，也是群成员之间形成的相互吸引、相互依赖。成员都有一个共同的目标，更像是一个大团队，而不是一个临时群。

凝聚力是维持、促进社群运营和发展的核心要素，如果社群失去了凝聚力，那就好比一个人失去了灵魂，行将就木。

那么，如何提升社群凝聚力？

第一，树立统一的社群价值观。秦始皇统一六国，实行"书同文、车同轨"的政策，从而促进了国家的大一统。和国家统一的道理一样。建立一个统一的价值体系，就是为了促使社群成员的思想方向在总体上保持一致，保障社群的有序管理，为社群凝聚力的形成与提升创造条件。

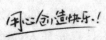

第二，社群运营者可以设计一个社群口号（slogan）。社群的运营，本身就是塑造品牌的过程。社群的口号是社群核心价值观的集中体现。因此设置一个常用的社群口号有助于传递社群要表达的内涵和精神，起到加深成员对社群印象、记忆和产生共情的作用。

社群营销

腾讯游戏"用心创造快乐"，近几年成为游戏爱好者的共识，为腾讯的正面形象加分。

第三，社群名字、社群头像等外在的信息都是宣传社群价值观的突出点，也应当引起重视。

统一的价值观形成后，旧的成员沉淀下来，吸引认同此价值观的新成员加入，在无形之中，将众人拧在了一股绳上，形成更大规模的认同感，提升了社群凝聚力。

（一）组织活动

俗话说远亲不如近邻。这是为什么？因为近邻终究在一块的时间长，一起经历的事情更多一些。同理，社群内的成员参加活动后，一回生二回熟，彼此之间都会有所了解、依赖。

社群活动是活跃社群最有效的方法，能够给予成员最深刻的参与感。让成员不仅是信息的接受者，而且是信息的传播者、发起者。

积极开展社群活动：小游戏、问答、投票、辩论、头脑风暴……甚至一次即兴的小讨论都不失为一个好想法。当然，如果有条件的话，也应当开展线下活动，效果会更好。

小米及其社群粉丝近年来在全国各地开展的线下活动，次数多、规模大、成效好，可以说是社群活动的"行业典范"。

组织活动，促进成员的交流，借此营造一个有温度的、活跃的社群氛围，将彼此之间连接起来，不仅可以提升社群凝聚力，还能够促使成员更加忠于社群、依赖社群。

（二）建立门槛

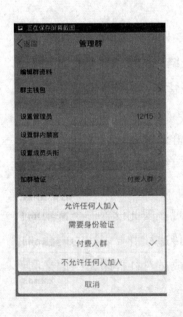

在直播平台上，会有不怀好意的人为了抹黑主播，进入直播间或者粉丝群里发表一些不利于主播的言论，带起一波又一波负面的节奏。

社群同样如此。做得越大，越会有这样的"节奏人"混到社群里面，发表负面言论，甚至可能带走一些不明所以的成员。

这个时候，需要运营者建立社群准入门槛：可以是付费进群，交一笔小定金或发红包；可以是一份问卷，简单考验一下对社群领域的了解程度，看一看是不是真心加入；可以是进群之后，对于成员进行定期的内容、活跃度考核……

这样一来，既可以提高社群整体的素质，也可以提高社群的活跃度，增强成员的参与感、代入感。

（三）奖励措施

参加活动固然重要，但若是次数过多难免显出疲态，反倒会成了一盘散沙。这个时候，运营者应当建立一套鼓励、奖励措施。

有一个开设写作培训课程的社群，在每一次课程讲完或是一次交流讨论之后，老师和运营人都会及时出来对表现优异的学员给予一定的鼓励，通常会先贬后褒：提出一定的不足，总体上给予表扬性的鼓励。

在每一期的大课结束之后，都会上交作业。作业质量高的学员，则会在群内被给予专属红包，还会被老师更加专业、深入地指导。

这样的奖励措施有利于群员建立自我效能机制，对自身更加有信心。人一旦从某件事物当中获得信心和满足，就会对此产生依赖。久而久之，社群凝聚力就会得到巩固。

七、社群危机公关

在这个互联网极度发达的时代，各种事件舆论危机往往比以前更难应对——特别是随着微信的发展，社群已经成了更大的信息集散地，无论是基于微博的社区属性，还是基于微信的社交属性，一旦出现不可预估的负面信息，其影响程度远远超出传统行业。

最关键的是，很多运营同学或者某些工作人员，由于缺乏专业性和及时性，一定程度导致了负面信息的扩大化。

而在微信体系的社群运营中，如果社群运营方太强势，会失去民心，若不强势，又怕控制不住局面，那么作为社群运营人员该怎么进行社群危机公关？常见的社群危机公关有哪些？下面详细为大家介绍。

危机公关是一个长期的、建立信任的过程呢。

首先我们要明白一点，任何活动或者行为产生负面信息本质上是一种"信任危机"，而工作人员或者主办方的所有发声，一定程度的目的则是为了修复用户对主办方的"信任"。一般来说，即便是同样的错误、同样的舆论，大家也会因为对象（品牌）的不同而产生不同的态度，当然也由于事件的影响程度不同，但是大家对于同类型事件的看法明显有区别。

毕竟人是感性动物，我们总是更容易原谅那些和我关系比较亲密的人，也更容易宽恕那些自己十分认可的品牌。这也给我们做运营活动提了个醒——想要让危机公关取得预期的效果，我们不仅仅要把握好危机爆发的那几个阶段，还要在长时间内建立用户对我们的"信任"之感，这本身就是一个长期的过程。

建立信任的过程不是单次活动的触达和维系，而是长期的积累和维系动作。就像K12在线教育行业，早期行业的增长单单停留在增长角度，而现在的转介绍行为，已经穿插在

接触用户的全环节，特别是基于付费用户的信任建立和活动运营中更加注重活动品质。

在运营招聘和面试过程中，无论是岗位要求还是面试官要求，数据分析能力和数据分析水平是经常性被问到的硬性能力。尤其是互联网公司，运营岗位的岗位要求中，都会明确提出要求应聘者具有数据分析的能力。

那究竟什么是数据分析能力，在笔试和面试中如何体现出数据分析能力呢？

以教育行业为例，特别是随着教育行业的精细化运营，在活动运营和用户运营过程中，经常性地需要对活动进行数据监控，对产品进行迭代分析，那这个时候，经验主义已不足以支撑我们的优化动作，需要进行数据维度的分析，不断做 A/B 测试，才能最终实现效率最大化。

而在面试招聘过程中，也需要考查如何利用数据分析能力提升我们的运营动作和提效，这是面试官想从中看到的数据能力应用。

由于一直从事运营行业，运营也不断走向精细化和科学化，所以也就不断强化了对运营岗位所要求的数据分析能力的理解。

（一）结合当下沟通语境，进行及时反馈

在常规运营中，危机公关是有一个固定公式的——第一步承认错误，第二步诚恳道歉，第三步答应整改。

而我们在探讨怎样做好危机公关的时候，也会自动把思维带到这个公式中，我们会去考虑自己承认的错误是不是用户所在意的，这样的道歉方式是否足够诚恳，怎样做出承诺才能让用户原谅主办方的错误。很多时候，危机的引发不在于问题的大小，而在于情绪的波动。

很多时候，由于主办方或者运营者没有及时发现问题，或者是响应机制滞后，最终就会导致问题扩大化。

再加上一些不成熟的运营策略，包括但不限于"过长等待""被出局"以及"道歉时没有看到我的出现"这三点并列加剧了当事人的不满情绪。最终导致事态和局面走向失控。

当伤害了本身由于信任感参与的用户，造成了一定的负面影响。

为何引发危机？

问题 1：反应不够及时，背后是预警机制的缺乏。

问题 2：真诚道歉是不足够的，还需要对当事人情绪和需求充分洞悉。

问题 3：社群运营机制和建设的不给力。

（二）社群中常见危机公关

1. 群员说群不好，有套路

遇到这样的问题，切忌直接把人移出群，很多时候，运营人员的第一反应不是解决问题，而是解决提出问题的人。

2. 活动进行中，规则不清晰，群员觉得不公平

这种情况，如果有人质疑，重新再讲一次规则。如何预防呢？讲完规则问大家是否清楚，确定清楚之后再开始。

3. 群里有人争吵

群里交流难免出现争论，根据情况来判断。

第一，站在中立的角度双方均安抚调和，如果不能调和影响群内氛围，可以先移出群。移出去之前先这样私聊："为了控制事端，先抱您出去冷静下，隔日再邀请您进群。"

第二，只是观点碰撞，没有过激的言论攻击。这种情况在群里说，这里是大家开心的地方，两位讲得都有道理，但是这样争论影响其他伙伴。

我建了一个临时群，想讨论的伙伴进水聊群。然后将新群二维码发群里，等他们讨论后解散即可。

预防措施：跟群员建立好关系，找几个互动员、小号在关键时候化解。

4. 几点建议，对你有用

在人人都是自媒体的背景下，任何负面信息都可能迅速传播，影响品牌的口碑。及时进行危机公关非常重要，以免造成更大的不良影响。关于进行社群危机公关，分享几点建议。

（1）主动承担责任

出现问题，不要试图掩盖或者推卸责任，不逃避任何问题，这只会加剧损害。相反，应通过承担责任来控制局面，立即作出反应并给出解决方案。

（2）先道歉，后行动

一个真诚的道歉是事情推进的关键，道歉代表主动承认错误。在道歉之后，必须做出行动来证明正在解决问题的路上。

（3）关注、安抚情绪

当引起用户的负面情绪，比如愤怒、抱怨等，先让他们冷静，不要火上浇油。当一个人出现情绪后，很难听取其他信息，一定是先解决情绪问题，然后再解决其他问题。

（4）换位思考

站在对方的角度思考："如果我是用户，出现这样的情况，会怎么做？"换位思考是解决一切问题的关键，在对方的立场考虑，采取正确的行动。

（5）提前预防

《黄帝内经》载："圣人不治已病治未病，不治已乱治未乱。"社群也是如此，社群运营高手，提前把一切的危机问题扼杀在摇篮中，做好相关的准备，以防问题出现。

📊 章节作业

1. 怎样做群主 IP ？

2. 社群种子用户如何培育和引流？

3. 如何获取精准流量？

4. 如何维持社群用户的凝聚力？

社群的运营方法

📊 学习目标

➢ 了解社群资料包、日报、分享等日常运营活动的策划与运营方法
➢ 了解社群内的红包奖励、积分激励等策略
➢ 了解处理社群内争吵的策略
➢ 了解群聊精华的整理方法

📊 学习过程

情景设计

某知名时尚品牌，拥有广泛的用户群体和较高的市场知名度。为了进一步提升品牌影响力和用户黏性，该品牌决定加强社群运营，打造一个充满活力的时尚交流平台。

第一，精准定位与目标用户画像。首先，该品牌对目标用户进行了深入的分析，确定了他们的年龄、性别、职业、兴趣等特征，并据此制定了相应的社群运营策略。第二，内容策划与创作。为了吸引用户的关注，该品牌精心策划了一系列高质量的社群内容。除了发布最新的产品信息、活动预告外，还邀请时尚博主、明星等合作伙伴分享穿搭心得、时尚趋势等内容。第三，社群管理与互动。该品牌非常重视社群的管理与互动。社群管理员会定期巡查群内动态，及时处理不良信息，确保社群氛围的健康与积极。同时，管理员还会积极回应用户的疑问和建议，增强用户的归属感和信任感。第四，数据分析与优化。为了更好地了解社群运营的效果，

该品牌还利用数据分析工具对社群活动进行监测和评估。通过分析用户的参与度、活跃度、转化率等指标，品牌能够及时调整运营策略，优化内容质量和互动方式，进一步提升社群运营的效果。

经过一段时间的社群运营，该品牌取得了显著的成果。社群成员数量持续增长，用户活跃度明显提高，品牌知名度和影响力也得到了进一步提升。

📊 任务描述

社群运营的核心工作是社群成员的活跃度运营。从物质方面，通过表彰大会、红包奖励等，和从精神方面，社群资料包、日报等，两个方面激发社群成员的参与热情，形成社群归属感，从而打造出有价值、有热度、能变现的社群。

📊 知识导航

一、社群资料包的策划与搜集

资料包是一种基础的社群价值输出形式，可以作为社群福利分享给社群成员。不同领域的社群成员需要的资料内容不同。例如，学生家长喜欢用大量习题、试卷和知识点清单做成的资料包，职场人士需要的则是包含技能分享、行业报告等内容的资料包。

要想策划一个符合社群主题的资料包，需要做好以下几个方面的工作。

（一）策划资料包的知识框架

假如把某个领域想象成一棵树，那么这个领域的重要问题就如同树枝，而不同的主题如同树叶，分属于不同的树枝。因此，一旦画出了某个领域的"知识框架树"，就等于构建了这个领域的全局视角。

一个系统化的"知识框架树"可由入门概念、基础知识、专业知识和训练方法4个部分构成。以学习演讲为例，其"知识框架树"的构建可以根据以下4个方面进行思考。

1. 入门概念

要明白演讲的基础概念，明白演讲和分享、演示、培训的区别。

2. 基础知识

要做好演讲，需要具备逻辑思考能力、沟通能力和写演讲稿的能力、会制作PPT等。

3. 专业知识

要了解如何发声、如何控制肢体语言、如何构建个人台风和选择演讲服装。另外，还有其他各种细节，如演讲主题的策划、演讲内容的组织、PPT 的美化等，这些都可以理解为该领域的专业知识，这些知识也可以逐步细分，让"知识框架树"变得越来越"茂盛"。

4. 训练方法

训练方法是很多人容易忽略的。如何训练才能把这些知识转变成自己的能力？知识并不等于技能，技能是需要训练的，要训练就需要有一定的方法和流程，也必须达到一定的标准和训练量，甚至需要通过某种特定的考核。基于以上 4 个方面的内容，即可确定资料包的知识框架。这样策划的资料包对社群运营者来说有很多好处。首先，可以让社群运营者站在全局的角度安排社群运营的重点，一旦确定近期要输出什么内容，就能快速搜集相关资料，快速行动；其次，社群运营者在平时发现有用的素材后，可以将其"贮存"起来，在社群内做分享和交流时，就可以拿出来使用；最后，资料包可以分模块开放，从而让不同模块的资料包成为引流不同人群的"利器"，或者成为激励社群成员参与社群活动的福利。

（二）资料包的搜集

在这个信息爆炸的时代，找到有用的信息并不容易。搜集资料包时，对信息的选择至关重要，社群运营者需要快速地搜集资料、去伪存真、抓住重点。这就要求社群运营者做好以下两个方面的工作。

1. 筛选

社群运营者在搜集资料时，需要先对资料进行筛选，这样才能避免搜集到质量差、不准确或重复的资料。对资料进行筛选时，应根据不同的情况使用不同的方法。

如果要搜集的是不太熟悉的资料，可以按照以下几种方法来筛选。

（1）看时间。尽量找一些时间距离现在比较近的资料，因为很多技术、很多知识都在不断更新，后人也会对前人的知识和经验做出更符合时代发展的总结。

（2）看官方认证。尽量找一些得到了官方认证的书籍资料。例如，一些出版社的新媒体账号会定期或不定期地推荐有价值的读物。

（3）看专家推荐。与其盲目地找资料，不如先找专家。社群运营者可以通过搜索找到专家的微博账号，然后从微博中找他们推荐的资料；也可以到知乎、微博等平台寻找领域内的专家，看看他们推荐的资料。

（4）看延伸资料。书中往往有参考文献、信息来源或作者推荐等内容。社群运营者可以从相关书中仔细查找这些延伸资料。

如果要搜集的是熟悉的行业或专业的资料，社群运营者对此已经有一定的基础知识，这时就可以根据自己的知识去判断哪些信息是有用的，哪些信息是无用的，从而快速选取。

2. 整理

整理资料就是将资料系统化，这样不仅便于浏览，还方便检索；更重要的是，社群运营者能在整理过程中发现还缺少什么资料，然后按需补充。

（三）资料包的更新

资料包并非越多越好，而是越有用越好。随着对社群成员了解的加深，社群运营者会掌握他们对资料包的需求，从而筛选出合适的资料包内容。

这意味着社群运营者需要定期对资料包进行更新。资料包的更新也是对资料包的一种筛选，筛掉无用的或者低价值的信息，留下真正有用的信息。

◆ 任务过程

活动任务 1： 社群资料包的策划与搜集

1. 策划资料包的知识框架树

_____

_____

_____

2. 资料包的搜集方法

_____

_____

_____

二、社群日报的策划与运营

社群日报是一种轻输出的内容。所谓轻输出，是以较低的运营成本高频输出有用的内容。

日报的价值核心是其为信息的合集，为社群成员节省了寻找信息的时间成本。而社群运营者只要经常关注所处领域的一些信息源，就能很好地完成社群日报的策划与运营。

（一）日报的分类

日报的内容形式虽然多种多样，但推送时间是固定的，要么在早上，要么在午间，要么在晚上。按照推送时间的不同，日报可分为早报、午报和晚报。不同推送时间的日报在内容上也有差别。

1.早报

早报的内容有很多种。社群定位和社群成员属性不同，早报风格也不同。

（1）励志资讯类早报。内容大多是励志类文章，其篇幅不长，文章中往往涉及人生思考、人际关系、婚姻、家庭、子女、健康、房产、汽车等方面的内容。这类早报的形式多是文章链接，或者带有文字的图片，一般用于传统行业的社群、由中老年群体组成的社群。

（2）娱乐资讯类早报。往往用于由18～30岁的年轻群体组成的社群。早报的内容主要包括当前热门的电影、电视剧、综艺节目的评价及其背后的故事，文艺圈的大事小事，互联网前沿领域资讯内容等。这类早报的形式多种多样，可能是文章，也可能是图片，还可能是一段文字，往往还会搭配年轻群体喜欢用的表情包。

（3）干货类早报。内容主要包括行业技能、职业发展、行业前沿信息等方面的内容，通常以海报图片、签到领取资料等形式来展示，适用于知识付费群、行业交流群。

（4）问候关怀类早报。内容主要包括天气、问候语、新闻等方面的内容，同时结合社群定位和社群成员属性进行近日活动提醒或活动安排。这类早报的形式有纯文字、图片等，甚至还会搭配一些小游戏。这类早报的适用面较广，大部分社群都可以使用。

2.午报／晚报

午报和晚报的内容一般差别不大，多与社群输出的内容有关。这里介绍两种类型的午报／晚报：群聊精华汇总帖和社群事务汇总帖。

（1）群聊精华汇总帖。例如，秋叶系社群个人品牌IP营中，群聊信息有时一天会有上千条，而有价值的内容可能不多，很多社群成员表示一看到社群的消费就有"信息焦虑感"，看到提示未读信息的"红点"就害怕点开。于是，社群运营者可以设计一个"今日看点"栏目，通过收集、整理、提炼、排版，把社群内当日重要的通知、干货、分享内容、故事等信息结构化地展现出来，从而减轻社群成员翻看群聊记录的压力，还能沉淀有用信息，让社群成员产生更多的收获感。"今日看点"是一种适合很多社群在当日晚间推送或第二天午间推送的群聊精华汇总帖，其目的是方便社群成员翻阅或提取有用的信息。

（2）社群事务汇总帖。不需要每天发，一般是一周发一次，在星期一晚上发送上周的社群事务汇总帖。社群事务汇总帖通常以文字的形式呈现，按时间顺序对各种信息进行简单介绍。社群事务汇总帖的模板可以参考如下内容。

【打招呼】各位群友晚上好，估计这会儿大家都没有那么忙了，我来汇报一下上周××社群的工作。

【时间】2020.11.16—11.22

【主题】××社群事务汇总

【按日期罗列各种信息】

11月16日，线上分享：（分享主题、分享观点）

11月17日，线下走访：（走访地点）

11月18日，课程首发：（××课程，首发成绩）

【社群口号】××社群，（社群口号）

【结束语】汇报完毕，有问题请随时联系我。

（二）日报内容的筛选

下面以个人品牌IP营的"今日看点"为例来介绍一下日报内容的筛选方法。

在个人品牌IP营中，社群运营者汇总的信息主要包括以下5个方面的内容。

（1）个人纪念日，如"×××生日快乐！""×××新婚快乐！""恭喜×××第一次线下主持成功"。

（2）社群成员成绩通报，如书籍出版、课程上线、重大合作。

（3）平台活动通报，如"第××期已经顺利结营了，大家有什么收获和感受？欢迎给个人品牌IP营××专栏投稿"。

（4）栏目精华回顾，如"大咖"分享、每日一问、干货精华的汇总。

（5）内部福利发放，如"推出×××平台打造个人品牌影响力的绿色通道：关于'加V'、问答'达人'、新手号转正……有需要的请尽快填写信息收集表"。

这5个方面的汇总有以下几方面的作用。

首先，"晒"每位社群成员的里程碑事件、合作成果，对参与的社群成员来说是鼓励，同时能起到再次展示他们个人形象的作用；对阅读日报的社群成员来说，则起到了激发他们参与欲望的作用，因为许多社群成员通常会选择默默关注大家的动态，向这些被"晒"出里程碑事件、合作成果的社群成员学习。

其次，这也在反复提示社群成员注意内部福利、优惠活动、干货等大家比较关注的信息，减少"刷屏"时间。清晰的提示信息能缓解社群成员信息过载的焦虑感。如果社群运营者能从群聊话题里提炼出干货观点，就会让很多社群成员从中受到启发，产生对社群的认同感。

当然，为了让每天的群聊内容都有价值，社群运营者也需要对社群成员的发言做出一定的约束，如"认真聆听，在其他社群成员表述完观点时，请不要插话或故意打断其他社群成员的发言""在讨论问题的过程中，可以提出不同的观点，也可以坚持自己的观点，但不得对其他社群成员进行人身攻击或恶意捣乱""一次发言不得少于 10 个字"等，以引导社群成员进行高质量的发言，逐步形成良好的社群发言习惯。

（三）日报的整理

那么，如何整理日报呢？

一份日报一般包含以下 4 个方面的内容。

（1）封面板块，包含社群 Logo、日报主题、搜索关键词、整理人、日期等内容。

（2）目录板块，说明日报包含哪几个栏目，如"大咖"分享、每日一问、思维启发、日常趣事等。

（3）正文板块，按照目录显示的栏目在每一个栏目下放置相应的精彩内容。

（4）结尾板块，可以设置"日报档案"栏目，即将之前的日报链接做成合集，方便社群成员查阅。

以上内容整理完成后，即可按需设计一个日报模板，将内容展示出来。

（四）日报的阅读

为了方便社群成员查找和阅读，社群运营者可以为日报设计固定的栏目名称和固定的推送时间，并做出阅读引导。

1. 在指定时间发送

早报的发送时间一般是早上 7：00—9：00；午报的发送时间在中午 12：00 左右；晚报的发送时间是晚上 9：00—10：00。

例如，秋叶大叔的"和秋叶一起学"在每天早上 7：30 发布日报，个人品牌 IP 营"每日一问"的发布时间是每天中午 12：00 左右，写作特训营在每天中午更新前一日的群聊精华。

2. 做出明确的阅读引导

不管是什么类型的日报，都需要有明确的阅读引导。例如，个人品牌 IP 营就是在群公告中以"群聊精华入口：链接地址"的形式做出阅读引导。

任务活动 2：社群日报的策划与运营

1. 日报的分类

_____

_____

_____

2. 日报内容的筛选方法

_____

_____

_____

3. 日报的整理内容

_____

_____

_____

4. 日报的阅读时间与引导

_____

_____

_____

三、社群分享活动的策划与运营

社群分享活动是比较常见的社群活动，一般社群运营者先规划每周的 1～2 个主题，然后邀请不同社群成员或社群外的"大咖"来做分享，每次分享的时长为 1～2 小时。在分享时，社群成员可以一起参与讨论，在集体讨论中，社群成员会产生一种身份认同感，从而在心理上更加认可社群的价值。

要想策划与运营一场社群分享活动，需要考虑以下几个方面的事项。

（一）寻找合适的社群分享人员

一般情况下，社群分享的方式主要有 4 种：社群运营者定期分享、"大咖"嘉宾"空降"社群分享、内部优秀社群成员轮流分享、社群成员的独家经验总结分享。不同的人做分享，社群运营者需采取不同的策划与运营方式。

1. 社群运营者定期分享

社群运营者定期分享，很容易得到社群成员的认可。不过，这种分享机制对社群运营者的要求很高，社群运营者需要有极高的威望，有号召力，且有源源不断的分享主题和充足的分享时间。

2. "大咖"嘉宾"空降"社群分享

"大咖"嘉宾"空降"社群分享，即请社群外的"大咖"或专家来分享。社群运营者需要在分享活动开始前几天就让分享嘉宾做好准备。有的分享嘉宾是社群运营者的长期合作伙伴，也有的分享嘉宾可能是突然收到邀请的"大咖"，与社群运营者并无太多交情。不管邀请的分享嘉宾与社群运营者的熟悉程度如何，这种外部嘉宾"空降"社群分享的模式都要求社群运营者有足够的人脉关系，能请来各路嘉宾"捧场"；或者社群有足够的能量吸引嘉宾来进行分享。

3. 内部优秀社群成员轮换分享

如果社群成员的势能都很高，可以让社群成员在社群内做分享。例如，秋叶系社群个人品牌 IP 营是一个藏龙卧虎的社群，这个社群里可以做干货分享的人有很多。因此，个人品牌 IP 营的分享人员从社群成员中选择即可。

4. 社群成员的独家经验总结分享

在社群分享活动中，社群成员喜欢看的往往是某一方面的经验总结。而要满足社群成员的需求，就需要有实际经验且成果丰富的人来做分享。例如，在个人品牌 IP 营中，因为橙为社群创始人邻三月每次策划在线训练营都非常成功，所以她可以在社群内做相关专题分享。

（二）策划分享活动的环节

社群分享是提升社群活跃度的有效方式之一。要做一场社群分享活动，需要考虑以下几个环节。

1. 提前准备

对于经验分享或专业知识分享，社群运营者需要先邀约分享者，请分享者就话题准备素材，并提醒分享者在指定时间内提交分享材料。同时，社群运营者要提醒分享者应该分享对大家有启发的内容，而不是只想借着分享的机会宣传自己。对于没有在社群内分享过的分享者，社群运营者需要提前检查他分享的内容的质量是否合格。

而对于话题分享，社群运营者需要提前准备话题，并就话题是否能引发大家讨论进行评估；也可以让大家提交不同的话题，由社群运营者进行选择。

2. 反复通知

如果确定了分享时间，就需要在社群内反复通知几次，提醒社群成员按时参加，以免有的社群成员错过。如果分享活动特别重要，社群运营者还需采取"一对一"私聊的方式进行精准通知。

3. 强调规则

每次在分享活动开始前，社群运营者都需要在社群内强调规则，这是为了避免在分享过程中，新加入的社群成员因不了解规则而在不合适的时候插话，影响嘉宾分享。

如果是在 QQ 群中分享，社群运营者可以在说明规则后临时禁言，避免规则提示被很

快地"刷"掉。

4. 提前暖场

在正式分享前，社群运营者应该提前取消群禁言，或者主动讨论一些轻松的话题，营造交流氛围。一般社群内在线的人越多，消息滚动的速度越快，越容易吸引更多的人围观。

5. 介绍分享者

在分享者出场前，主持人需要介绍分享者的专长或资历，并提醒大家进入倾听状态。

6. 引导互动

不管采用哪种分享模式，都有可能出现冷场的情况，所以分享者和主持人要提前制订引导互动的计划，而且要耐心等待，因为有的人在手机上打字的速度较慢。

一般情况下，社群运营者需要提前安排几个人负责引导互动。当在分享过程中发现互动气氛不足时，可以让安排好的人说一说提前准备的问题或看法，进行"你一言我一语"的讨论，这样就容易调动互动气氛。

7. 随时控场

若在分享过程中有人干扰，或者讨论与主题无关的内容，这时主持人需要与其私聊提醒，引导这些人遵守社群规则。

如果是在 QQ 群中分享，直接"小窗"沟通就很方便，必要时还可以用禁言的方式强制控场。但如果是在微信群中分享，操作起来可能会麻烦一些；而如果直接在群内提醒又会干扰分享者的发言。因此，社群运营者需要提前制订控场计划，安排合适的人员应对突发事件。例如，用特定内容"刷屏"控场，提前添加所有社群成员为好友，监控群内的情况，将干扰分享的社群成员临时"踢出"等。

8. 收尾总结

分享活动结束后，社群运营者要引导大家就分享内容做总结，鼓励他们在微博、微信朋友圈分享自己的心得体会。这样，分享的内容就可以体现出社群价值，也可以成为传播社群品牌的关键。

9. 提供福利

如果在分享活动结束后，向做出总结的优秀社群成员、用心参与的社群成员提供一些有趣的、有用的小福利，那么社群成员就会更加期待下一次分享活动。

10. 打造品牌

在分享活动结束后，社群运营者可以将分享的内容整理后在微博、微信等新媒体平台上发布、传播。这样，社群就可以通过频繁的分享活动来提升品牌影响力。

（三）制定分享活动的检查清单

依据分享活动的 10 个环节，社群运营者可以制定分享活动的检查清单，如表 5-1 所示，以确保活动的顺利开展。

表 5-1　分享活动的检查清单

序号	环节	准备要素
1	提前准备	邀约分享人
		内容沟通与审核
2	反复通知	确定分享时间
		群中通知的话术
3	强调规则	规则设计
		规则提示的话术
		小助手分工
4	提前暖场	暖场话术
		话题引导
5	介绍分享者	分享者资历、头衔、作品等相关介绍
		分享者照片或海报
		分享者具有代表性的文章或视频链接
6	引导互动	热场话术
		提前安排人互动
7	随时控场	制订控场计划
		提前添加好友
8	收尾总结	本次分享总结
		微信朋友圈、微博传播
9	提供福利	福利准备
		福利活动设计
10	打造品牌	将本次分享整理成文章或音频并在相应平台传播
		分享活动系列化

（四）组织一场有效的分享活动

在此，以微信群为例，系统地介绍如何组织一场有效的分享活动。

1. 分享准备时

分享之前，社群运营者需要做好一些准备工作，包括人物角色、话题策划、预告文案、互动话术、时间预设 5 个方面的内容，具体如下。

（1）人物角色。在一场分享活动中，社群运营者需要设置 3 个人物角色：组织者、主

持人及配合人。

组织者：如果现在有人提出一个好的话题，并由自己担任本期分享活动的组织者。

主持人：主持人的能力将直接影响活动的效果，因此不能随便找人担任主持人；在活动开始之前，主持人要做好充分的准备，了解各个环节，以更好地把控现场。

配合人：如果主持人是第一次主持，没经验，则需要一个有经验的人全程参与；一旦出现意外情况，配合人可以及时提供帮助。

（2）话题策划。每一场分享活动的流程可以固定，但话题则不同，需要认真策划。话题的选择基本上决定了分享活动的活跃度。所以，在策划话题的过程中，社群运营者需要遵守以下几个原则。

话题不能太宽泛、太沉重，要简单、易讨论，让社群成员可以随时参与。推荐好歌、好观点、好文章都是好话题。

设计话题的时候，可以考虑让社群成员多分享有益的经验，尽量避免分享自己做过的不好的事情，否则参与度很难提高。

话题设计要有情景感、参与感，如果是社群成员经历过的事情，他们就会积极地参与讨论。在秋叶系社群中，有一期分享的话题是期末备考的方法，社群成员的参与度就很高。

话题可以结合热点，更容易引发讨论。秋叶系社群有一期话题是如何在微信朋友圈投放广告，在这一期的互动讨论环节，大家都表现得特别活跃。

话题需要能调动社群成员的能动性。例如，"你的故事大家听""你的困难大家帮""你的作品大家赏"等类型的话题就能很好地调动社群成员的能动性。

对于社群成员不熟悉的话题，尽量采用封闭式提问方式；如果是社群成员耳熟能详的话题，则可以采用开放式提问方式。不同类型的话题应区分提问方式，这样可以让社群成员迅速找到回答问题的方向。

话题应只围绕一个方向深入讨论，这样更容易展开。

需要考虑话题的分享时段。有的话题虽好，但分享的时间不对，也会反响平平。例如，关于"整理"的话题，如果在放假期间分享就不太合适，但在开学或者临近考试的时候，大家就会意识到整理的重要性。

（3）预告文案。确定好话题之后，就要写预告文案，即在社群内说明即将进行一场分享活动。那么，预告文案需要包括哪些内容呢？下面是一个预告文案模板，可供参考。

标题：第××期分享来啦！

分享主题：这一期的分享主题是×××。

分享者介绍：关于分享者的简介，要侧重介绍其跟分享主题相关的内容。

分享主题的价值体现：提出跟分享主题相关的信息或问题，以体现分享价值。

分享时间：分享时间尽量安排在非工作时间，如星期五 20：00—21：00

邀约结尾：邀请大家参加的文案，如"期待大家来交流！欢迎大家对这次交流过程进行记录、总结、分享"。

（4）互动话术。社群运营者需要按阶段准备互动话术，可参考如下内容。

开场：一般情况下，在开场阶段只需将预告文案重新发一次即可。

过渡阶段：即几个问题之间的衔接，需要考虑怎么说才可以让大家及时结束上一个问题的讨论，进入对下一个问题的讨论。根据经验，比较自然的过渡方式是，主持人先简单总结对上一个问题的讨论，再加上自己的看法，接着再引出下一个问题。

提醒"刷屏"者：在分享过程中，可能会有人进行和主题无关的"刷屏"，如果分享的时间较长，可以允许社群成员发送少量的无关信息，但发送的无关信息渐多时，主持人则需要委婉地提醒"刷屏"者。

观点提醒：当有人说出比较偏激的消极观点时，主持人也需要委婉地提醒该社群成员，并巧妙地转移话题。

结尾：主持人以积极的话语对本场分享进行总结，并顺势引导社群成员进行记录、分享。例如，"今天的分享就要接近尾声了，大家的表现说明大家都在积极地思考。我相信就算是来不及'冒泡'的同学看见大家的讨论也一定会收获颇丰。如果觉得意犹未尽，你可以根据大家的讨论找其他同学'小窗'再聊。另外，欢迎大家对讨论过程中出现的好的故事、疑问、观点等进行记录、总结、分享"。

（5）时间预设。在整个分享过程中，社群运营者要把握以下 3 个关键的时间点。

通知时间。确定好分享的主题，并写好预告文案之后，接下来就要发布预告，告诉社群成员什么时间来参加讨论。一般需要进行 3 次通知：分享的前一天晚上、分享当天的早上，分享开始前一小时。这 3 个时间段是比较合适的通知时间。

互动时间。在每次的分享中，都需要注意明确互动时间，并提前提醒主持人、分享者安排好时间，以避免耽误互动问答。

不同问题的讨论时长。一般来说，每个问题的讨论时长为半个小时，如果大家对某个问题的讨论很热烈，主持人就可以适当延长对该问题的讨论时间。如果大家对上个问题的反应较为冷淡，则可以减少该问题的讨论时长，提早进入对下一个问题的讨论。

2. 分享进行时

在分享过程中，社群运营者要注意把握以下 3 个方面的内容。

（1）基本过程。若已经做了充分的准备，整场讨论就基本可以按照互动稿上面的内容进行，不过也需要注意根据情况进行适当变动。如一个问题的讨论时长是 30 ~ 40 分钟，可以视情况进行适当延长或缩短。

（2）引导互动和及时分享。如果发现缺乏互动，社群运营者需要提醒安排好的人出面引导，带动气氛；如果出现大量发言，社群运营者需要快速阅读发言内容，并挑选出优质发言，及时将其分享到其他群。

（3）禁言。在结束对上一个问题的讨论，进入对下一个问题的讨论时，或者有重要的事情要通知时，社群运营者需要及时开启禁言，避免因为社群成员过度"刷屏"而导致重要的发言被"淹没"。

3. 分享结束后

分享结束后，社群运营者需要做好发言总结和活动总结。

（1）发言总结。发言总结，即对本次分享活动的发言进行汇总。基本格式如下。

标题（第 × 期分享·分享主题）

分享组织者：×××

分享时间：×××× 年 × 月 × 日 ×× : 00—×× : 00

分享内容：即对发言的总结

汇总完发言之后，可以修改汇总文档的标题，参考群共享中已经上传的文件，以便与前面的分享同步。确认无误后，再将汇总文档上传到群共享，同时在社群里发布通知，提醒大家及时阅读。

（2）活动总结。活动总结，即对本次分享活动进行总结。总结时要考虑几个问题：如果整场分享活动很成功，原因是什么？如果不成功，原因又是什么？应该如何去改进？总结结束后，将其发到由该分享活动的工作人员组成的管理群中和大家一起分享，供大家参考，然后吸取一下大家的意见，为下一次的分享活动积累经验。

任务活动 3：社群分享活动的策划与运营

1. 合适的社群分享人员

_____

_____

_____

2. 策划分享活动的环节

_____

_____

_____

3. 制定分享活动的检查清单

_____

_____

_____

4. 组织一场有效的分享活动

_____

_____

_____

四、社群打卡项目的策划与运营

打卡，原是指企业工作人员上下班时将考勤卡放在磁卡机上，以记录到达和离开企业的时间的行为。在网络上，打卡多用来表达正在为养成一个好习惯而努力，而社群打卡就是社群成员为了养成某个习惯而在群内公开承诺并持续执行的行为。

个人在社群内打卡，往往更容易养成一个好习惯。因为在社群内打卡，意味着一种公开的宣示和承诺，意味着其为了养成某习惯而准备接受社群成员的监督，代表"认真执行"的态度。

而对社群来说，全体社群成员共同为实现一个相同的目标打卡，既能提升社群的活跃度，也能增强社群的凝聚力，还能借助合适的打卡项目输出高价值的内容。

（一）社群打卡的策划要点

要策划一个有趣的社群打卡项目，需要从打卡氛围和主题两个方面着手。

1. 营造积极的打卡氛围

在社群中要让诸多社群成员针对某个项目持续打卡，除了需要社群成员具备较强的自制力外，社群运营者还需要营造积极的打卡氛围。而要营造这一氛围，需要策划 5 个关键要素，具体如表 5-2 所示。

表 5-2　营造打卡氛围的 5 个关键要素

关键要素	方法
榜样	每期都选出表现优秀的参与者，引导他们以优秀"学姐""学长"的身份参与下一期的打卡项目，使之成为参与新一期打卡项目的社群成员的榜样。
信心	社群成员互相点评、评分，让所有人都及时获得反馈，从而得到继续坚持的信心和动力。

续表

关键要素	方法
竞争	以小组的名义进行成果比赛，胜出的小组可以获得特定荣誉，如"先锋组"；所有社群成员也进行个人成果比赛，胜出者可以获得个人特定荣誉，如"个人先锋"。
情感	鼓励社群成员积极表达，如讲述自己在某一段时间内坚持打卡的故事和收获。
文化	设定促使社群成员行动的打卡文化，如"先完成，再完美""做一个极致的践行者""让自己变得更好"等。

2. 策划参与度高的主题

打卡的方式有很多，社群运营者需要根据社群成员的需求策划参与度高的打卡主题。常见的打卡主题和打卡内容如表 5-3 所示。

表 5-3　常见的打卡主题和打卡内容

打卡主题	打卡内容
早起	在群内任意发布一个与早起有关的打卡项目，可以是早起做早餐、早起锻炼、早起学习、写晨间日记等。
阅读	在群内发布一项阅读内容，可自由选择阅读书籍，可利用"拆书"、提炼金句、写读后感等方式做阅读输出。
画画	在群内发布与画画有关的内容，如以群内任意一人的微信头像作画，简笔画、素描、彩铅画、水彩画、油画皆可，画风不限。

以 15 ~ 30 分钟的"语音分享"的方式轮流在群内分享，分享内容可以是图书、电影、掌握的某种有用的技能、生活技巧等。

每天在群内分享自制美食的相片，并用文字描述烹饪过程，大家互相评分。

社群成员在读完书、听完课之后，思考有哪些内容是自己用得上的，以及该怎么去用，然后根据自身实际情况列出清单，并发到群内。

（二）社群打卡的运营要点

很多社群为了提升社群活跃度，使用了早起打卡或任务打卡的方式。在社群发展早期，打卡可以激活社群，营造互相激励的氛围。但是，随着社群的成长，打卡的人越来越少，其活跃社群的作用自然也越来越弱。那么，社群打卡应该怎样操作才能延长新鲜期呢？做好社群打卡项目的运营，需要注意以下几点。

（1）打卡项目应有一个大家感兴趣的主题，如一起背单词、一起早起、一起晨跑等。如果打卡主题不是大家感兴趣的主题，自然就难以形成"我们要一起打卡"的社群氛围。

（2）打卡项目要简单可操作。有的社群鼓励每个人早起念一段英文，这个项目看起来简单，其实难度很大。首先，早上这个时间段对很多社群成员而言不是参与社群活动的合适时间，因为早上时间紧张，对于上班或上学的人来说，压力比较大，也不方便随时拿出手机来操作。其次，社群成员要提前准备一段英文，还得朗读出来并制成音频，再发到微信群，操作起来较复杂。

（3）打卡项目要尽量有交互性，让大家乐于参与。有的社群让每个人早起用一句话表达今天的心情。这个要求虽然不高，也没有什么限制，但有的人就是写不出来，并且交互性不强。如果把早起"晒"心情改成"晒"今天让你心情变好的事情，如"晒"今天的美妆、今天的晨光、今天的早餐、今天给宝宝穿的衣服等，顺便加一句引导互动的话语，就能引起其他社群成员的互动。

（4）打卡的形式可以多元化，不一定要强调人人打卡。例如，在"雨滴种草群"中，大家每天都主动回复每日一问，这也是一种打卡形式；又如，在李忠秋老师的结构思考力社群中，大家每天都坚持用李忠秋老师讲的方法结构化地总结今天的工作，这也是一种打卡形式。

（5）打卡也可以错时进行、默默参与。一些工作繁忙的人往往做不到每天在指定的时间打卡。对于这样的人，社群运营者可以先引导他们每天都进群看一看，这其实也是一种有益于社群的打卡方式。例如，在拥有很多企业家的社群中都有小助手做"新闻早知道"栏目，内容组织得很好，很多企业家早上有空顺便看一看，他们并不在群里说话，这个栏目表面上参与度不是很高，但实际上它是一种借助群扩散的微媒体，只要内容整合得当，社群里的人就会坚持看，如果突然不更新了，他们就会出来问："今天的新闻怎么没有了？"当然，"新闻早知道"模式，只有在主题明确、社群运营者能够围绕这个主题搜集及编写优质行业信息的社群中，才能被用来培养社群成员的阅读习惯。

（6）积极参与打卡的社群成员需要被激励。有的人打卡积极，有的人打卡不积极，有的人需要激励才愿意参与。有的打卡平台支持社群成员互相为彼此的打卡点赞，做打卡排行榜，这就是把游戏化思维引入打卡的体现。

此外，要想让每个人都愿意参与打卡，还需要在打卡方法上不断创新。例如，可以在每天打卡的人中按某种随机规则翻牌，给翻到的人发福利；可以给打卡天数达标的人发一枚社群勋章或发一个红包等。

任务活动 4：社群打卡项目的策划与运营

1. 社群打卡的策划要点

_____

_____

_____

2. 社群打卡的运营要点

_____

_____

_____

五、社群在线联欢活动的策划与运营

当社群运营一段时间，形成比较活跃的氛围后，社群运营者可以考虑在线上组织一些大型联欢活动，以进一步增强社群的凝聚力。特别是对于有服务期限的学习型社群来说，社群运营者在服务期结束前几天，组织一场在线联欢活动，可以起到很好的打造口碑的作用。

社群运营者可以结合一些特别的节假日，在群里开展一些社群成员联欢活动，让社群成员展示出自己的另一面，以增进彼此之间的了解，如个人品牌IP营的"线上春节晚会"。社群运营者也可以根据社群的属性，把一些综艺节目"搬"到社群里来，例如，风靡一时的《超级演说家》《奇葩说》《开讲了》等热门综艺节目引发"演讲热""辩论热"的时候，剽悍行动营就组织了以演讲为主题的"Talking演讲争霸赛"、以辩论为主题的"DDMaster争霸赛"等全营级竞技类特色活动，以帮助大家巩固学习成果。

在此仍以个人品牌IP营的"线上春节晚会"为例，介绍如何策划和运营一场在线联欢活动。

（一）个人品牌IP营的"线上春节晚会"

如果社群的联欢活动都放在线下举办，成本会很高，组织难度也较大。如果借鉴"春节联欢晚会"这样的形式，把联欢活动放在网上举办，情况就不一样了。

在某年年底，个人品牌IP营2期刚好结束了3个月的新鲜期，个人品牌IP营的社群运营者就思考是否可以利用春节这个契机，举办一场全国社群首次"线上春节晚会"。

举办"线上春节晚会"时没有先例可循，没有成功经验可以借鉴。个人品牌IP营的社群运营者面临的挑战是巨大的。这一系列问题都需要自己去寻找答案：节目从哪里来？如何控制成本？如何在单一的微信群中举办多元化的活动？如何策划多样化的互动形式来吸引社群成员积极参与？采取什么样的表现形式可以达到更好的娱乐效果？个人品牌IP营的社群成员、有多年线下媒体活动组织经验的孙莉蔓想到一个办法：个人品牌IP营2期有近500名成员，可以采用"众筹"的方式解决节目来源的问题，而且社群成员表演节目的顺序可以借鉴微信创始人张小龙提出的"用完即走"理念，该理念可理解为"随时集结，来之就演，演完就走，想留就留"。

通过这个办法，个人品牌 IP 营在短短一个月内众筹了 40 多个节目。在除夕夜，社群成员齐心协力完成了一场社群"线上春节晚会"。参与的社群成员超过 95%，全程参与的人数超过 300 人，组委会共发红包 88 次，全场红包数保守估计在 2000 个以上，且大部分红包是社群成员为感谢"线上春节晚会"组委会精心策划了这场晚会，营造了浓厚的联欢氛围而发的。联欢活动的最后一幕是全国 10 个"分舵"社群以真诚祝福、温暖的笑容，向个人品牌 IP 营的社群运营者、社群成员拜年。

（二）在线联欢活动的运营步骤

这场"线上春节晚会"的运营过程分为以下 4 个步骤。

1. 成立社群"线上春节晚会"组委会

为了打造这场首届社群"线上春节晚会"，社群运营者和热心社群成员根据组织线下联欢活动所需要的组织构架，成立了个人品牌营"线上春节映会"组委会，并单独建群，明确了组委会成员的具体分工，要求组委会成员在"线上春节晚会"开幕过程中全程在线，另有 29 名个人品牌 IP 营成员主动加入"线上春节晚会"组委会。在孙莉蔓的带领下，组委会按导演组、宣传组、执行组、奖品组、记录组分工合作。导演凯珊每天在组委会群内通报各组的筹备进度，秋叶大叔、萧秋水、第三月社群核心成员全力出谋划策。

组委会构成：组委会任命了 2 名组委会会长、1 名技术顾问、1 名总统筹、2 名主持人、1 名组委会秘书长，同时设立了 5 个小组分别负责具体的事项。

（1）导演组：负责整体晚会的创意、串联、呈现，审核内容（节目）和形式（抽奖与互动）；其中，1 名现场导演专门负责维护晚会的"现场"秩序。

（2）宣传组：负责晚会的宣传；对内的宣传渠道是微信公众号和社群；对外的宣传渠道是微博和微信朋友圈。

（3）执行组：主持人 2 名，催场人 2 名，抽奖人 2 名。

（4）奖品组：为加强社群成员之间的互动，由奖品赞助者和得奖者协商领奖方式（自提或邮寄），奖品组主要负责统计、联络、反馈等工作。

（5）记录组：建立调度中心（组委会群）、演员后台（表演者群），每天统计并汇报工作进度，并负责记录整场晚会。

在此分享一个小经验：在执行过程中，可以采取群内接龙的方式降低统计和沟通成本。个人品牌 IP 营"线上春节晚会"的口号、表演节目、奖品都是通过群内接龙的方式快速确定的。

2. 众筹适合在线表演的节目单

线上社群这一虚拟化的舞台，极大地增加了表演者的表演难度，并对节目的呈现方式提出了更高的要求，组委会在社群中征集了歌曲演唱、诗歌朗诵、精彩小视频、在线猜

谜等节目。

组委会首创"线上后台""线上彩排",对每个节目进行多次彩排,并尝试分析观众的感受,最终确定最优方案。晚会当天,组委会借助喜马拉雅 FM、全民 K 歌、荔枝 FM 等多个平台对应呈现相关的节目,确保社群成员在微信群里能欣赏所有节目,避免了在不同平台之间跳转导致注意力转移的问题。组委会对整场晚会的所有环节都提前进行了 5 次以上的排练,力争每个环节环环相扣,并针对突发情况设计了多种紧急备用预案。组委会群策群力,制作了如下类型的节目。

趣味配音短视频,如经典视频再配音、魔术表演短视频、才艺表演短视频。

在线"K 歌":可以现场在微信群内演唱,也可以提前用各种软件录制好播放。

各地方言模仿秀及社群成员语音模仿。

两地或多地多人合唱或合作诗歌朗诵。

全国各地社群成员祝福视频。

有奖竞猜:表情包猜成语、名字接龙造句、"大咖"投票结果竞猜等。

幸运大抽奖,礼物由社群成员提供。

组委会针对每个节目提前设计了节目背景介绍、表演者故事、节目花絮等备用内容,用来衔接各个节目,活跃现场气氛。

3.提前暖场

很多社群成员平时不太喜欢被打扰,不会及时留意群消息,而且活动时间定在除夕夜,如何让社群成员在全家团聚的时刻,在线参与社群的活动呢?

首先,消息知晓率需达到100%,让每个社群成员知道有"线上春节晚会"这个活动。组委会按一定的节奏组织晚会口号投票征集、节目征集、赠礼接龙、文案及海报推送。在一波又一波消息的推送中,每个社群成员都反复接收到"个人品牌 IP 营要举办线上春节晚会"的信息,并强化了"我要去参与"的念头。

其次,"线上春节晚会"组委会推出了新闻发言人,每日发布"线上春节晚会"进展;还推出了"全民推广线上春节晚会计划",用九宫格海报、长图、单图、长文等形式,在微博、微信公众号、微信群、微信朋友圈等掀起一波又一波的"刷屏"式宣传。

归纳起来,暖场的方法有以下几种。

(1)发布倒计时海报。

(2)提前剪辑幽默祝福视频,定时推送。

(3)提前安排奖品海报,每天抽奖预热。

(4)发布正式节目单和表演名单海报预热。

(5)"线上春节晚会"新闻发言人每天在社群发布最新消息、发红包预热。

（6）通过社群的官方微博、微信公众号发布相关信息。

4. 强化控场

线上活动和线下活动一样，需要社群运营者严格控场，确保表演者提前在线，控制表演时间，以及活跃气氛。"线上春节晚会"最吸引人的地方不在于"看"，而在于"玩"，所以在"线上春节晚会"设计的过程中，组委会更多地围绕"有趣""好玩""互动性强"这几大关键词来思考方案。

为了确保联欢活动举办成功，组委会做了以下安排。

（1）提前安排多轮线上彩排，包括单节目小彩排、按环节类别彩排和全程大彩排，这些彩排都在组委会群中进行。

（2）组委会要求节目表演者在节目表演前后的30分钟内一直在线；社群运营者一对一邀请与表演者关系密切的两位朋友捧场，此环节保障了每个节目在表演时都有约100人实时参与。

（3）组委会请表演者自己设计互动方案，在表演时给大家带来有惊喜的互动。

（4）组委会安排专人在节目中场期间发大红包活跃社群气氛。

（5）为了避免互动"剧屏"影响节目效果，整场节目评论要求发布在一个微信小程序中，组要会安排专人负责挑选可能让大家开怀一笑的评论，并让其"上墙"。

（6）组委会委托善于制作表情包的社群成员为"线上春节晚会"制作专属表情包，随时发到群中。

（7）组委会为本场晚会设置了主、副主持人。主主持人负责控制晚会节奏，每个节目都分配了专门的副主持人，他们负责播放节目、推送用于讨论的小程序，以及引导大家讨论，以活跃气氛。

（8）组委会还提前准备了很多应急预案。例如，让表演者预留手机号，便于应急联系；对重要节目准备了录播，以防表演者因为所在地的网络问题无法及时在线；如果表演者不能及时出现，还准备了互动游戏；对所有资料都进行了备份，若发生意外，导演组和执行组可以使用备份资料。

5. 锦上添花的小游戏

下面分享几个在"线上春节晚会"中锦上添花的互动小游戏。

（1）趣味抽奖。当个人品牌IP营要组织"线上春节晚会"的消息发出去以后，就有社群成员主动提出愿意赞助奖品，此想法得到了很多社群成员的响应。据初步统计，短时间内共征集到1436份奖品，奖品覆盖率达到200%。这些奖品自带个人品牌IP营的特色，如Angie的28天时间管理特训营名额、李忠秋老师的21天改变思维训练……还有具有地方特色的或新奇有趣的奖品：狗不理包子礼盒、神秘的苏州美食、东北豆包酸菜和粉条、

精选进口葡萄酒……

社群成员共计 493 名，这次活动却有 1436 份奖品，为了公平、有效地分配奖品，组委会想到了抽奖分配。最后确定的抽奖分配方案如下。

·保证每一位社群成员都将免费获得一份奖品。

·保证有付出的人优先选取：表演者、组委会和小助手团可以优先选取奖品（若有多重身份，只可领取一份）。

·晚会积极互动者抽奖：在"线上春节晚会"当天的多个时间段，定向投放 200 份奖品，任何人都可以参加抽奖。

·预热和节后狂欢抽奖：在除夕夜、正月初二、正月初三晚上，都安排了大约半个小时的抽奖互动，每次发放 50 份奖品。

（2）投票征集"线上春节晚会"口号。"线上春节晚会"口号由个人品牌 IP 营的全体成员投票选取，社群"大咖"有一次"以 1 抵 10"（1 票 =10 票）的投票机会，全体成员投票结束以后，组委会统计票数，得到投票结果，确定投票结果的公布时间。在投票结果公布当天，以竞猜的方式引导社群成员互动，猜中最终口号的人可获得红包奖励。

你的名字我知道。每个人用除了自己以外的任意一位或几位社群成员的名字或昵称造句：句子需用到对方的名字或昵称，但不能当人名使用，以鼓励社群成员互动。

任务活动 5：社群在线联欢活动的策划与运营

1. 举办个人品牌 IP 营的"线上春节晚会"

_____

_____

_____

2. 在线联欢会的运营步骤

_____

_____

_____

六、社群表彰大会的策划与运营

很多人之所以喜欢待在社群里，是因为在优质社群里总能看到别人的进步，从而激励自己。所以，社群运营者除了平时及时肯定为社群做了贡献的社群成员之外，还应该集中召开社群表彰大会，增强社群成员对社群的认同感。

那么，如何召开表彰大会呢？需要做好3个方面的工作：评选维度、记录和统计、表彰大会的运营。

（一）评选维度

社群表彰成员评选的依据应该围绕社群成员进步、促进社群成员情感连接和参与活动、分享有价值的经验、社群成员发生特别值得恭喜的大事4个维度来统计。例如，在个人品牌IP营，以下这4个维度在月度总结中要特别统计。

（1）社群成员进步。发现社群成员获得的新成绩，如开发了微课、出版了新书、成功开设了线下培训课程等，这都是重点表彰的内容。

（2）促进社群成员情感连接和参与活动，如为社群成员谋取了福利，为社群成员提供帮助，在线上、线下组织社群成员积极参与活动等。

（3）分享有价值的经验，如向社群贡献的金句最多，积极参与每月活动，主动向社群成员分享有价值的经验等。

（4）社群成员发生特别值得恭喜的大事，如社群成员结婚、生子等人生大事、喜事。

（二）记录和统计

表彰大会是有固定的开展频次的，如一月一次。因此，社群运营者需要在平时做好表彰人物的信息记录和统计，具体步骤如下。

（1）根据社群聊天记录、社群成员发布的微信公众号文章或微信朋友圈动态等搜集表彰内容素材。

（2）在表彰大会召开前一周，在群内通过表单的形式收集社群成员的成果事件，避免遗漏。

（3）在表彰大会召开之前，对所有表单素材进行复核。

（4）当事人是否愿意曝光等都需要和当事人确认。

完成上述步骤工作之后，才能确定当期表彰大会上要展示的素材。

（三）表彰大会的运营

为了顺利召开表彰大会，社群运营者需要做好以下几个方面的工作。

提前制定月度表彰主题，所有内容的呈现都可以围绕这个主题展开。

表彰大会也需要准备主持人串词、"大咖"表彰词、表彰奖状，以确保各个环节紧张有序，总时长控制在1小时左右。

需提前通知被表彰人在线，但可以不告诉他们活动的什么奖项，给他们惊喜。表彰后请他们现场发表感言，这样做的目的有两个，一是要激励更多社群人员，二是给表彰者一个表达感谢的机会。

表彰大会开始前 3 天发布预热海报，吸引更多的人在线参与。

现场要安排人控场，随时准备"@ 被表彰的人"。

表彰奖项公布后，需要把设计好的奖状私发给当事人。这样做的目的有两个：

一是给当事人荣誉感和仪式感；二是很多人会将奖状转发到朋友圈，从而扩大社群的影响力。

一次表彰大会不可能表彰所有有成绩的人，如果发现有遗漏，需要及时安抚被遗漏的社群成员。

总之，召开表彰大会的主要目的是借助榜样的力量激励社群成员积极参与群内活动，增强社群成员对社群的认同感。如果是一个长期运营的社群，一个月或两个月召开一次表彰大会比较合适。因为若一个季度召开一次，时间间隔太长，不足以持续激励社群成员；而若一周召开一次，可能表彰的成绩有限，缺乏内容。但短期运营的训练营也许预设运营时间都不足一个月，如 21 天训练营或更短的 7 天训练营等，这时社群运营者只需要在运营时间末举行表彰大会即可。

任务活动 6：社群表彰大会的策划与运营

1. 社群表彰人员的评选维度

_____

_____

2. 表彰大会的记录和统计

_____

_____

_____

3. 表彰大会的运营

_____

_____

_____

_____

七、社群的红包奖励策略

发红包也是活跃社群氛围的一个特别有效的方法。一些"死气沉沉"的社群，只要有人在群内发红包，社群的氛围一般立即就会活跃起来。不管是什么样的社群，社群成员一般都喜欢抢红包。

但是，在社群内也不能没有理由地随意发红包。发红包要因势利导，最好的发红包状态不是只有社群运营者发红包，而是社群成员互相发红包；社群运营者也不是给每个人都发红包，而是要把红包发给为增强社群凝聚力、品牌力、输出力做贡献的人。归纳起来，社群运营者在社群内发红包可以采用以下策略。

（一）设置发红包的规则

发红包的规则很多，常见的规则就是"先发红包再发广告"；或者红包接龙，抢到数额最大的红包的人接着发双份。在此分享一些比较有趣的发红包规则。

1. 分享红包

邀请一些社群成员做群分享，分享完让大家用红包评价——如果大家觉得内容有足够多的干货，就给分享者发小额红包以表示感谢。

2. 任务红包

例如，某学习分享群有这样规定："惩罚措施：每日没完成任务的社群成员发小额红包。奖励措施：社群运营者定期向未完成任务的社群成员收取小额红包，每月完成率为100%的社群成员平分红包。"

3. 禁言红包

社群内还有一种特殊的发红包规则，有的社群成员违反了规定被禁言，看到群中的交流非常活跃想插话，这时就可以主动发红包请求解禁。

4. 定向红包

例如，秋叶PPT团队在给平安QQ群做线上辅导时，规定谁完成了作业就给谁发定向红包。这种定向红包的特点是公开的，通过奖励优秀社群成员来激励其他的社群成员。

5. 含义红包

如果资金不多，只能发小额红包，那该如何让社群成员印象深刻呢？一个方法是，在节假日所有人都群发祝福时，社群运营者可以发数字有特殊含义的红包，如6.66元、8.88元。借着带有祝福意味的数字，哪怕只有1.68元，也会给人"礼轻情意重"的感觉。

（二）找个合适的发红包的理由

社群运营者发红包不能"任性"，需要有一个理由。

有的社群运营者每天早上发一个小额红包，美其名曰活跃气氛，最后导致一群人每

天早上默默抢完红包就走，而另外一群人可能会被每天早上抢到小额红包的发言打扰，然后愤然离群。因此，这样发红包是不合适的。

中秋节、国庆节、元旦、春节，在这些喜庆的日子发红包，大家花时间抢红包，互相说祝福，大家都开心。如果有喜讯、有好事、有"大咖"入群、有重要通知，发个红包活跃气氛，吸引大家的注意力，也是不错的方法。

在秋叶系社群里，秋叶大叔发红包，总是有合适的理由，具体如下。

@秋叶：大家现在禁言一下，我发5个69元红包定向感谢5位社群成员，以体现本群价值导向，大家看看都有谁？

第1个红包给颜敏：每天整理群分享，尽量让大家阅读更方便，辛苦了！

第2个红包给猫叔：充满正能量，还分享了好多干货。

第3个红包给Scalers：他的观点犀利，能启发大家思考，我们欢迎有深度的辩论，君子和而不同。

第4个红包给邻三月：她为了主持分享活动做了很多幕后工作。

第5个红包给蔬菜：我们鼓励他这种对群里发言做深度总结并将其在微信朋友圈分享和扩散的做法。

（三）选择合适的发红包方式

一般情况下，社群运营者发具有一定含义的红包，产生的效果更好。

（1）签到红包：新人入群可以发签到红包。

（2）喜事红包：自己有了开心的事情可以给每个人都发红包。

（3）抽奖红包：如手气最佳或第一个打开红包的人得一箱饮料。

（4）积极互动红包：如果需要社群成员回答问题，或者在社群需要暖场时有人回答一个问题，社群运营者就可以发一个奖励红包。

（5）专属喜庆红包：如在某人生日、结婚、生子、新媒体账号粉丝破×万时发的庆祝红包。

（6）感恩红包：社群里有人为自己答疑解惑，主动发专属红包，以表感谢。

（7）节日喜庆红包：在重要的节假日，大家主动发红包。

（8）加餐红包：如中午发个"加蛋红包"、晚上发个"夜宵加杯酸奶红包"。

（9）超出预期大红包：如有的社群成员分享了对大家来说特别受用的小技能，发一个大额红包激励他。

（10）私发红包：不在群里发，而是一对一私发红包表示感谢。

红包要变着花样发，大家才有新鲜感。大家在发红包的过程中，花样会越来越多，在这个过程中，大家的情感连接也会越来越强。毕竟，不喜欢的社群，谁愿意没事儿在里面发红包呢？

此外，如果总是社群运营者发红包供大家抢，大家慢慢会形成一种习惯，觉得就应该社群运营者发红包供大家抢，其实好的社群应该是大家互相发红包。

为了营造这样的氛围，社群运营者在个人品牌 IP 营内选了一些成员做打赏官，社群运营者主动给他们一些用来发红包的费用，要求他们看到好人好事时，在社群运营者没有注意到的情况下，主动给大家发红包。社群运营者需要邀请一些"高势能"的人做打赏官，也要安排一些相对"势能低"的人做打赏官。

（四）设置合适的红包金额和数量

社群运营者发红包的目的是活跃气氛，因而需要设置合适的红包金额和数量。

红包金额不能太小。因为抢红包也是要花费时间和流量成本的，人们抢到几分钱的红包时，懊恼感比惊喜感要更强烈。

那么，发大额红包好不好呢？一般而言，也不建议发大额红包。对不喜欢占别人便宜的人来说，无缘无故抢到大额红包，也是一种精神负担和压力。而且，在陌生人多的社群里，更不建议任性发大额红包，因为没有感情基础的红包，发得再多也换不来大家的喜爱。

因此、若只是为常见的事情发红包，金额就不需要太大。发红包时采取多人随机分配的方式，就可以活跃群内气氛。

到底要发多少个红包呢？红包的一个运营规则就是"抢"，一般不需要"人人有份"。假如一个群有 500 个人，让 50 个人抢到就已经很好了，没有抢到的人也多了一个话题，但是如果群规模很小，群内成员都是自己的朋友，这时就要做到人人有份。

（五）在正确的时间发红包

有的社群运营者发红包时不注意时间。例如，在工作时间发红包，红包就会被很多专注于工作的成员忽略。就算有人在工作时间抽空抢了红包，但打开一看金额较小，结果可能不仅没有抢到红包的喜悦感，还会因占小便宜耽误工作而懊悔，以后可能就不会积极参与抢红包，红包的激活效应也就无从谈起了。

经过观察和总结，一般在早上发红包的效果不好，因为大家马上要进入工作状态没有心情互动。而在中午和下午临近下班时、晚上 9 点后、节假日大家都空闲的时间发红包，效果会比较好。

而在夜间发红包要注意，临近睡觉的时间最好不要发红包，因为这样很可能会吸引很多睡不着的人参与发红包，然后大家一兴奋就更睡不着了，并且怕错过下一个红包，结果影响社群成员的正常作息。

如果要发通知红包，就先发通知信息再发红包，而且过一会儿要补发一次通知，否

则抢红包的消息会直接把通知"淹没"掉。

任务活动 7：社群的红包奖励策略

1. 设置发红包的规则

_____

_____

_____

2. 发红包的理由

_____

_____

_____

3. 选择合适的发红包的方式

_____

_____

_____

4. 设置合适的红包金额和数量

_____

_____

_____

5. 选择正确的时间发红包

_____

_____

八、社群的积分激励策略

设计积分体系是一种有效地保持用户黏性的策略。很多行业都会推出相关的积分制度与用户互动，如签到获取积分、消费累计积分、积分兑换礼物。社群也可以借用积分体系来维持社群的活跃度。社群成员对社群的关注、在社群中发言都是需要付出时间成本的，而社群成员付出时间成本后，需要获得正向反馈来完成这个动作的闭环。而积分体系就起着不断促使社群成员在社群中保持活跃的作用。

（一）积分体系的设计过程

如果希望通过积分体系刺激社群成员保持活跃度，那么，社群运营者就需要设置一些门槛、任务以刺激社群成员产生互动行为。当把这些门槛和任务细化到具体行为时，就能形成合理的社群积分体系。

基于这一思路，在社群中，积分体系的设计过程包括以下 5 步：制定积分获取规则、设置积分数值、设置积分的有效期、制订积分的消耗规则及设计积分排行榜。

1. 制定积分获取规则

（1）在新成员招募阶段。社群成员的自主分享，推荐是一个非常重要的新成员获取渠道。因此，在这个阶段可以发放较多的积分来刺激社群成员分享、推荐。

（2）在新成员入群阶段。由于新成员已经通过各种渠道进入社群，从而让他留在社群内，并保持活跃，是这个阶段需要考虑的主要问题。因此，社群运营者需要设计带有积分奖励的新手任务，引导他们快速熟悉社群的功能，了解社群的核心价值。通过完成新手任务获得积分是新成员第一次真正付出努力，并期望通过行动获得回馈的过程。由于新手任务对每个社群成员来说仅有一次，社群运营者需要通过积分奖励来吸引他们的注意力，所以新手任务和积分应当相辅相成，不能辜负新成员的期望。

（3）在社群成员留存阶段。社群运营者需要把关注点放到社群成员的关键行为上。也就是说，社群运营者在进行积分体系设计的时候，首先要对关键行为及环节排序，然后再进行积分的权重设计。例如，把社群成员的行为进一步细分为日常任务行为、核心任务行为、不定期任务行为等，并为不同的行为分配不同的积分数值。用高积分刺激核心任务行为，用能够持续领取积分的日常任务行为来提升社群成员的日常活跃度，同时用可以快速获取高积分的不定期任务的行为来增强社群的趣味性，这样社群运营者就可以完成社群成员留存目标。

（4）在社群成员价值激活阶段。社群运营者的目标是鼓励社群成员通过分享等方式在群内进行价值输出，为社群做贡献。这就需要罗列出分享内容和分享效果，经过排列组合后，再来制定积分获取规则。

2. 设定积分数值

积分数值从某种程度上看，其实是营销预算，因而不可盲目设定，需要计算出每个行为对应的分值，且计算出一个社群成员每日获取的积分上限，以及大概的分配和发放比例，然后再以此建立基础模型。

一般情况下，积分和实际货币有一定的兑换比例，一般是 10 : 1 或 100 : 1，这样的比

例可以让社群成员较为容易地意识到积分的价值。

3.设置积分的有效期

设计积分体系的时候，还需要注意设置积分的有效期，一般情况下就是自然年或自然月，社群运营者需定期提醒社群成员继续获取积分或消耗积分。

如果不设置有效期，社群成员在后期可能就会有很多积分，这将会导致两个方面的风险：首先是社群运营者无法预估社群的营销预算；其次是社群成员的积极性没有通过物质奖励或精神奖励及时得到反馈。

设置积分的有效期意味着积分要定期归零。定期归零意味着社群成员需要在指定的期限内消耗完所有积分，或兑换产品，或兑换优惠券。督促社群成员消耗积分的直接理由就是积分要过期了，从而引发他们产生"沉没成本心理""厌恶损失心理"。因此，积分的定期归零有助于销售产品。这也是一到月末或年底，销售产品类社群的销量就会暴增的原因。

当然，如果想要快速提高产品销量，社群运营者也可以在前期尽可能多地发放积分，并督促社群成员消耗积分。

4.制定积分的消耗规则

积分本就是为消耗存在的。有吸引力的消耗规则也能反过来增强社群成员获取积分的意愿。

积分对社群运营来说，其意义是激励社群成员，而对社群成员来说则意味着具有类似于货币的价值。因为足够的积分能兑换产品或代金券。从这个角度看，消耗规则是否有吸引力的关键在于社群成员能用积分兑换到什么样的产品，以及这些产品是不是他们想要的。

如果社群成员用积分兑换到了他们想要的产品，他们就会更愿意通过行为去不断地获取积分。所以，社群运营者可以通过构建积分商城的方法来完善积分的消耗规则。在积分商城中，社群成员可以兑换线下活动入场券、无门槛代金券、社群的相关产品，参加线上抽奖、慈善募捐，或者获得某些产品的使用特权等。

5.设计积分排行榜

用积分兑换产品可以看作物质奖励，而积分排行榜能触发社群成员的"比较心理"，起到精神奖励的作用。因此，在设计积分体系时，不妨也设计一个社群成员都可以看到的积分排行榜，以此来激发社群成员获取积分的积极性。

（二）积分体系设计的注意事项

社群运营者在设计积分体系时需要记住以下几点。

（1）积分是对活跃社群成员和潜在活跃社群成员的激励，而不是纯粹的福利。

（2）积分的获取必须是可控的，且是有上限的。例如，每天发言能获得的积分是有上限的。没有上限的积分获取规则，容易出现漏洞。当社群成员的总积分接近上限时，要有适当的机制刺激其消耗积分，以达到供需平衡。

（3）在日常运营中，要注意严格监控社群成员的积分变化，如果遇到一些不正常的积分变化情况，要及时进行干预，避免有人以不正当的手段"薅羊毛"。

（4）为了提升社群成员的活跃度，社群运营者可以适当地调整积分体系，但是不建议频繁地大幅度调整，否则会丧失社群成员对其的信任。

（5）积分不仅可以激励社群成员积极参与社群活动，还可以作为社群对社群成员的关怀和回馈，如生日关怀、加入社群的周年纪念礼物、节日的问候等。在这些时间点主动赠送社群成员更多的积分，能让积分体系的激励效果更明显。

总之，设计积分体系是社群活跃度运营策略，并不是所有的社群都需要设计一套积分体系，但对需要长期运营的社群来说，设计积分体系是必备的活跃度运营方式。

任务活动 8：社群的积分激励策略

1. 积分体系的设计过程

_____

_____

_____

2. 积分体系设计的注意事项

_____

_____

_____

九、处理群内争吵的策略

再友好的社群，偶尔也会出现争吵。有的争吵源于社群成员和社群成员之间的矛盾，社群运营者若处理不好，会影响社群成员对社群的看法。有的争吵是社群成员对社群运营者的不满，社群成员为此在社群里公开表态，若社群运营者太强势，会失去"民心"；若不强势，又控制不了局面。社群运营者需要尽可能地做好运营和服务，争取把争吵消除在萌芽阶段。当然，在现实生活中，人和人因为看事情的角度不同可能产生分歧。因此，社群运营者还需要掌握一些处理群内争吵的策略。

（一）社群成员之间发生争吵的处理策略

社群中发生争吵是很常见的。一般情况下，如果没有产生恶劣影响，社群运营者做好社群成员的情绪疏导即可。发生争吵的原因一般都不是什么原则性问题，只是社群成员一时情绪失控，社群运营者不要火上浇油，最好的方法就是转移话题，给社群成员台阶下。

例如，发一个红包说"午餐加个蛋"，自然有人心领神会，参与抢红包帮社群运营者转移话题。

但是，如果在争吵过程中出现直接的人身攻击，社群运营者需要立即站出来主持公道。不论谁对谁错，都必须让社群成员明白，这种行为在社群里是不允许的。

如果是社群里有影响力的人之间发生争吵，处理起来就要更谨慎，社群运营者应站在社群运营的全局视角去评估问题，暂时不要就事论事解决矛盾，先缓和双方的情绪，以免双方积累更多的不满。

社群内发生争吵时，社群运营者可采取的有效的处理方法如下：

（1）发现有矛盾时，不要立刻在群里表态，以免被双方看作"拉偏架"，费力不讨好。

（2）发现有争吵的苗头时，先转移话题，让大家冷静下来。社群内的很多争吵都不是因为大是大非，只是一些小问题，要想解决问题，平复情绪很重要。

（3）马上询问可能了解情况的人，了解争吵双方是否之前就有矛盾，有时，双方在社群内发生争吵只是借题发挥，社群运营者需要冷静判断解决问题的难度。

（4）先私聊弱势一方，安抚其情绪，再在群里公开安慰双方。

（5）客观、公正地看待双方的矛盾，在对争吵的起因的对错判断上不偏向任何一方。这里的操作要点是：陈述事实和自己的感受，不偏向任何一方，不添油加醋，要实事求是，可以尝试站在第三方的角度分析双方的立场、逻辑和预期，引导双方换位思考，从而解决矛盾。

（6）对于正确一方，向其陈述在社群内争吵会带来的负面影响。这时可以用示弱的方式请对方支持自己的工作。

（7）对于错误一方，分析争吵带来的弊端，随后请错误一方给对方道歉。

（8）大事化小，小事化了，别做过多的解释。一旦处理完毕，就用积极的话题"刷屏"，把争吵和负面情绪的影响冲淡。

（9）事后，为避免双方在群内再起争端，可以单独和争吵双方再沟通，但不要在群里再次提起。

（二）恶意找碴儿的处理策略

有时候，社群运营者并没有错，但是有些人对社群运营者的期望值过高，在群内表达自己的不满。此时，社群运营者一般可以针对对方提出的不满之处做出恰当的解释。具体方法是先表示理解对方的情绪，再具体解释。

但是，如果对方态度极差，不听解释不讲道理，社群运营者就可以判定对方在恶意找碴儿，可以直接将其移出群。

还有一种情况，如果一个人的恶意找碴儿行为引起公愤，社群运营者只需要在群内简单解释，即可马上将其移出群。这样大家反而会认为这个群有人管理，会更认可。而如果在采取行动之前，"找碴儿者"已经在群内说了一些有误导倾向的话语，为了避免不明真相的社群成员受到误导，社群运营者需要先同核心运营团队沟通，说明自己想要将对方移出群的理由，请大家理解和支持；然后再将"找碴儿者"移出群，随后立即请核心运营团队的诸多成员帮忙向社群成员解释，争取大部分社群成员的认同和理解。

（三）运营失误的处理策略

社群运营者也会犯错。若因为社群运营失误而引起社群成员的不满，社群运营者就需要立即认错，以表达歉意，真诚地承认自己的错误是化解矛盾的最好方法。

如果是在付费社群中社群运营者失误，可能还会引起社群成员要求退费，这时，社群运营者可以按照以下3个步骤处理失误。

首先，表示歉意，不推卸责任。

其次，立即全额退款，并额外发红包再次表示歉意。一定要额外给一些福利，以表示歉意。

最后，不要在群里指责退群成员。如果失误引起了比较大的影响，可以借此公开道歉并提出改进措施，请大家支持。当然，公开道歉之前，可以先与有影响力的社群成员一对一沟通，以争取他们的理解和支持。

任务活动 9：处理群内争吵的策略

1. 社群成员之间发生争吵的处理方法

_____

_____

_____

2.恶意找碴儿的处理方式

_____

_____

_____

3.运营失误的处理方式

_____

_____

_____

十、群聊精华的整理与保存

在社群里，不管是"大咖"的分享，还是社群成员之间的问题交流和经验分享，每天都会产生大量的信息。这些信息既数量繁多，又零散无序，其真正价值不容易被发现。社群运营者如果能够去除干扰信息，对内容进行分段整理、提炼，甚至进行一定程度的整理加工，就会让这些信息更有阅读价值，并得到有效传播，从而成为社群的知识财富。

（一）群聊信息的整理原则

整理群聊信息，浅层的目的是方便社群成员查找和回顾信息价值；而深层的目的是让零散的群聊内容变成社群的知识财富，从而提升社群活跃度和凝聚力。

1.分类存储

对群聊内容进行分类并存储有两个好处：首先是方便查询，其次是方便简单整理和细化整理。

一般而言，可以根据社群的主题和主要活动来设计不同的模块，如信息共享、经验交流、读书分享、社群故事、管理专区等。这些模块可包含的内容如下。

（1）信息共享。不同的社群主题集合的是需求不同的社群成员。社群运营者可以结合社群主题或社群成员的需求，定期从各个渠道收集一些信息，形成一个定期更新的信息共享库。例如，在职场新人的社群中，社群运营者可以在这个模块下，设定"时间管理""职场沟通"等子模块。

（2）经验交流。经验交流包括社群成员的日常交流及"大咖"在社群内或在线下活动中的分享交流。在交流过程中可能会涉及行业知识、技能经验及社群成员的兴趣、需求等内容。社群运营者需要对这些内容加以系统化的整理，并再次将其细分类别后归类并保存起来。

（3）读书分享。读书与学习是很多社群都会策划的线上活动。让社群成员在特定的时间内阅读完一本书，之后在指定的时间在群内进行交流和分享。在这个过程中产生的信息经过整理后就可以保存在"读书分享"模块。另外，在这一模块下，还可以设置"荐书""书评"等跟读书相关的子模块，以进一步挖掘读书活动的价值。

（4）社群故事。社群故事是一个记录社群成员的成长过程和社群发展历程的模块，不需要每日更新，但要着重记录一些群内大事，如群内的各种评选活动、社群成员的成果展示及社群的重要纪念日（如年会、周年庆）等。

（5）管理专区。管理专区的内容包括社群运营的日报、周报，运营团队的各类会议纪要、社群活动的策划与经验总结等。这个模块只对社群的核心运营团队开放。

通过以上模块的整理，社群内的各种信息基本上就可以被分类存储起来，从而形成社群的知识库。

2.定期整理

分类存储信息后，社群运营者还需要定期对社群内的各种信息进行整理，包括归类、精简、加标签、加序号，以提升信息搜索效率。

（1）归类。就是按照预先的分类，将内容放置在对应的类别中。对于一些暂时无法明确类别的内容，社群运营者可以先设置一个"临时文件夹"，将无法归类的内容暂存在里面。

等当日的整理任务完成之后，再认真整理这个"临时文件夹"中的内容，将里面的内容妥善安置到对应的类别中。

（2）精简。大多数社群都追求较高的活跃度，希望很多人参与话题讨论。而参与话题讨论的越多，记录整理的难度也就越大。

因此，在活跃社群中整理聊天内容时，首先要删减无关文字，如重复的文字、对说明主题意义不大的文字，以及群聊时常出现的符号表情、时间等，都需要在整理的时候删除；其次，在整理记录的某人的发言时，要注意删除其他人说的干扰信息，以免影响大家对重要信息的理解。

经过整理的文字，只有做到内容清晰、重点突出，才能引起社群成员的阅读兴趣。

（3）加标签。就是为文档添加搜索标签或关键词，以提高搜索效率。

（4）加序号。能让搜索更便捷。在文件和文件夹前加上序号，就能使文件夹有一定的顺序，更方便查找。

（5）提炼摘要。一般建议为文档和文件夹写摘要。文档的摘要可以放在正文前，文件夹的摘要可以是一个摘要版文件，用来概括文件夹的内容。

摘要能够让人们快速了解文件或文件夹的内容，并快速判断出哪些内容自己想看，

哪些内容可以不用看。有摘要的内容，因为能够有效节省阅读时间。而没有摘要的内容，可能导致以下4个问题。

①对于阅读者而言，其可能会因为翻看了一部分内容但不太感兴趣，而觉得全部内容都没什么用，便不再浏览，从而错过自己需要的内容。

②对于整理者而言，其可能会觉得大家都不愿意看自己精心整理的内容，而失去对整理工作的积极性。

③对于社群而言，知识库中的内容都没有摘要，会导致社群成员查找时耗费时间和精力。

④由于没有提炼摘要的习惯，信息多是散乱的，利用信息制作的推广内容可能也会缺乏吸引力，从而影响社群的运营。

根据社群内的群聊信息提炼摘要并不是一件难度很大的事情，只要按照一定的逻辑将部分信息组合成合适的段落即可，具体方法如下。

（1）提炼关键问题。通读要提炼摘要的所有内容，找到要解决的关键问题。用一句话将其提炼出来。

（2）提炼观点。将群聊信息中的全部观点找出来，每个观点用一句简短的话概括出来。

（3）组合问题和观点。将提炼的关键问题和观点组合在一起。

此外，还有一种情况：一份群聊信息包含多个问题。对于这样的群聊信息，只需要提炼出每个问题（不必提炼观点），然后将这些问题组合在一起，即可得到这份群聊信息的摘要。

（二）精华内容的编辑

社群运营者整理群聊的精华内容，很大程度上都是为了提高阅读量，引发后续的分享和交流，从而增强社群的影响力。因此，在将群聊信息进行整理与归类后，社群运营者还需要将精华内容以一种有效的形式呈现出来，这就是排版应该完成的任务，要设计有吸引力的版式，社群运营者需要做好以下3个方面的工作。

1. 分段落

大段的文字会让人阅读困难，且无法引发阅读兴趣。内容较多时，社群运营者需要将内容按照一定的逻辑分为几个段落，并配上有吸引力的小标题。一般情况下，3行或4行文字为一段是最合适的。

2. 调格式

不管是在新媒体平台上发布还是利用石墨文档、腾讯文档分享，都可以对内容进行字号、字体颜色、间距等格式的调整。一般情况下，一篇文章使用的字体颜色不宜超过

3 种。

3. 图文搭配

无论将内容上传到哪个平台，为内容添加合适的配图都会让其更有吸引力。添加合适的配图要注意两点：一是图片要与内容相匹配，二是图片要放在合适的位置。

（三）精华内容的集中保存

精华内容经过编辑后，除了将其分享至新媒体平台（如微信公众号、今日头条、微博等）外，还需要将其集中保存在指定的位置，如百度云盘、石墨文档、腾讯文档等。

集中保存有 3 个优点：首先是通过循序渐进的方法能打造社群的知识库，沉淀社群的集体智慧；其次是便于管理和查找；最后是拥有丰富的知识库，也是社群吸引力的表现。

当然，在集中保存精华内容时，还需要采取统一的标准和命名规范。在社群运营人数足够的情况下，最好能设置专人负责精华内容的规划和管理。

活动任务 10：群聊精华的整理与保存

1. 群聊信息的整理规则

2. 群聊精华内容的编辑

3. 群聊精华内容集中保存的优点

📊 章节作业

1. 如何设计社群资料包的知识框架?

2. 简述策划社群分享活动的方法。

3. 在社群内发红包有哪些注意事项?

4. 设计积分体系有哪些注意事项?

5. 如何处理不同情况下群内的争吵?

6. 简述整理群聊信息的原则和方法。

社群线下活动的策划与执行

📊 学习目标

➢ 了解社群线下活动策划期的工作内容和方法
➢ 了解社群线下活动筹备期的工作内容和方法
➢ 了解社群线下活动宣传期的工作内容和方法
➢ 了解社群线下活动执行期的工作内容和方法
➢ 了解社群线下活动复盘期的工作内容和方法

📊 学习过程

情景设计

"知识分享盛宴"是一场由某知名社群组织举办的线下活动，旨在汇聚社群内的知识精英，通过分享与交流，共同提升知识水平，拓展视野。活动地点选在了一家具有浓厚文化氛围的咖啡馆，温馨的环境为参与者们营造了一个轻松愉快的交流氛围。

活动开始前，组织者通过社群平台发布了活动预告，并设置了报名环节。参与者们纷纷响应，积极报名，最终共有50余位社群成员参加了此次活动。活动伊始，主持人对活动流程和规则进行了简要介绍，并强调了活动的主题和目的。随后，几位知识精英依次上台分享了自己的知识和经验。他们有的分享了行业动态，有的讲解了专业技能，还有的分享了生活感悟。每位分享者都准备得十分充分，演讲内容深入浅出，引人入胜。

在分享环节结束后，活动进入了互动环节。参与者们纷纷向分享者提问，探讨感兴趣的话题。现场气氛热烈，大家畅所欲言，交流得不亦乐乎。此外，组织者还设置了抽奖环节，为参与者们带来了惊喜和欢乐。活动结束后，组织者通过社群平

台对活动进行了总结和回顾，并感谢了所有参与者的支持和参与。同时，他们还鼓励大家在社群内继续分享知识和经验，共同推动社群的发展。

通过这场"知识分享盛宴"，参与者们不仅收获了丰富的知识和经验，还结识了许多志同道合的朋友。同时，活动也进一步提升了社群的凝聚力和影响力，为社群的未来发展奠定了坚实的基础

📈 任务描述

社群线下活动的策划与执行。

📈 知识导航

一、策划期：线下活动策划书的策划与撰写

有些社群采取的是公司化运营模式，其线下活动的资源和资金充足，并且由有经验的专业团队运作，因而成功率较高。但是有的社群不是公司化运营，他们的线下活动运营团队由社群成员组成，而社群成员大多没有举办线下活动的经验，也不清楚活动流程，从而导致活动开展得不顺利。没有专业活动运营团队的社群在开展线下活动时，尤其要注意策划期的工作。

（一）撰写线下活动策划书

开展线下活动前，写一份完整清晰的活动策划书能够帮助社群运营者从全局的视角把控整场活动，从而做到心中有数，有节奏、有计划地开展活动。

线下活动策划书应该包括以下几个部分的内容。

（1）活动运营团队名单。

（2）工作权责与任务分配。

（3）活动内容：活动名称、活动基调、活动主题、活动目的、活动日期、活动地点、参与人员、参与人数、分享嘉宾（如果有嘉宾）、活动环节等。

（4）重要的时间节点的安排。

（5）物料、场地、嘉宾安排。

（6）宣传方式与报名方式。

（7）费用说明。如果是收费活动，需要说明怎样收费及制定费用的依据。

（8）奖品设置。如果有奖品，需要罗列奖品。

（9）合影及后续推广安排。

（二）编制线下活动进度表

对线下活动时间、成本和质量的把控，能体现出社群的活动运营团队的效率和专业性。所以，在策划期还需要制作线下活动进度表，如表 6-1 所示。

表 6-1　线下活动进度表

× 社群 × 活动进度表						
制表时间：2021 年 3 月 16 日　　制表人：×××　　　　　　活动时间：2021 年 4 月 16 日						
编号	阶段	工作内容	开始日期	结束日期	周期	进度
1	策划期	成立活动运营团队	3 月 15 日	3 月 15 日	1 天	0%
		拟定活动策划方案，确定活动时间	3 月 16 日	3 月 17 日	2 天	0%
2	筹备期	拟定分享嘉宾	3 月 16 日	3 月 17 日	2 天	0%
		讨论活动策划方案，修改并确定活动方案	3 月 18 日	3 月 19 日	2 天	0%
		邀请嘉宾，成立嘉宾群	3 月 20 日	3 月 21 日	2 天	0%
		拟定活动赞助方案，讨论并确定方案	3 月 22 日	3 月 24 日	3 天	0%
		洽谈赞助合作，接收赞助礼品	3 月 25 日	3 月 31 日	7 天	0%
		讨论并确定场地和收费标准	3 月 25 日	3 月 27 日	3 天	0%
		组建活动群（所有与会者都加入）	3 月 28 日	3 月 28 日	1 天	0%
3	宣传期	制订宣传计划	3 月 28 日	3 月 28 日	1 天	0%
		制作活动海报、活动文案、活动短视频	3 月 29 日	4 月 2 日	5 天	0%
		社群关联新媒体平台开始第一轮宣传	4 月 6 日	4 月 7 日	2 天	0%
		社群关联新媒体平台开始第二轮宣传	4 月 10 日	4 月 10 日	1 天	0%
		社群关联新媒体平台开始第三轮宣传	4 月 14 日	4 月 15 日	2 天	0%
		活动报名期	4 月 6 日	4 月 15 日	10 天	0%
4	执行期	与主持人对接活动流程	4 月 14 日	4 月 14 日	1 天	0%
		确认物料和礼品已到达场地	4 月 14 日	4 月 14 日	1 天	0%
		确认报名的社群成员和嘉宾邀请函的发送结果	4 月 14 日	4 月 14 日	1 天	0%
		向所有与会者发送活动参加通知和注意事项	4 月 15 日	4 月 15 日	1 天	0%
		会场布置，设备调试	4 月 15 日	4 月 15 日	1 天	0%
		活动正式开始	4 月 16 日	4 月 16 日	1 天	0%

× 社群 × 活动进度表						
5	复盘期	收集所有与会者的反馈	4 月 17 日	4 月 17 日	1 天	0%
		寄送礼品	4 月 18 日	4 月 18 日	1 天	0%
		团队内部复盘	4 月 19 日	4 月 19 日	1 天	0%
		总结复盘内容，提交资料归档	4 月 20 日	4 月 21 日	2 天	0%

（三）团队分工

社群类型不同，线下活动的内容也会不同，相对应的团队分工也会有所区别。在此，参考秋叶系社群线下活动的团队分工，制作了一份团队分工示例表（见表 6-2）。社群运营者可以根据具体活动的需求，增加或减少相应的工作内容。

表 6-2　团队分工示意表

小组	负责环节	工作内容
外联组	场地管理	1. 筛选符合活动要求的场地
		2. 场地洽谈预约，建立场地资料库
		3. 场地设备确认及现场设备管理（设备：投影仪、话筒等）
	嘉宾管理	1. 嘉宾邀约，向嘉宾介绍社群（统一对外介绍文案）
		2. 嘉宾预约，确定分享主题与时间
		3. 与嘉宾沟通各个环节的内容
		4. 确定嘉宾要分享的文稿与 PPT
活动支持组	引导签到	现场签到、与会者信息采集、引导与会者入场、为与会者分发物料
	设备管理与调试	负责现场设备的管理和调试，与主持人和嘉宾沟通播放要求
	活动拍摄	1. 拍摄活动过程中有代表性的场景
		2. 提前设置好机位，录制整个活动过程
		3. 拍摄活动结束后的合影
	活动主持	1. 介绍活动主办方、活动主题、嘉宾
		2. 掌控活动流程，活跃现场气氛

续表

小组	负责环节	工作内容
线上工作组	活动的统筹工作	1. 策划方案、把控活动的流程
		2. 负责活动的整体规划与安排
	群管理	1. 接待参与活动的与会人员（答疑，告知时间、地点等）
		2. 收集社群成员的意见并反馈给负责人（如期待的分享主题、活动建议等）
	推广	1. 在社群关联新媒体平台进行宣传
		2. 社群活动主题关键字搜索排名优化
		3.. 引导嘉宾利用其线上资源推广，如微博宣传、微信公众号宣传、微信朋友圈宣传
		4. 活动结束后在微博、公众号、视频号、抖音等新媒体平台进行二次传播和分享
线上工作组	复盘总结	1. 整理社群成员、嘉宾的反馈和总结
		2. 组织活动运营团队对整场活动进行复盘，完善最初的方案
		3. 输出复盘报告

二、筹备期：线下活动筹备的 4 项工作

一般建议一场小型的线下活动至少提前 3 个星期开始准备，做到心中有数。大型的线下活动则需要更长的策划准备时间。

在筹备期，要做好以下 4 项工作。

（一）邀请嘉宾

一场线下活动若想有吸引力，就需要有"大咖"嘉宾在活动中进行干货分享。因此，邀请嘉宾出席线下活动是筹备期需要完成的第一项工作。

社群运营者需要先找到与社群基调相符的目标嘉宾，然后再与其联系，最后达成合作。如果社群能量足够大，可以直接向其发出合作邀请，如果社群能量不够，可以先与嘉宾建立联系，循序渐进地与其培养感情，加深了解后，再表达合作意愿，这样成功率会更高。

与嘉宾建立联系的方法有以下 3 种。

1.通过新媒体平台和目标嘉宾建立联系

在互联网时代，联系目标嘉宾相对从前来说更容易了。

如果目标嘉宾在微博平台上比较活跃，社群运营者可以通过微博与其互动，使其对自己有印象，然后通过微博私信邀请其担任嘉宾；或者到与目标嘉宾相关的微信公众号留言、发评论，先与之建立联系，再进行邀约。

那么，如何才能提高在新媒体平台留言联系"大咖"的成功率呢？社群运营者可以考虑先用有价值的内容吸引对方。通常情况下，可以先针对他们发布的内容在评论区写写自己的看法或建议。如果质量足够高，评论就能被"大咖"看到。吸引到他们的注意后，社群运营者再进行自我介绍并真诚地表达合作的诉求，一般都能得到对方的回应。

整个联系与合作的过程应该是循序渐进的。在实际操作中，社群运营者可以先派专人与目标嘉宾从接触到了解再到深度沟通交流，将弱关系转化为强关系，然后邀请他在社群内进行线上分享。已经有了线上分享的嘉宾也要维护好，以便再邀请他到所在城市的线下活动中担任嘉宾。

如果有可能，在后续的合作中，目标嘉宾可以成为社群的签约线下讲师。社群运营者在线上对其进行统一的包装和推广，然后再让其成为线下的面授讲师。高质量的讲师资源与社群捆绑后，社群成员与社群产生的互动连接也会越来越多，效果也会相对更好。

2.有钱出钱、有力出力

除了借助新媒体平台建立联系之外，社群运营者也可以考虑出钱购买目标嘉宾的产品或出力参与目标嘉宾发起的活动来建立联系、赢得好感。

（1）有钱出钱。出钱就是成为目标嘉宾的付费客户。成为目标嘉宾的付费客户有以下两个好处。

首先，能给予目标嘉宾认同感。付费意味着社群运营者愿意为目标嘉宾的付出买单，也认同目标嘉宾的某些观点。

其次，让目标嘉宾有信任感。社群运营者成为目标嘉宾的付费客户，目标嘉宾对社群运营者的信任感自然而然就建立起来了。对于后续的商业合作，建立信任感是一个好的开始。

（2）有力出力。如果出力，得出精力、出劳力、出巧力。

首先，出精力。如果想将弱关系转化为强关系，比较好的途径就是主动参加目标嘉宾发起的活动，创造和目标嘉宾交流的机会，渐渐稳定和目标嘉宾的关系。

其次，出劳力。社群运营者可以帮目标嘉宾解决一些琐碎杂乱的小事情，如打印资料、协助参加活动的人签到等，让目标嘉宾对社群运营者产生好感，提升对社群运营者的信任度。而后，当社群运营者请他们帮忙的时候，他们一般也会很乐意帮忙。

最后，出巧力。出巧力就是通过熟人的引荐与目标嘉宾建立联系。

3. 投资自己，打造好口碑

掌握了上述方法或许可以在短期内联系到一两位嘉宾，但从更长远的规划来看，社群运营者需要一步一步地扩大社群的影响力，才会有更大的话语权。这样，需要洽谈合作时，社群运营者才能向目标嘉宾承诺更有价值的回报。这才是吸引目标嘉宾与社群建立长期稳定的合作关系的重要因素。

当社群规模还比较小的时候，社群运营者需要用心对待每一次合作，不断提高自身的专业度，让运营团队的力量变得更强大，让社群变得更有影响力。只有自己足够优秀，才能吸引更多优质的合作方。

（二）寻找赞助商

为线下活动寻找赞助商的一条基本原则是"互惠互利"：社群获得赞助方提供的机会或物资，赞助商则得到他所期许的商业利益。只有基于"互惠互利"的原则，社群与赞助方才能展开沟通和合作。

寻找赞助商时，社群运营者需根据目标赞助商的需求，结合活动资源，制定出一个符合其需求的赞助方案，让对方觉得这个活动是有价值的，从而展开合作。

因此，寻找赞助商一般包括以下几个环节。

1. 留意和社群调性相匹配的赞助商

一般来说，同与社群调性相匹配的赞助商合作，成功的概率会更大。社群运营者可以留心观察和社群类型相仿的其他社群找的赞助商有哪些，然后找到类似的赞助商进行沟通。例如，橙为社群的一周年庆祝活动在深圳举办，社群运营者找到了同期赞助了行动派社群的一些赞助商，并顺利地和其中多家赞助商达成了合作。

2. 盘点线下活动的回报资源

盘点线下活动的回报资源，并将其制成表格。线下活动尽管多种多样、规模不同，但往往都具备一些共同的可回报给赞助商的资源，如表6-3所示。

表6-3　线下活动的回报资源

回报资源类型	回报详情
荣誉回报	给赞助商颁发牌匾与证书，如"第××届××社群的高级合作伙伴"
品牌回报	在活动现场展示赞助商的品牌及代表产品
广告回报	免费使用活动现场签到区的广告位置
	在活动开始前免费为赞助商播放宣传资料或双方合作信息及鸣谢语
	在活动现场，重点展示赞助商的宣传资料；赞助商代表受邀出席活动，尊享 VIP 待遇
	在活动宣传册中赠送一个版面，为赞助商宣传
	在微信公众号、微博、微信视频号、抖音等新媒体平台制作专栏统一鸣谢赞助商，并展示赞助商的新媒体账号链接

回报资源类型	回报详情
其他回报	在活动现场提供一个会议室作为赞助代表的休息室
特别回报	在活动现场提供一个会议室作为赞助代表的休息室

3. 编写赞助方案

一份赞助方案的核心内容需涉及以下 3 个方面的问题

①哪些企业或机构是本次活动的目标赞助商？

②赞助商能得到哪些回报？

③赞助商需要付出什么资源或投入多少资金？

对这 3 个问题进行详细描述，即可扩展为一份赞助方案。在编写赞助方案时，社群运营者需要写清楚以下 4 个方面的内容。

①活动的总体描述，包括活动目标、活动背景、活动地点、现有的和曾经的赞助商、活动时间、活动运营团队、过去活动的和本期活动预计的媒体宣传力度、过去活动的和本期活动预计的用户参与度、本期活动实际的和预测的用户画像等内容。

②活动所提供的资源回报及所需要的赞助费用。

③赞助协议的有效期。

④根据活动信息资料，强调此赞助方案与目标赞助商的商业战略相符，撰写完初稿后，还需要根据赞助商的需求进行修改。对任何一家赞助商来说，有吸引力的赞助方案往往满足以下 5 点要求。

①表达的是赞助商所能得到的回报，而不是该活动所具有的特点。

②表达的是赞助商的需求，而不是活动的需求。

③赞助方案是为赞助商量身定做的。

④赞助风险低，方案中会强调某些稳定可靠的回报，会列出已经参加活动的赞助商，并清楚地指出本次活动将如何保障赞助商的利益。

⑤可以为赞助商带来更多附加价值，如增强品牌影响力、提升在潜在消费人群中的知名度、增加商业合作的机会等。

4. 沟通和谈判

在沟通的过程中，社群运营者需要了解赞助商跟外界合作的目的是增加粉丝数量或宣传品牌，还是提高转化率。在明确合作目的之后再采取一些有针对性的沟通和谈判技巧，展示成功案例，即可有效增强赞助商的合作意愿。

（三）寻找场地

不管举办什么样的线下活动，都需要准备线下场地。从线下活动的成本来看，场地费用常常是开展线下活动支出费用中占比相对较大的一部分。为了控制场地费用，社群运营者需要有策略地去寻找合适的场地。

1. 寻找场地的 4 种方法

在此推荐以下 4 种寻找场地的方法。

（1）借助他人经验和资源寻找场地

社群运营者可以向有丰富的活动运营经验的朋友咨询，借助他们的经验和资源可以更加快速有效地找到合适的场地。

如果自己的人脉资源不太丰富，社群运营者可以多参加其他社群的线下活动。参加其他社群的线下活动，社群运营者既可以在投资自己的同时获取知识和嘉宾资源，又可以学习其他社群的线下活动的优点，规避缺点，还可以考察活动场地是否对外开放，是否适用于自己今后的线下活动，如果觉得场地合适，可以当场联系场地负责人进行初步洽谈并留存联系方式，了解场地费用与使用的注意事项。

（2）寻找免费场地

社群运营者可以通过本地专门发布活动的网站了解公益活动的发布情况，查找公益活动的举办场地，查看场地附近的交通情况、环境以及在此地举办的历史活动，然后去找场地方进行洽谈。

以橙为社群的深圳城市营为例，线下活动团队通过在工作中经常负责举办活动的朋友，快速获得了可以免费使用的场地信息。具体方法如下：我到当地专门发布活动的网站，即深圳活动网；该活动网站对活动进行了分类，每个活动帖子中都详细标注了活动场地；很多活动场地都有对应的微信公众号，通过微信公众号可以查看哪些场地可以举办活动，哪些场地可以免费使用及其规范的申请使用流程是什么。

当然，场地方既然免费提供场地，必然有其他的回报要求，社群运营者需要明确场地方的运营理念与宗旨是否与社群相契合，然后看他们的要求是否能够与社群的线下活动相融合。

此外，对于商业活动场地，社群运营者还可以考虑能否通过资源互换的方式来减免场地费用。商业活动场地作为线下活动场地一般是收费的，有的就算不收场地费也需要有最低消费。社群运营者只有通过资源互换的方式让社群与场地方实现双赢才有可能免费使用场地。

以橙为社群的上海城市营为例，某公司在上海开了一家咖啡馆，该咖啡馆非常适合开展线下活动，但是要使用该场地，则需要每人缴纳近千元的年费。通过长时间的接触，

双方最终达成了合作：对方免费提供活动场地，橙为社群的上海城市营给对方提供活动内容，对方的付费会员可以免费参与橙为社群的上海城市营的线下活动。这样的合作既让橙为社群的上海城市营获得了免费的活动场地，也为对方的场地带来流量和曝光率，实现了双赢。

（3）选择平价的收费场地

现在很多城市都有青年创业咖啡馆，这些咖啡馆虽然是商业经营，但也体现了这些青年人的情怀与梦想。社群运营者在视察场地的交通、大小和设备等情况后，可以选择在人流量较小的时间段举办活动，这样既可以让参加活动的用户感受场地独特的氛围，同时也能够为咖啡馆带来一定的收入。另外，社群运营者可以与咖啡馆负责人洽谈定期举办活动，以享受一定的折扣。

（4）寻找公益组织活动场地

公益组织活动场地一般由政府或企业提供，国家现在提倡"大众创业，万众创新"，这类场地会越来越多，具体可以寻找当地政府或企业支持的活动场地进行申请。例如深圳图书馆就会提供场地举行读书分享、公益讲座类的活动，但这类场地的申请程序较为复杂，社群运营者可以通过政府或企业了解具体的申请程序。

2. 备选场地的实地考察

确定几个备选场地后，社群运营者就需要到场地进行实地考察。考察场地时需注意的要点如表6-4所示。

表6-4　考察场地时需要注意的要点

考察要点	考察内容
位置环境	交通是否便捷，环境是否与活动主题相符
场地设备	是否有播放设备，是否有话筒，是否有其他必要的设备
场地费用	是否需要付费，如果需要，价格大概是多少，是否可以接受；是否可以申请到免费场地
场地信息	选定场地后，拍摄现场照片，摸清附近路况，掌握交通信息（如最近的公交站、地铁站）

3. 活动物资的准备

线下活动物资准备可以参考表6-5进行。

表6-5　线下活动物资准备表

物料类别	物料名称	所需数量	单价	费用预算	负责人
场地物料	投影仪				
	话筒				
	翻页笔				

续表

物料类别	物料名称	所需数量	单价	费用预算	负责人
场地物料	计算机				
	录音笔				
	摄像机				
宣传物料	签到区物料				
	舞台区物料				
	引导区物料				
	工作服				
玩偶	玩偶服				
	会场座位贴				
	VIP 姓名贴				
游戏物料	分组工具（扑克牌 / 号码牌）				
	笔和纸				
礼品	礼品袋				
	礼品单（×× 书、宣传册 ×× 商品）				
奖品	×× 书、×× 课程、×× 商品……				
合计					

此外，在物料准备阶段，还需要注意以下几点。

宣传物料需要用心设计，统一色系和风格以营造一种和谐的氛围，提升与会人员的体验感。

注意物料的材质、尺寸、形状等细节，如根据场地情况选择签到后发放臂贴还是手环，有些场地的地板比较难清理，而臂贴又容易脱落粘到地板上，所以在这种情况下建议最好发放手环。

部分物料需要预留足够的制作时间，一般需要 5 天左右，采办无须制作的物料需要预留 7~10 天。

关键物料的数量。翻页笔、计算机、话筒等关键物料都需要准备多份。

在摆放物料时，需要认真核对现场嘉宾的位置顺序、赞助商品牌是否露出。

对于经常需要制作的物料，可以寻找供应商洽谈长期合作，这样能够节约物料成本。

三、宣传期：线下活动宣传的 4 个环节

当活动方案基本成形后，线下活动就正式进入宣传期。此时，社群运营者一般需要召集所有参与此次活动的人员开一个宣传会议。根据已确定的活动时间向前倒推，梳理宣传期各个环节的关键节点，按照宣传期的工作流程（见图 6-1）分配各项宣传工作。

图 6-1　宣传期的工作流程

（一）制订宣传计划

制订宣传计划即根据社群主题、活动主题、活动的目标人群等要素确定宣传渠道、制作宣传内容及发布宣传内容，并制定活动宣传策划执行表。可供参考的活动宣传策划执行表如表 6-6 所示。

表 6-6　活动宣传策划执行表

××社群××活动宣传策划执行表		
宣传内容制作计划		
宣传渠道	活动的宣传	活动后宣传
	3 月 29 日—4 月 2 日	4 月 17 日
微信公众号	活动预告软文 5 篇	活动回顾文章 1 篇
微博	活动预告微博 5 条（配图）、活动现场微博 5 条（配现场图）	活动回顾文章 1 篇
视频号		
抖音	活动预告短视频 5 条	活动现场短视频 9 条
快手		

续表

×× 社群 ×× 活动宣传策划执行表								
宣传内容制作计划								
宣传渠道	第一轮预热		第二轮预热	第三轮密集推广		现场互动	活动后宣传		
	4月6号	4月7号	4月10号	4月14号	4月15号	4月16号	4月17号	4月18号	4月19号
微信公众号	预告软文第1篇	预告软文第2篇	预告软文第3篇	预告软文第4篇	预告软文第5篇				回顾文章1篇
微博	预告微博第1条	预告微博第2条	预告微博第3条	预告微博第4条	预告微博第5条	现场微博第1~第5条			回顾文章1篇
视频号	预告短视频第1条	预告短视频第2条	预告短视频第3条	预告短视频第4条	预告短视频第5条		现场短视频第1条~第3条	现场短视频第4条~第6条	现场短视频第7条~第9条
抖音	预告短视频第1条	预告短视频第2条	预告短视频第3条	预告短视频第4条	预告短视频第5条		现场短视频第1条~第3条	现场短视频第4条~第6条	现场短视频第7条~第9条
快手	预告短视频第1条	预告短视频第2条	预告短视频第3条	预告短视频第4条	预告短视频第5条		现场短视频第1条~第3条	现场短视频第4条~第6条	现场短视频第7条~第9条

（二）制作宣传内容

目前，社群线下活动的主流宣传渠道有微信公众号、微博及短视频平台。结合这3个平台的内容特点，要想宣传一场线下活动，需要进行长篇图文、微博文案、短视频3种形式内容的编制。

1. 长篇图文的编制要点

为了提高阅读量，发布在微信公众号、今日头条、微博等平台的长篇图文，可以在标题和正文的编写上使用如下技巧。

（1）标题的编写技巧

编写标题时，社群运营者可以通过使用社群成员关注的话题的关键词，如当下的热门话题、名人趣事、社群成员的兴趣爱好、与社群成员息息相关的利益或目前正在进行的社群任务等，向社群成员提供有价值的或有反差的信息，或制造悬念吸引社群成员的眼球，引起社群成员的好奇心和兴趣，让社群成员情不自禁地打开并阅读文章。此外，在标

题中加入与社群成员情况相匹配的标签，如地域、年龄、性别、收入、职业等方面的关键词，或者利用对话式标题，让社群成员感觉作者在和自己对话，以增强文章的代入感和亲切感，提升文章的点击量。

（2）正文的编写技巧

在正文中，社群运营者需要先通过讲故事、提问题、场景化描述痛点等方法，使社群成员产生代入感，让社群成员在阅读故事、思考问题的答案及回顾自己相似经历的过程中关注自己，指出社群成员过去的行为或选择存在哪些不合理之处，让社群成员意识到自身的困扰和需求痛点；然后再将社群成员的需求与活动的价值绑定起来，告知社群成员解决问题的方法，而参加线下活动能获得这些方法，即给社群成员一个不得不参加活动的理由。

在正文中，社群运营者还可以通过权威背书、罗列数据、展示细节、展示往期反馈及评论来增强活动价值的说服力。

权威背书：借助权威机构或组织的认证、业界权威或知名人士的背书，增强活动价值的说服力。

罗列数据：利用社群成员的从众心理，罗列往期活动的参加人数、传播效果、成就数据、本期已报名人数等，激发社群成员的参与欲望。

展示细节：为社群成员提供更具体的活动信息，让社群成员清楚、深入地了解活动价值，对活动价值产生更深的信任感。

展示往期反馈及评论。选择能解答社群成员疑问和满足社群成员核心需求的真实评论或成果进行展示，以证明活动的价值和效果，从而有助于社群成员打消心中的顾虑，增加社群成员对活动价值的信任。

在正文的最后，还可以进一步借助利益吸引社群成员，如强调活动的亮点、价格优势和优惠力度等，以促成转化。其中，强调价格优势是常用的营销策略，主要采取价格对比、提供附加价值的方式来引导社群成员参与活动。

2. 微博文案的编制要点

微博文案在此是指字数在140字以内的短文案。这种文案要求社群运营者在规定字数范围内提炼内容精华，用最为简洁、有趣的语言把信息有效地传达给社群成员，用最短的时间抓住社群成员的眼球，促成转化。

（1）制造话题，提高曝光度

微博作为人们日常分享交流的一个社交平台，社群运营者通过在微博平台上发布有热度、有趣味的个性化话题，可以快速引起社群成员热议及互动讨论，促使社群成员自发地进行话题传播，提升社群品牌的曝光度及知名度，以促成流量向销量的转化。在微博上发布的话题主要分为两类，一类是根据社群定位、活动定位及目标人定位发布的话题，用于突出社群活动的价值；另一类是借助热点发布的话题，指社群运营者通过在微博平台的"热门微博""热门/超级话题""微博热搜榜"处搜索当下的热门话题，找到与社群文化、社群主题、社群价值相契合的热门话题，并将两者的相同属性结合起来，借势营销，有效提高品牌的曝光度及社群成员对活动的关注度。

（2）品牌联动，优势叠加

品牌联动指的是基于共同的目标受众，两个实力相当的品牌互相借势借力，最终实现优势叠加，达成共赢。这种模式要求社群已经拥有一定的知名度和影响力。社群的微博账号和合作品牌的微博账号各自发布关于合作的微博软文，充分发挥自身的优势，促使双方的微博粉丝参与互动，引起微博平台其他社群和媒体的注意，从而达到共同提升品牌价值、进一步促成转化的目的。

（3）微博"大V"转发点评

微博"大V"的转发点评能够提高线下活动在微博平台的传播效率，增强其影响力，社群运营者可以邀请微博"大V"发布微博内容，并以他们的视角来点评线下活动。当有多个微博"大V"进行转发点评的时候，信息的传播将会更快、更广。

3. 短视频的编制要点

活动前期的宣传短视频有多种内容形式，可以让社群运营者出镜介绍活动，可以邀请多名嘉宾出镜讲述个人与社群的故事，也可以展示活动会场，还可以通过剪辑嘉宾演讲（或分享）的精彩片段来预告活动中的相关节目。社群运营者可以根据素材按需选择。

4. 报名通道设计

在宣传期还需要设计线下报名渠道和报名方式。如果有收费项目，还要确定收费渠道、支付方式。

有的社群开展的线下活动只需要报名者付款即可完成报名，这时可以将活动设计成一款付费产品，将购买链接或购买二维码嵌入宣传内容，报名者只要点击链接或扫二维码即可进入产品介绍页面，实现一键下单购买。例如，樊登读书·新父母由樊登读书App首席内容官樊登和新教育发起人朱永新教授联合发起，以"帮助3亿中国父母积极养育"为使命，传递知识，更传递"新知、成长、爱"的家庭文化。"新父母"推出的一门为期1天的线下公益活动，点击其宣传文章的"报名"按钮，即可跳转到帆书产品详情页面，报名者可以在了解活动信息后一键报名。

而要参加有的社群开展的线下活动，报名者需要提交申请信息，审核通过后才可付费参加，这时报名者就需要先添加小助理的个人微信号，填写表单，审核通过后，才能获得购买链接，付费后即报名成功。橙为的"流量经营闭门会"采用的就是这样的模式。

（三）投放与监测效果

社群运营者需要有节奏地投放跟活动相关的宣传内容，并实时监测投放效果。

活动报名阶段：通过对活动价值的描述吸引社群成员线上报名。

1. 在活动的报名阶段

社群运营者需要向社群成员说明举办活动的目的、活动的性质、活动的内容，以及活动能给他们带来什么作用和影响等。这时的宣传将直接影响线上的报名情况和活动的传播范围，在内容策划上既要准确又要具备吸引力。同时，社群运营者也需要根据报名效果来评估宣传效果，从而优化宣传策略。

2. 活动进行阶段

通过对活动内容的呈现吸引活动参与者进行线上转发和传播。

在活动进行阶段，优质的活动内容可以通过直播迅速在线上扩散开来。在这个过程中，社群运营者可以对所有活动参与者进行非官方、非正式的传播引导，引导大家在各自的微信朋友圈、微博等平台传播优质的活动内容。对于大家发布的内容，社群运营者要注意引导其他人进行评论和转发。

3. 活动结束后

通过对活动的总结建立线上的口碑和提升影响力。

线下活动结束后，社群运营者对活动进行真实的还原，输出有质量的总结，能够引发线上的二次传播，也能引发大家对下一次活动的期待。输出的与活动相关的文章需要包含数据、观点、故事，这样文章内容才会让人感到客观、真诚，让人觉得社群有价值、人性化。在文章发布后，社群运营者还要注意监测文章的阅读量、评论量及评论的内容，以便总结宣传经验。

（四）咨询接待与报名统计

社群运营者一定要及时统计报名情况，一旦发现报名人数过少，与预期人数差距过大，应及时反馈给总负责人，相关人员需要立即商讨是否增加投放渠道和增大投放力度，以保证活动人数与预期相符。

活动前根据报名时留下的联系方式（电话、短信等），通知报名成功的社群成员，以确认能够准时参加活动的具体人数。

如果报名情况良好，可以适当加放 10% ~ 20% 的名额，因为线下活动常常会有人有种种原因而不能到场，加放名额可以避免空座率过高，浪费成本。而如果到场的人数过多，适当加座即可解决。

四、执行期：活动顺利执行的两大关键

保证活动顺利执行的两大关键：一是明确活动的工作流程，二是做好分享嘉宾的接待工作。

（一）明确活动的工作流程

明确活动的工作流程，即需要将活动执行期的诸多工作梳理成一张清单表，明确各个环节的工作模块、工作任务、具体内容、责任人、时间、完成情况等，让所有工作人员都明确活动当天在什么时间需要做什么事情。

要编制活动的工作流程清单表，需要先明确以下 3 个问题。

（1）本次线下活动在执行期有哪些环节？

（2）每个环节有哪些具体的工作内容？

（3）每项工作内容是否已经具体到人？

根据以上问题，列出活动的工作流程清单表，如表 6-7 与表 6-8 所示，既便于查漏补缺，又便于之后进行复盘。

表 6-7　活动工作流程清单表（1）

工作模块		工作任务	具体内容	责任人	时间	完成情况
环节活动确认	事项确定	确定活动名称	×× 社群的 ×× 活动			
		确定活动时间	×××× 年 ×× 月 ×× 日			
		确定活动对象	×× 社群的成员			
		确定举办地点	×× 城市 ×× 会场			
		确定预期目标	本次线下活动的目标			
活动前期准备	准备活动	明确人员分工	每个人都应清楚自己的工作内容			
	人员信息	核查参与者信息	核查活动参与者的人数、姓名、联络方式			
		核查分享嘉宾信息	核查分享嘉宾的姓名、联络方式			
环节活动确认	通知	通知结果	通过电话、微信通知，并核查是否通知到位			
	资料	资料准备及发放	活动流程表、分工表、签到表等资料都在活动前制作成电子版资料，并打印完成			
			相关流程、分工方案等资料分发到每个工作人员手中			

续表

工作模块		工作任务	具体内容	责任人	时间	完成情况
环节 活动确认	资料	海报、横幅等印刷品张贴	联系印刷厂完成印刷，提前1天送到举办地点			
			在会场的宣传栏等地方张贴海报、横幅			

表6-8 活动工作流程清单表（2）

环节	工作模块	工作任务	具体内容	责任人	时间	完成情况
活动前期准备	餐饮	饮料/食物	准备一定量的矿泉水，放置在座位旁边			
			采购小吃/中场休息茶点，放在休息区			
			预定好活动中场休息时的午餐、活动后的晚餐就餐餐厅			
	道具	道具准备	准备好活动所需道具，包括小游戏道具、话筒、扩音器等			
			如需颁奖，还需准备礼服、奖盘、锦旗、奖状、奖杯等			
	场地	场地布置	座椅、道具、横幅、指引牌、座位牌等物品摆放或粘贴到位			
	摄影	摄像机准备	摄像机等拍摄器材搬至现场指定位置			
		活动拍摄	活动现场布置完成后，拍照			
	设备	设备准备和调试	检查活动中所需计算机、投影设备、音响设备、道具等是否准备到位、调试到位			
活动现场工作	签到	签到表和签字笔	在会场入口处准备好签到表与签字笔，供参会的社群成员和嘉宾签到			
		资料和礼品发放	准备好资料和礼品，在嘉宾和社群成员签到后发放			
	摄影	现场抓拍	摄影师抓拍会场情况			
		现场录制	录制现场视频			
		现场直播	直播拍摄			

环节	工作模块	工作任务	具体内容	责任人	时间	完成情况
活动现场工作	后台控制	音乐/灯光	根据流程表或台上情况播放音乐、操控灯光			
	催场	安排出场人员	根据流程表提前安排出场人员在后台等候上场			
	话筒	话筒传递	若台下代表需发言,明确话筒传递负责人			
	医疗准备	医务人员/药箱	日常用药准备及安排医务人员候场			
	就餐	就餐确认	确认就餐人数,保证食物正常供应			
	合影	大合照拍摄	活动后组织全体人员合影			
	场地收拾	会场清理	回收并清理资料,检查是否有物品遗忘			
活动现场工作	场后宣传	发布活动的相关信息	活动现场的照片、短视频、相关文案编辑后在微博、微信朋友圈、社群内发布			
	资料	资料存档	电子版资料,包括活动流程表、签到表、工作总结及活动中拍摄的照片等资料都要存储在计算机上的文件夹			
	活动后期宣传	发布活动精彩瞬间	在社群相关的新媒体平台和社群运营者的朋友圈发布以"活动精彩瞬间"为主题的文章、图片、短视频			
活动后期工作	后续工作跟进	费用结算报销	对活动期间产生的费用进行结算报销			
		复盘	工作团队进行工作总结,梳理工作流程中的出色之处及不足之处			

(二)做好分享嘉宾的接待工作

由于分享嘉宾对线下活动来说非常重要,社群运营者要做好分享嘉宾的接待工作。一般情况下,分享嘉宾的接待工作需要贯穿活动前、活动当天及活动后。这 3 个时间段需要注意的事项分别如下。

1. 活动前

活动前社群运营者需要做好以下几方面工作。

（1）在活动开始前 3 ~ 7 天通过短信提醒分享嘉宾注意行程安排。

（2）在活动前 3 天将接待人员的电话、从车站或机场到会场的详细路线等信息以短信或微信的方式发送给分享嘉宾，方便其安排出行计划。

（3）在活动前 1 天给分享嘉宾发送一份"嘉宾行程手册"，内含当地天气情况、行程安排等，并与分享嘉宾沟通其在活动当天的活动安排，询问其是否需要接送服务。

在此需要说明，"嘉宾行程手册"是适用于所有与会者的行程手册，需要提前制作。它可以是一份 PDF 文件，可以是几页海报，也可以是一篇微信公众号文章。当前人们已经习惯于使用微信来进行沟通，社群运营者以微信公众号文章的形式来编写"嘉宾行程手册"是一个比较好的方法。这是因为，一方面，微信公众号文章可以包含较为丰富的图文信息，将诸多信息详细地呈现出来；另一方面，文章既可以直接推送给关注微信公众号的用户，又可以精准推送到微信群，还可以一对一推送到用户微信，既方便参加活动的社群成员查看，又方便没参加活动的社群成员了解情况。

2. 活动当天

活动当天，社群运营者接到分享嘉宾后，需要第一时间告知分享嘉宾活动流程，包括预热、分享嘉宾或领导讲话、品牌宣传、互动环节、抽奖环节、活动后的合影环节以及住宿安排等，使分享嘉宾能对活动有一个整体的把握。如果活动有介绍分享嘉宾的环节，还需要将介绍文案给分享嘉宾再次确认。

如果分享嘉宾到达会场的时间较早，需要为分享嘉宾安排一个休息的地方，准备茶水，并顺便问问分享嘉宾演讲时习惯饮用什么饮品，并尽可能为其准备妥当。

在活动开始前，需要了解分享嘉宾对演讲设备和 PPT 的要求，如是否需要投影、是否需要无线话筒、是否用自己的计算机（如果是，需要提前测试笔记本电脑和投影仪是否可用）、是否对 PPT 软件的版本有要求、是否需要遥控笔、是否需要白板等。

需要提前询问分享嘉宾的时间安排。如果分享嘉宾行程紧张，需要在活动开场时说明，告知大家今晚分享嘉宾可能还要赶赴其他地方，不能多留，机会难得，请大家在互动环节抓住机会提问。

在活动结束后，如果有正式餐饮安排，需要向分享嘉宾介绍主人和陪客，并使嘉宾能够轻松愉快地享用美食。如果没有正式餐饮，只是便饭，也需要感谢分享嘉宾支持工作。

3. 活动后

活动后，往往会有很多社群成员找分享嘉宾签名、合影，因而需要将分享嘉宾引导到一个专属座位，方便其签名。分享嘉宾签名时，需要组织工作人员维护秩序、控制时间，以免耽误分享嘉宾的后续行程。

活动结束后，需要有专门的工作人员将分享嘉宾送到目的地。如果分享嘉宾需要在当地留宿，应该有专人负责其第二天的出行接送，以免耽误其出行时间。

活动结束后 1 ~ 2 天内，需要给分享嘉宾发一封感谢信。感谢信中首先要感谢分享嘉宾的到来和支持，其次就活动现场情况做一个汇总式反馈，最后请分享嘉宾对活动本身提出建议或希望，以便下次改进。此外，还需要随信附上精选的现场照片，分享嘉宾可以留作纪念或者在其新媒体渠道使用。

以上这些接待细节，往往能得到分享嘉宾的赞赏，从而为后续的长期合作打造信任基础。

📊 章节作业

1.线下活动策划期应做哪些工作？

2.线下活动筹备期应做哪些工作？

3.线下活动宣传期应做哪些工作？

4.线下活动执行期应做哪些工作？

5.线下活动复盘期应做哪些工作？

社群的商业变现

学习目标

➤ 了解社群的服务变现方法
➤ 了解社群的交易变现方法
➤ 了解社群的人脉变现方法
➤ 了解社群的知识变现方法
➤ 了解社群的分销变现方法

学习过程

情景设计

近年来，随着健康生活方式的兴起，健身社群逐渐崭露头角。在这个背景下，一个名为"健康达人"的社群应运而生，吸引了大量热爱健身、追求健康的成员。这个社群不仅提供了健身知识的分享和交流平台，还通过举办线下活动、邀请专业教练授课等方式，不断增强成员间的凝聚力和归属感。

为了实现商业变现，健康达人社群采取了多种策略。首先，他们与一些知名健身品牌合作，推出了专属的健身装备和营养品。其次，健康达人社群还开展了一系列付费培训项目。他们邀请了业内知名的健身教练和营养师，为成员提供专业的健身指导和营养建议。最后，健康达人社群还积极探索与其他产业的合作机会。例如，他们与旅游公司合作，推出了健康主题的旅游线路，让成员在旅行中也能享受到健身的乐趣等。

通过这些商业变现策略的实施，健康达人社群不仅实现了赢利，还进一步提升了社群的影响力和竞争力。他们的成功案例告诉我们，社群商业变现的关键在于深入了解成员的需求和兴趣，提供有价值的产品和服务，并不断创新和拓展合作渠道。只有这样，才能在激烈的市场竞争中脱颖而出，实现社群的可持续发展。

任务描述

社群具备天然的商业基因。这种商业基因要想变成一个持续发展的商业模式，需要借助社群成员的黏性，让社群成员一起创造出巨大的能量，包括知识变现、分销变现等。

知识导航

一、服务变现：从免费社群到付费社群

2017年以来，越来越多的免费社群意识到，社群运营不是仅投入碎片化时间就可以完成的。于是转而运营付费社群。有的社群既有免费的入门群，也有收费的提高群。免费群和收费群是并存的。例如，一些投资理财社群在某些基础分享板块采用免费社群吸引目标人群，在高阶分享板块采用付费社群筛选目标人群，增加运营收入。

（一）免费社群与付费社群的利弊

免费社群的优点是入群门槛低，能够给社群带来较大的流量，在短时间内能快速提升社群的人气和覆盖率。

很多社群一般是先运营微信公众号，等有了一定的用户，就号召大家一起来免费学习，通过在线分享有关PPT、英语、理财等内容的微课，在短时间内吸引许多听课的用户，然后把这些用户变成微信群的社群成员，为今后将其变成付费社群成员奠定基础。免费社群的缺点是加入者容易忽视内容贡献者的劳动付出，会低估别人分享的知识的价值，继而等到社群开始收费的时候，他们会产生抗拒心理。而且社群免费运营的周期越长，获得持续性经费支持的难度就越大。付费社群的优点比较多，首先，提高准入门槛，能够更精准地筛选目标人群；其次，社群成员由于付费，就更愿意参与社群互动；最后，付费会给社群运营者带来收入，能让社群运营者有余力安排专人负责内容质量的运营，为社群成员提供更好的服务。

付费社群的缺点是愿意为社群付费的人相对较少。例如，有的社群号称有几十万人，但是其付费用户的转化比例低到可以忽略不计。另外，由于网络上免费分享的内容非常

多，社群成员付费后，期待值也会相对高出很多，这对社群的内容设计和运营流程都提出了更高的要求。

因此，如果要做付费社群，需要先判断社群提供的产品是否具有稀缺性。如果产品不具有稀缺性，到处都可以找到免费的替代产品，那么社群的付费模式显然就没有什么竞争力。

（二）构建付费社群的前提条件

社群运营者在构建付费社群之前，需要先问自己以下 3 个问题。

①社群提供的服务是否有虚拟化的免费服务？若有，社群提供的服务好在哪里？

②社群提供的服务是否有线下的付费服务？若有，社群提供的服务好在哪里？

③社群提供的服务是否有同类的社群服务？若有，社群提供的服务好在哪里？

实际上，很多人没有认真做市场调研就成立了付费社群，他们的逻辑是"既然别人能做付费社群，那么我也能做一个"，这是"收割"用户信任进行流量变现的短期行为。

秋叶系社群的两个付费社群——秋叶 PPT 学员群和个人品牌 IP，都是在运营前对比了很多竞品，确信自己有核心价值才开始运营。

秋叶 PPT 学员群的规模以万人计，虽保持着相对较低的活跃度，但是会持续提供口碑良好的在线课程及免费升级服务，还有在线答疑服务、在线作业批改服务和在线免费训练营服务。这个社群的商业化基础是 PPT 技能在线学习产品，如 21 天在线训练营。这样的付费社群也可以理解为，社群通过产品收费，为付费成员建立了一个学习群。

个人品牌 IP 营的规模虽不大，但保持着相对较高的活跃度。不同于秋叶 PPT 学员群，个人品牌 IP 营并没有明确的在线教育产品。个人品牌 IP 营设定了一个比较高的入群门槛（其中一项是较高的入群费用），对应地，社群运营者会为广大的付费成员提供很多有价值的服务，如"个人品牌会诊""个人品牌'爆款'事件分享""个人品牌内容平台对接"等。这些服务都是围绕"知识型个人品牌"来打造的，是稀缺的、独一无二的，因此个人品牌 IP 营便可以设计一个比较高的门槛。而直接收费就是高门槛的表现之一。

由此可见，竞争激烈的各种学习型社群要收费并不容易，除非打造出一个有品质的产品。而能够提供优质服务的社群则需要设计一个以付费为基础的高门槛，用价格相对精准地筛选出同一类人群，让行为模式、生活背景、价值观比较接近的人聚合在一起。背景相似的一群人往往更能建立同伴环境，也更容易吸引同类人加入，从而社群也能得到更多人的认可。

（三）将免费社群升级为付费社群的运营策略

很多社群运营者想把免费社群直接升级为付费社群，这其实是比较困难的。成立免费社群的门槛很低，只需满足 3 个条件：首先，社群运营者自带"光环"愿意输出，能引发社群成员的喜欢；其次，加入门槛较低，只要符合基本的门槛，比如认同社群文化、遵守社群规则，所有对社群主题感兴趣的人都可以加入社群；最后，每个人在社群中都能找到自己的位置，大家先有存在感，再有参与感，最后产生归属感。

根据以上条件成立的社群，往往能快速打造出良好的口碑。因为是免费的，大家往往会觉得社群体验感特别好，觉得比很多收费社群还实在。

但是，这样的免费社群拥有再好的口碑，一旦想升级为付费社群，就会引发抱怨：你变了，原来你所谓的"免费"就是"套路"，最后还是要收费。很多社群运营者就是因为过不了这一关而犹豫不决。

因此，不能将免费社群直接升级为付费社群，而是需要先在免费社群里寻找愿意付费的人，再去建一个与免费社群有差异的付费社群。

在实际操作之前，社群运营者需要判断一个免费社群能否升级为付费社群，具体可以从社群活跃度、社群运营人才储备、社群运营规模、社群服务策划4个角度来判断。

1. 社群活跃度

要想升级为付费社群，免费社群需要一直保持着不错的活跃度，使社群成员在社群里愿意相互交流，相互帮助，进而形成某种有亲密感和信任感的文化。这样，部分社群成员就会愿意组建一个小圈子，即使是付费的，以避免在大社群里交流时要顾及太多人的看法。这是成立付费社群的一个心理动机。

2. 社群运营人才储备

运营社群要从社群活跃分子里面找出有能力、有时间的运营助理，这样才能分担社群运营者的时间压力。要找到这样的运营助理，不仅要发现有潜力的"苗子"，还需要对其进行培养和训练，让其能高效处理社群事务。有了这样的运营人才储备，再做付费社群，就有了人力资源的支持。

3. 社群运营规模

社群运营者要评估能将多少人导入付费社群，他们能接受的费用是多少，付费社群预期能接收多少人，这些收入能否覆盖聘请助理和运营社群的成本，能支撑运营多少时间……只有把这些问题想清楚，才能弄清楚社群的付费模式、运营周期和人力资源数量。如果发现能招募的付费人群太少，或者需要依赖外部渠道分销，就不建议大张旗鼓地做付费社群，而应该建一个小范围的免费社群，并努力增强社群的凝聚力和社群的能量。

4. 社群服务策划

社群运营者要问一下自己，如果做付费社群，社群的服务到底有什么特色？要清楚，不是请几个"大咖"来社群分享就是特色服务。在今天的互联网上，"大咖"过剩，愿意付费的社群成员不够多，免费都不一定能吸引到人，更不用说付费了。只有确信付费社群

的服务内容至少不比竞品差，而且升级迭代能力比竞品强，才可以考虑将免费社群升级为付费社群。

从免费社群到付费社群是势能起点低的人做社群的必经之路。这样的付费模式就如同从"社交信任银行"里取款，前期需要在免费社群里通过运营累积足够的信任，即尽量往"社交信任银行"里存钱，后期将人群导入付费社群才能顺利进行。

（四）付费社群的价格设计

大家常常看到这样的社群招募公告：只需要 99 元，你就可以和一群爱学习的人一起进步。这类社群的运营周期有一年的，有半年的，有 28 天的，也有 21 天的。其实很多社群定价时并没有经过合理测算，他们只是简单参考了同类产品的价格，然后想当然地认为，99 元不贵，收 1000 人不难，那也是近 10 万元的收入，两三个人利用业余时间忙一年，还是很划算的。这样想的人忽略了很多成本，到头来可能会得不偿失。

设计付费社群的价格应该先考虑付费周期和招生规模。

1. 付费周期

建议设计付费社群的价格前要思考付费周期：是长周期收费，还是短周期收费？

很多社群不宜采用长周期收费。因为长周期收费的服务应该是某种标准化的产品，可以培养社群成员在日常生活中的习惯，如"每天听读一本书""樊登读书会""薄荷英语"等产品。但社群运营过程中有很多无法标准化的事务，而且很多社群活动采用的都是项目制模式，所以，很多社群适合采用短周期收费。

短周期应该是多长时间呢？从短期学习角度看，21～28 天是比较合理的。因为时间太短，人们的学习不容易见效；时间太长，很多人会无法坚持到底便中途放弃。

2. 招生规模

考虑了付费周期，紧接着就可以评估招生规模，并确定在这个招生规模下的服务成本是多少。用服务成本除以招生规模，即可得到自己的成本底线。算出成本底线，就能明白自己能用什么价格去招人，这个价格有没有市场竞争力。

如果社群的价格很有竞争力，那显然再好不过；但如果竞争力不强，那就需要优化成本结构。

优化成本结构有两个思路：节流和开源。节流，即降低各个环节的成本预算。开源，则是寻找其他的收入模式。例如，有的付费社群并不仅仅收取入群费用，后续还有很多产品在群内销售，那么，社群运营者可以把社群运营的一些费用转移到销售产品的成本中，从而降低社群的入群费用，这样就更容易招募到足够多的社群成员。

如果社群本身有足够的能力招募足够多的社群成员，那么，社群的收费模式就可以参考以下标准。

（1）如果社群运营者的个人品牌势能高或社群的品牌势能高，那么在势能范围之内，收费越高越好。这和线下俱乐部的收费模式相似。

（2）如果社群口碑良好，可以一开始按成本收费，每一期滚动涨价。这和线下教育机构的收费模式类似。

（五）付费社群的收费技巧

在社群运营实践中，比较常见的付费模式就是周期付费制，即在一定周期内缴纳多少费用，就可以享受一定的权益。这是非常易于理解和操作的付费模式。这种模式的本质就是服务标准化，让服务成为标准化产品，然后做好服务，把产品持续推广出去。

在周期付费制的基础上使用一些收费技巧，可以激励更多人报名。当然，所有的收费技巧都会增加运营成本。

1. 押金返还型

押金返还型，即社群向社群成员收取的费用，会根据社群成员完成社群任务的情况进行全部返还或者部分返还。例如，橙为社群举办读书活动的时候，为了提高报名门槛，设置了押金返还机制。参与人员一旦完成任务，就可以全额返还押金。这样可以鞭策一些社群成员更积极地参与社群任务。

在剽悍一只猫的"22天行动训练营"中，社群成员要想加入社群，除了要交纳固定的入群费用之外，还要交一笔比入群费用更高的押金。如果社群成员在某天没有坚持完成任务，其缴纳的押金就会被扣除。因此，在押金的约束下，很多社群成员都能坚持完成任务。

在北辰青年的"未来大学"学习群中，虽然加入社群不需要付费，但每个人入群后都必须交纳押金，若在一定时间内没有完成1/3课程的学习，就会被扣除押金。

2. 任务激励型

任务激励型，即完成任务可以获得奖励。例如，个人品牌IP营开设的潜能释化营规定，如果完成任务就有高额奖励。总体而言，奖金额度越高，社群成员的参与热情越高；奖金额度小但中奖人数越多，参与的社群成员也就越多：奖励花样越多，社群成员参与的积极性越高。

3. 递增递减型

递增递减型，即收费的标准会按照一定的规律递增或递减。例如，李笑来老师的"共同成长"社群的年费从固定数额起步，社群成员每增加100人后年费上涨一次但有上限；"邱伟聊培训"的培训社群根据社群成员的努力程度进行费用的减少，这样可以更好地激励社群成员投入更多的精力完成目标，并且社群成员能借助更好的条件进行更深层次的学习。

4. 身份分级型

身份分级型，即收费的标准会因身份属性的不同而不同。例如，"混沌研习社"就将社群成员分为在线社员和"铁杆"社员，费用也因此有所差别。这样的价格差能让需求不同的人更好地找到自己的消费层次。

5. 团购优惠型

有的社群会设置3人拼团优惠价，这种模式也比较常见。在这种模式中，3个人是一个合理的规模，若规模太大，不容易集齐足够多的人；若规模太小，团购价就没有意义。

不同的付费模式对支付能力不同的付费用户的心理暗示和激励效果是完全不同的，建议社群运营者了解不同的付费模式后再按照需求进行收费设计。

◆ 活动过程

任务活动1：服务变现：从免费社群到付费社群

1. 免费社群与付费社群的利弊

_____

_____

2. 构建付费社群的前提条件

_____

_____

_____

3. 将免费社群升级为付费社群的运营策略

_____

_____

_____

4. 付费社群的价格设计

_____

_____

_____

5.付费社群的收费技巧

_____

_____

二、交易变现：在社群内销售产品

交易变现，即在社群内销售产品。这是一种经典的社群商业交易变现模式。其原理是通过向社群成员销售产品来获得收益。产品可以是自己生产的，也可以是代理销售的。

（一）适合在社群内销售的产品

交易变现的前提是选择适合在社群内销售的产品。并不是所有的产品都适合在社群内销售。就目前大多数社群成员的兴趣来看，适合在社群内销售的产品有以下3种。

1.可玩度高的产品

一个产品如果与"控""粉""DIY"这样的内容相关，就可以在社群内推广和销售。因为这样的产品"可玩度"高，很会玩的"超级用户"可以在社群里分享和创造各种玩法，从而增强产品的吸引力，吸引其他社群成员购买。

因此，如果想在社群内推广一款产品，可以先问自己几个问题：这款产品有可玩度吗？网上有关于这类产品的社群或者社区吗？如果答案是"有"，这款产品基本上就能放在社群内推广。例如，精油、手账、摄影器材等产品或服务在不同的网络平台都可以引发很多话题，自然也可以吸引感兴趣的人在社群里讨论。

不过，推广这种可玩度高的产品，需要先在社群里面安排几位"超级用户"试用。超级用户就是超级玩家。如果社群成员觉得超级用户特别会玩，就会希望自己也能成为这样的超级用户，也就愿意跟着超级用户一起玩。在这样充满乐趣的互动中，大家对产品的认可度会越来越高，甚至还会很自然地接受超级用户推荐的好物。这些都可以促成社群的商业变现。

2.有优质货源的产品

有优质货源的产品也适合在社群内销售。

例如，某农业大学自己培育的农产品，品质好，且零售价比市场上的农产品要低很多。但由于学校的培育规模不大，缺乏销售渠道，结果优质的农产品卖不掉，有需求的普通人也买不到。于是在该大学工作的老师就把喜欢这些农产品的人聚在一起建一个社群。每次产出新鲜的农产品，就在社群里发起团购。由于农产品的质量确实不错，慢慢地，团购群从一个群发展成多个群。有了稳定的客户群，这所大学也就解决了农产品的销售问题。

很多人身边都有这样的社群。社群运营者因为能拿到好的货源便组建了团购群,这样一方面可以巩固值得信任的社交关系,另一方面借助社交关系推荐好的产品或服务,可以进一步增强社群内的信任关系。

而社群成员因为加入社群能够买到市场上没有的产品,或者以低于市场价格买到经常买的产品,会觉得加入社群是"值得"的。

3. 能够满足需求的产品

一款产品能否销售出去,关键是其能否满足社群成员的需求。换句话说,能够满足社群成员需求的产品就适合在社群内推广和销售。

例如,如果社群内的主要成员是年轻女士,那么,年轻女士喜欢的产品,例如口碑较好的化妆品、鲜花、巧克力,设计精美的珠宝首饰、小型家用电器、家居用品等,都适合在社群内推广和销售;而如果社群内的主要成员是"宝妈""宝爸",那么,孩子使用的书籍、家居用品、学习用品及亲子装、亲子旅游等产品,就比较适合在社群内推广和销售;而如果社群内的主要成员是拥有一定资产的人群,那么,兼具设计质感和品位的产品,或者有投资价值的产品,就适合在此社群内推广和销售。不同的人群有不同的需求。要想在社群内推广产品,就要先去研究社群成员的消费习惯和消费需求,然后再去选品。

(二)借"快闪交易群"实现交易变现

选品完成后,即可进入销售环节。

销售并不是单纯地在社群内推销产品,而是需要一套循序渐进的步骤。有的社群并不适合销售产品,在此推荐这样的社群使用"快闪交易群"的方式来完成销售。使用"快闪交易群",即需要单独为这次交易建立一个群。这个群只有一个作用,就是聚集想要购买这款产品的社群成员和社群运营者的其他微信好友,组织他们来购买这款产品。需要注意的是,"快闪交易群"是会解散的。销售完成一段时间后(确保售后服务完成),即可解散"快闪交易群",以避免打扰加入这个临时群的社群成员。这样既能满足部分社群成员的购买需求,又不会打扰原社群的其他成员。借"快闪交易群"实现交易变现有3个步骤:售前的朋友圈预热、售中的交易氛围营造以及售后的朋友圈播报。这3个步骤的具体操作如下。

1. 售前的朋友圈预热

售前的朋友圈预热,即社群运营者在朋友圈发4条动态,内容分别是活动调查、有奖竞猜、拼团预告、引导进群,以便让更多的人了解销售信息,主动申请入群。朋友圈的预热内容如表7-1所示。

表 7-1　朋友圈的预热内容

内容	朋友圈话术
活动调查	很多小伙伴问我最近有没有拼团活动，要不你们留言告诉我，最希望什么产品做活动，留言数最多的产品我们就去申请。
有奖竞猜	上一条朋友圈有好多朋友回复呀。没想到大家最期待的竟然是它！点赞人数超过 66 人，我们就去跟品牌商谈。这款产品能不能做拼团活动，就看你们的！
	追评：才发一会儿，就有那么多人点赞了！
拼团预告	好消息，这次呼声最高的 ×× 产品，我们谈了两天，终于拿到了优惠。不过，优惠多少，要看你们的点赞数。点赞数越多，优惠就越大。大家快动动手指头点个赞！
	追评：仅仅过了半天，已经有超过 100 人点赞了。这次拼团活动明天早上 10 点开始，价格是官方价打 7 折！
引导进群	对 ×× 产品感兴趣的朋友，请从现在开始到明天早上 9 点前，私聊我或者在本条朋友圈下方留言回复：我要进群，我要参与 ×× 产品的拼团活动！我看到留言后，会在明天早上 9 点之前拉你入群。本次活动仅限群内的朋友参加，没有申请入群的朋友，我就不打扰了。

2. 售中的交易氛围营造

售中的交易氛围营造是指通过在社群内营造活跃的交易气氛，激发社群成员的从众心理，从而引导社群成员完成交易。营造社群内的交易气氛有以下 4 个关键环节。

（1）发签到红包，激活氛围在拼团活动开始前 10 分钟，社群运营者可以在社群内先发一个签到红包。例如："还有 10 分钟，拼团活动就要开始了，在线的朋友请发送数字。发送人数达到 30 人，我们就会发一个大红包，感谢大家在线等待。"这样，在社群成员接二连三发送数字"1"时，社群内就会出现"刷屏"现象。此时，社群运营者再发送一个能够让很多人都抢到的红包，就可以第一次激活社群氛围。这样重复发几次红包，社群的氛围就会完全活跃起来。

（2）发起拼团接龙，打造争相抢购的场面。当氛围被激活后，拼团时间一到，即可开始拼团接龙。例如，"这次活动的价格特别优惠，因此库存有限。确定要买的朋友，请先接龙。想要多买一些的朋友，请在接龙中说明你要购买的数量。接龙格式参照示例。好，开始接龙"。每个人填完接龙信息后，就会自动发送到群内，其他人能立即看到。有购买意愿的人因为担心产品被抢光，便会缩短犹豫时间，参加接龙。这样，社群内很快就会营造出争相抢购的热闹场面。

（3）赠送惊喜福利，引导"晒单"。拼团接龙并不意味着交易成功。如果要引导社群成员果断完成交易，还需要再给大家一个惊喜：这个活动只针对 ×× 群开放，请大家把已支付的订单截图发在群里方便我们登记。另外，为了感谢大家的配合，我们还会给"晒单"的小伙伴多加两个赠品，赠品是 ×× 和 ××，价值 ×× 元。

（4）巧用倒计时，促进交易。此外，还有一个促进交易的小技巧：使用倒计时。倒计时有以下两种用法。

库存倒计时，适用于限量销售。例如500盒产品的限量抢购，可以在活动开始后在群内提醒"还剩200盒""还剩100盒""还剩50盒""还剩10盒""已经售完了"。

时间倒计时。例如，开展抢购活动时，社群运营者可以在活动开始后，不断进行倒计时提醒："还剩6小时，需要购买的朋友请尽快下单""还剩4小时""还剩2小时""还剩1小时""还剩半小时""最后10分钟""时间到，本次活动结束，感谢大家的支持！这次没有买到的朋友可以关注我的朋友圈，等待下次活动"。

3.售后的朋友圈播报

售后的朋友圈播报，即在朋友圈播报物流进度、用户的正面评价，并进行下期活动预告。

通常情况下，如果产品选得好，一场活动结束后就会有人问：还有没有活动？什么时候有下一期活动？这时，社群运营者就需要根据咨询量来判断是否要开展这款产品的第二期拼团活动。如果要进行，就需要尽快预告："这两天有很多朋友说没有抢到，也有很多抢到的朋友说还想买，希望再进行一次活动。我们决定尽快去跟品牌商谈，请朋友们关注我的朋友圈！"这样，几天后即可趁热打铁发起下一期的拼团活动。需要说明的是，这样的"快闪交易群"不仅适合销售实物产品，也适合销售在线教育类产品。

秋叶系社群运营者在推广"黄金人脉"课程时，就尝试使用了"快闪群分享"的模式，效果也很不错。具体方法如下。

（1）选择有一定影响力的社群核心人物，请他提前3天在自己的朋友圈发布文案和海报，并建立微信群。

（2）提醒想要加入微信群的人先了解分享主题、大纲、时间和讲师信息，避免盲目入群或错误入群。

（3）大家一入群，社群运营者立即安排相关的预热和暖场活动，建立大家对内容的期待感。

（4）在分享当天，社群运营者及时通知社群成员，并提供详细的讲师信息及课程内容说明。

（5）在讲师分享结束后，社群运营者积极引导讲师与社群成员互动，营造大家积极交流的氛围，引导大家到指定平台购买"黄金人脉"课程以学习更多内容。

（6）第二天早上，社群运营者整理并分享群聊精华，方便没来得及参与分享的社群成员查阅。

（7）第二天中午，社群运营者告知社群成员此群将在8小时后解散，借通知的机会做最后的群聊精华汇总分享，并引导大家购买课程。

（8）按照约定时间，社群运营者先感谢大家的参与，再解散社群。在这种模式下，如果细节组织到位，转化率应该可以达到 5%。

这里的细节主要包括 3 个方面的内容。

（1）要认真设计讲稿，确保讲稿和要销售的产品之间有关联。

（2）要设计引导交易的动作，课程植入要自然，介绍充分课程价值。

（3）要安排足够多的老用户进场烘托气氛，并现身说法帮助引导交易，提高转化率。

◆ 活动过程

任务活动 2：交易变现：在社群内销售产品

1. 适合在社群内销售的产品

_____

_____

_____

2. 借"快闪交易群"实现交易变现

_____

_____

_____

三、人脉变现：挖掘社群成员的力量

有的人做社群是为了聚集、整合人脉资源。有了人脉资源，不管是做公益事业，还是进行商业合作，都比较容易成功。这样的社群称为"人脉社群"。人脉社群的商业模式是通过挖掘社群成员来促成人脉变现。归纳起来，人脉变现主要有以下 4 种类型。

（一）众包能量

众包能量，即通过发挥社群成员的群体能量，创造出巨大的商业影响力。例如，秋叶大叔在豆瓣发布的《驴得水》影评，只用了 3 天时间，就从 4200 多条影评中脱颖而出，到了首页前 20 名。他是怎么做到的？除了因为他自己的豆瓣账号有粉丝，还因为社群成员都主动帮他"刷"影评、点"有用"。认为"有用"的人多了，影评排名自然就靠前了，

秋叶大叔等于得到了一个流量很大的品牌广告位。当然，秋叶大叔之所以请社群成员点"有用"，是因为知道自己的影评有看点，否则，排名越靠前会被批评得越厉害。

可见，如果社群的规模足够大，有足够影响力的社群运营者仅仅发一条微博或写一篇微信公众号文章，就能"引爆"互联网。

这种汇聚普通人的能量，不需要"大咖"出手也能创造规模效应的模式，称为"蚂蚁战术"。可能每个人的能量并不大，但是只要人数够多，聚合起来就能形成一股很强的力量。

其实，就算没有足够的影响力，就算只是普通的社群成员，也可以在社群里请大家帮忙。条件是，他需要先用足够的时间在社群里给大家带来价值，如热心回答大家的问题、经常帮大家转发链接等，在社群里"刷足"存在感。社群是一个小圈子，在这样一个小圈子里，先好好树立起自己的形象，等得到了大家的认可，自然就容易得到大家的帮助。

例如，秋叶PPT社群里有一位平时非常热心的社群成员，他在知乎发了一篇回答然后将链接发到群里，很快就获得了很多社群成员的点赞，这篇回答瞬间排到该问题下的前几名，这就是社群的力量。

一个人力量有限，但是借助社群的力量，一篇好回答被多个人点赞后就会被前置，而前置的回答就会得到更多人的关注。如果除了有高质量的干货，回答中还巧妙地植入了一定的广告，那么曝光量也会非常可观，其背后的商业价值更不必说。众包能量在实际操作中并不需要特别的技巧，拼的就是参与其中的社群成员的数量。而借助这样的众包能量，不只是文章的打开率和阅读量，短视频和直播的浏览量、点赞量、评论量、转发量也都可以快速攀升。如果内容能够被同一个社群里的人同时转发，由于同领域内容具有相关性、重叠性，那么内容传播就可以在该社群内制造"刷屏"效应，从而被更多人看到。

（二）创意孵化

创意孵化，即社群运营者将创意展示在社群里，引导社群成员讨论及反馈，然后将其完善成可执行的方案或者可落地的产品。这种商业变现模式适用于需要创意的社群。

例如，秋叶PPT核心群建立之初是秋叶大叔带着一群人"玩"PPT，并没有明确的商业模式，只是因为大家有共同的爱好和特长，彼此了解，当遇到PPT设计难题时，大家能群策群力，碰撞出好创意。秋叶大叔愿意花钱维护这个社群，也是希望能在这个社群里获得好创意。2015年年底，秋叶大叔受邀参加申音老师的《怪杰》节目，他在群里发起为申音老师做自我介绍PPT的社群任务，并提供了几张照片与一段文字让社群成员发挥。社群内的PPT高手很快响应，一方面可能是因为任务有趣，另一方面可能是因为大家把这个任务当成了一场高手之间的比拼。

结果，仅仅一个晚上，社群成员就提交了 108 份作品，个个创意十足。这次高效率的协作让擅长社会化传播的申音老师也感到惊喜。后来，这 108 个创意作品合集在微博上大范围传播，给作者们增加了粉丝，提升了名气，而通过网友们对这个合集的反馈，秋叶大叔着手开发了一节专门针对自我介绍的在线 PPT 课程。

这就是社群内的创意孵化价值。很多社群中都有一些拥有独特才华的人，也有一些拥有资源的人。这些人的才华和能量如果能得到整合，往往能创造出惊人的商业价值。

（三）能量互换

如果一个社群运营得不错，已经做过多场活动，树立了品牌，其社群运营者可以考虑与其他有能量的平台合作，一起做一些创造更大价值的事情。这就是能量互换。实现能量互换的关键在于拥有连接意识。社群是一个连接人的舞台。社群运营者要善于发现连接的可能性。敢于尝试连接的人往往能够最先得到机会。例如，一些出版社和秋叶 PPT 社群合作，主动给社群成员免费送书，请他针对赠书做出一些优质的 PPT 作品，然后通过秋叶 PPT 的微博、微信公众号分享，同时这些出版社也把优质的作品放到自己的微博、微信公众号甚至是网站分享。这种模式可以实现多方获益。首先，出版社可以精准覆盖秋叶 PPT 群中爱学习、爱阅读、爱动手的社群成员，很多社群成员如果认同作者的观点，会顺便买一些出版社的其他书；其次，每次通过出版社赠书，热心的社群成员又主动把收获转化成 PPT，会形成社群模式下的结构化输出；最后，借助秋叶社群微博、微信号的能量，PPT 的传播效果也会得到强化。这种合作方式使出版社、社群成员和社群实现共赢。

更有意思的是，秋叶 PPT 社群整合各方资源后，发现自己有更大的能量吸引更多资源与自己产生连接。例如，秋叶 PPT 社群可以请多看电子书、百度阅读、网易云阅读给自己的三分钟教程系列电子书提供支持，电子书出版后又借助社群的能量传播。这样电子书平台获得了流量，秋叶 PPT 品牌也得到了传播。这种能量扩大后又反过来促成了社群与更多出版社的合作。

这个模式形成后，社群运营者就开始思考一个问题，"和秋叶一起学 PPT"课程的学员人数越来越多，他们到底学得怎么样？判断一个人是否掌握一个工具的方法就是实践，PPT 作为一个工具，也不例外。那么，在学习过程中，如何通过结果来检验社群成员学习 PPT 课程的效果呢？

一个非常好的办法就是制作读书笔记 PPT，也就是社群成员通过阅读一本书，将书的核心内容提炼、梳理出来，并通过 PPT 进行视觉化表达，这对于一个人的汇总能力与 PPT 制作水平都有很高的要求。基本上对于一个人 PPT 制作水平的评判，都可以通过制作读书笔记 PPT 来检验。

读书笔记 PPT 一直是秋叶 PPT 社群的"绝活"，在社群成员达到一定数量后，社群运

营者决定在社群中推广这一"绝活"并增强其影响力。

社群运营者先创建了名为"读书笔记PPT"的微博账号，专注于分享社群成员的原创优质读书笔记PPT作品。这种分享活动的运作流程如下。

（1）出版社就可以赠送的书籍整理出一份书单发给社群运营者。

（2）社群运营者在社群内公布书单。

（3）社群成员根据书的类型和自己的制作时间向社群运营者预约书籍。

（4）社群运营者与社群成员沟通，记录社群成员的地址，随后出版社安排寄送。

（5）社群成员收到书后，在承诺的时间内完成PPT作品，制作过程中可以请社群的指导老师指导。

（6）社群成员的作品完成后，需要将作品拼成长图，并添加相应话题、编号等信息。先发送给相关出版社，再发布在自己的微博上。相应地，出版社官方微博账号会转发其微博内容。这是第一次传播。

（7）一段时间后，微博账号"读书笔记PPT"会发布一条展示社群成员及其优秀作品的微博，微博中附带该作品的源文件下载链接。这是第二次传播。

（8）再过一段时间，秋叶大叔会在自己的微博中对作品进行点评。这是第三次传播。

（9）对于优秀的读书笔记PPT作品，社群运营者会用自己的微信公众号进行推送，并结合账号特色布置作业发微博。这是第四次传播。

（10）该读书笔记PPT会在当当网、豆瓣、百度文库等平台上附原图、源文件或下载地址。这是第五次传播。

在这个过程中，出版社、社群成员、秋叶品牌都得到了自己想要的回报。出版社相当于得到了一次高质量的新书推广和微博营销推广机会：通过新书的曝光，提升新书的销量；通过官方微博账号的曝光"涨粉"。例如，一个转发量过100的读书笔记PPT作品，微博阅读量可能高达20万，而出版社的成本仅仅是一本书。

社群成员可以免费得到一本正版书，其制作的读书笔记PPT经过指导老师的一对一辅导，成为更为优质的作品，并得到了各个官方微博账号的转发，其个人的微博账号也增加了粉丝，个人的网络影响力也得以快速增强，甚至可能得到更多的工作机会。

在以上多次传播中，秋叶品牌也得到了诸多曝光机会。例如，很多社群成员在微博发布高质量的学习成果，在某种程度上也是在宣传秋叶品牌和相关课程；源文件中有秋叶系列课程广告页，给秋叶系课程带来了曝光：微博账号"读书笔记PPT"在不到一年的时间里，已经累计分享了超过200份原创优秀作品，实现了稳定的"涨粉"等。这场活动的结果是"三方共赢"。而这种共赢结果的基础是充分调动了很多社群成员的能量。当这些社群成员的能量被调动起来后，仅仅用一本书作为中间物，就可以完成一场具有良好口碑的微博营销活动。

（四）众筹创业

众筹创业是指社群运营者把众筹的思想和模式带入社群，调动社群的人脉力量，以实现社群价值的最大化。

大家平时大多是通过众筹平台了解众筹的。这些众筹平台的操作流程一般是"项目方提交项目—平台审核—项目上线—投资者判断是否投资—投资—项目启动"。在这个流程中，诸多投资者与知名度不高的项目方一般都是不认识的，投资者在投入资金后，也不容易追踪到项目的进展。因此，除非遇到感觉非常好的项目，否则投资者是不愿意投资的。

而基于社群的众筹创业，由于项目方和投资者都在同一个社群里，便有了一个独特优势：存在熟人关系。项目方和投资方在同一个社群里，他们可能是直接的亲戚朋友关系，也可能是间接的"朋友的朋友"关系，或者有共同的兴趣或目标。这些关系，相对于陌生人来说，会让投资方感觉更可信一些。由于存在熟人关系，不管是出钱，还是出力（转发众筹信息），社群成员的参与度都比较高。"三个爸爸"的案例就说明了这一点。起初，"三个爸爸"的三位创始人产生了创业的念头，决定做一台专为孩子定制的净化器。他们拿到了1000万美元的融资后，开始为这款还没有生产出来的产品设计依据体系。为了针对不同的儿童研发差异化产品，他们建了8个微信群，调查了700位父母挖掘出了65个痛点，从而确定了用户最关心的问题——净化器的效果、能否换滤芯以及净化器的外观。

明白了用户的需求，他们开始研发，为产品定型，确定预计出货时间。而在此期间，他们还在京东平台发起了一次众筹。虽然是在京东上众筹，但是在社群传播。借助社群，他们的众筹项目打破了京东众筹的纪录：上线2小时众筹100万元，10小时众筹200万元，30天众筹1122万元。

他们是怎么做的呢？除了产品本身的定位及情怀外，主要的原因就是社群的帮助——在众筹开始的第一天，他们依托社群完成了200万元的众筹。根据"强者愈强"的马太效应，一个不错的开始很容易带来一个不错的结果。

这个"不错的开始"是怎么发生的呢？"三个爸爸"的创始人是黑马社群核心圈子"黑马营"的成员。在众筹之初，他们与"创业黑马"一起定制了一整套传播方案。这套方案虽只有5步，却环环相扣。

（1）由《创业家》的官方微博发布一篇讨论"为什么没有出现千万级众筹"的文章，引起了比较热烈的讨论。

（2）"三个爸爸"的创始人之一戴赛鹰在个人微博中对这篇文章进行了回应："三个爸爸"想代表黑马们冲击千万级众筹。这相当于他把"三个爸爸"做众筹这件事，上升到了一个新的高度——这不是"三个爸爸"的事，是"黑马们"共同的事。

（3）《创业家》的官方微博对戴赛鹰的个人微博进行回应："三个爸爸"这样一家创业公司敢冲击千万级众筹，听起来就不靠谱，但黑马就是要通过努力把"不靠谱"变成"靠谱"。然后号召大家支持他们。

（4）"三个爸爸"的另外一个创始人陈海滨写了一篇名为"一路与你同行，我与黑马不得不说的事"的文章，描述自己如何在黑马社群成员的帮助下走出困境、走向成功。这篇文章调动了黑马社群成员的情绪，大家纷纷表示支持他。

（5）"三个爸爸"的创始人在朋友圈设计了3轮集赞转发，在黑马社群内请求大家帮忙转发。转发对社群成员来说是一件微不足道的小事。黑马社群的社群成员都是企业的高管或者创始人，他们在朋友圈的影响力可想而知，因此他们转发的效果自然不同凡响。

就这样因势利导，"三个爸爸"借助社群的力量打造了"不错的开始"。很多社群也许不会用到众筹创业的变现模式，但很可能会用到社群成员凝聚在一起的力量——这也是社群能够吸引很多人加入的一个重要原因。一个社群越团结，它蕴含的力量就越强大，对社群成员及外部人员的吸引力也就越强。因此，社群运营者有必要从一开始就注重打造社群的凝聚力文化、"抱团"文化、互助文化。如此，社群在发展到一定阶段后，才能自然而然地衍生出一个真正与社群成员共赢的商业模式。

◆ 活动过程

任务活动3：人脉变现：挖掘社群成员的力量

1. 众包能量

_____

_____

_____

_____

2. 创意孵化

_____

_____

_____

_____

3. 能量互换

_____

_____

_____

_____

4. 众筹创业

_____

_____

_____

_____

四、知识变现：借助知识类产品实现社群品牌变现

社群知识变现的逻辑是，社群运营者把社群运营过程中积累的专业知识、实践经验，社群成员在分享过程中输出的碎片化知识，都加以系统化整理，将其变成社群的知识类产品，从而实现社群品牌变现。

社群的知识变现模式主要有 3 种：图书出版、付费课程、增值服务。

（一）图书出版

秋叶系社群的影响力之所以能持续稳定地增强，一个关键原因是秋叶团队打造了一系列畅销图书。秋叶团队出版了 Office 系列图书、"职场 7 堂课"系列图书、新媒体系列图书、"妈妈点赞"系列图书，获得了上百万读者。

图书出版是一个比较轻松高效、能够使社群品牌具有较强影响力的方式。因为出版社有成熟的出版推广渠道，只要能保证书的品质，出版社就有动力持续推广，社群运营者并不需要花费太多的精力，只需要配合关键宣传动作即可。

而从读者的角度来看，他们花钱买书，就是为知识付费。如果读者阅读图书后认同作者传播的知识和观点，就会考虑购买作者的其他产品。

因此，社群团队撰写并出版一本专业的、可读性高的图书，是一条简单而高效的知识变现途径。

（二）付费课程

除了图书，高质量的付费课程也是非常好的知识变现方式。

秋叶系社群秋叶书友会是一个拥有 3 万人的社群。社群内的成员是来自秋叶大叔各个

渠道的粉丝，如微信公众号、秋叶大叔的视频号，以及秋叶系图书的读者等。只要是秋叶大叔的粉丝，都可以申请加入秋叶书友会。

目前，秋叶书友会提供一系列的付费课程，可供有需求的社群成员自由选择。例如，价格为199元的读书变现共读营，价格为79129元的写作训练营、直播训练营、社群训练营、PPT训练营、PS训练营、Excel训练营，价格为12800元的个人品牌IP营，价格约2万元的个人品牌私房课、写书私房课等。

此外，秋叶书友会的社群运营者也在计划开办付费阅读教练营，旨在分享怎么做共读活动，怎么成为共读教练，怎么通过直播、短视频或朋友圈推荐好书。秋叶书友会则负责打造供应链集成系统，从而把共读的整个运营模式分享给大家，发展大家做共读活动合伙人，让大家不仅可以共享书友会后的图书、训练营等付费产品的销售佣金，还能围绕共读建立自己的私域流量池，打造自己的个人品牌。

这种模式对于秋叶系社群来说，不但是一种商业变现方式，而且是一个通过激活社群成员的价值来创造新流量的方式，甚至还能为社群成员创造更多的"副业收入"。

（三）增值服务

增值服务是指社群为社群成员提供的基本服务之外的服务。增值服务是对基本服务的补充，用来满足社群成员额外的却非常重要的需求。

对社群来说，增值服务往往可以增加社群的利润。增值服务的切入点多出于社群运营者对目标群体痛点的把握，社群成员往往也希望能够得到增值服务。因此，对于低付费门槛的社群而言，社群成员可以根据自己的需求付费使用增值服务，增值服务可以作为此类社群的主要收入来源；而对于高付费门槛的社群而言，社群的增值服务则可以增加社群的价值感，有助于打造社群的良好口碑并增强品牌保障力，从而吸引更多的人忽视价格因素加入社群。

例如，秋叶系高端社群秋叶写书私房课就设置了具有"超值感"的增值服务。秋叶写书私房课的基础课程服务分为"线上学习＋答疑"和"线下打磨优化"两大模块。

在线上模块中，首先提供教学视频，社群运营者引导大家学习图书策划、写作及营销的专业知识，其次由秋叶大叔和专业的出版社的编辑老师，进行有针对性的辅导反馈和点评答疑。

在线下模块中，等大家学习完课程的主要内容后，社群运营者再邀请大家带着阶段性成果和问题到线下，直接与秋叶大叔、编辑老师进行面对面交流，让每个人都清楚地看到自己图书存在的问题，并了解如何进行优化和完善。

此外，秋叶大叔及其运营团队还为社群成员提供了3项增值服务：图书投稿服务、新书上市"冲榜"服务及图书导流指导服务。

（1）图书投稿服务。在社群成员完成图书大纲、图书样章及选题申报表后，秋叶写书私房课的运营团队会将社群成员的书稿投到合适的出版社。

（2）新书上市"冲榜"服务。秋叶写书私房课社群成员所著图书一上市，运营团队就帮助其冲榜，使其所著图书成为京东、当当新书榜上的常客，时不时还能把网店的库存卖光。

（3）图书导流指导服务。即秋叶写书私房课运营团队指导社群成员如何用所著图书为自己线下活动、社群或付费课程带来流量，引导大家用所著图书为自己赋能。不仅如此，对于有可能开发成课程的图书主题，运营团队还会将该图书的作者链接到秋叶课程开发私房课群。秋叶课程开发私房课有一套快速开发课程的通用逻辑，能够指导大家开发并运营线下培训课程、线上网课或训练营。课程开发私房课的模式不但能使社群成员创造高质量的好课，而且能指导社群成员销售课程，甚至还能帮社群成员对接后端调试程序，上架主流平台。

这样基于基础知识延伸出来的增值服务，为秋叶写书私房课赋予了极有竞争力的难以估量的"超值感"。

◆ 活动过程

任务活动4：知识变现：借助知识类产品实现社群品牌变现

1. 图书出版

_____

_____

_____

2. 付费课程

_____

_____

_____

_____

3. 增值服务

_____

_____

_____

_____

五、分销变现：借助社交裂变实现巨大营销增量

分销，简单来说就是把一件商品分享出去，别人付费购买后自己从中获得佣金分成。分销变现不是在社群内销售产品或者服务，而是借助社群的流量池功能，引导社群成员进一步分销和裂变，从而实现更大范围内的用户触达和销售。在此以在线课程分销为例来介绍社群内分销变现的模式。

（一）在社群做分销裂变的意义

社群如果想要实现更大范围内的互惠共赢，可以考虑采取社群分销模式。社群分销就是社群打造自己的产品供应链，让社群成员在认可这些产品的基础上成为社群系列产品的分销员。

秋叶书友会在具备一定的规模后，也面临着一个问题，如何留住认可秋叶品牌的社群成员。为此，秋叶书友会推出书友会小店，为社群成员争取到了很大的购书折扣。例如，人民邮电出版社出版的图书，单本图书一律6折包邮，大多数时候，社群成员在书友会小店购书的成本低于在京东和当当购书的成本，这样社群成员即便在共读结束后，也可以成为秋叶书友会的会员，直接在书友会小店买书。同时，书友会小店还设计了分销模式：一旦书友会成员在书友会小店下单买书，即可申请成为书友会小店的分销员，通过分销图书或课程给其他人，获得更多的收益。

如果没有这种分销模式，那么社群成员在学习新鲜期过去后，就可能会离开社群。而让大家留下来的方法是打造一个大家可以重复消费的供应链平台。如果社群成员发现在这个渠道消费更划算，就会形成消费黏性、具有消费规模，而有了消费规模，社群运营者就可以去争取更多的佣金或者更大的折扣空间给社群成员。

而从社群运营的角度来看，借助电商平台的用户管理功能和图书上新的机会，社群又多了触达和激活社群成员的新策略。当然这也对社群运营者提出了更大的挑战，社群运营者不仅要管理一个社群，还需要链接优质的供应链，并做好供应链管理。因此，这种模式对团队能力、人才结构及社群运营模式都提出了更高的要求。

（二）分销裂变的设计

分销裂变需要从分销门槛、分销等级、分销佣金 3 个层面设计。

1.设计合适的分销门槛

分销门槛通常有 3 种类型：提交审核型、购买加入型、直接加入型。具体内容如下。

（1）提交审核型，即社群成员需要先提交申请资料，经审核通过后，社群成员才能获得分销资格。如果社群运营者设计分销体系的主要目的不在于"卖货"而是获得某些优质资源，那么，可将需要的资源条件列为审核条件，以吸引有优质资源的社群成员报名申请。

（2）购买加入型，即社群成员需要先购买社群运营者指定的产品（或虚拟产品），购买成功后才能获得分销资格。例如，秋叶书友会小店的分销就属于"购买加入型"。想要通过分销赚钱的社群成员，只要在"秋叶书友会"销费店下单一次，就会自动成为书友会小店的分销员。

（3）直接加入型，即社群成员只需要同意社群运营者准备好的协议即可获得分销资格。这样的"零门槛"加入分销体系的方式，可以快速推广业务、快速积累用户。

2.设计合适的分销等级

设计分销等级需要考虑两个方面的内容，即分销等级数量和分销关系绑定。

（1）分销等级数量

依据社群而设计的分销等级可以设置为一级分销或二级分销。

一级分销即直接分销。只有当分销者将分销的产品分享给自己的朋友，且朋友购买后，分销者才可以获得销售奖励。简而言之，分销者只能获得"一级朋友"的购买奖励。

二级分销兼具直接分销和间接分销。首先，分销者将分销的产品分享给自己的朋友，朋友购买后，分享者可以获得销售奖励：朋友再将产品分享给他的朋友，朋友的朋友购买后，分销者也可以获得销售奖励。简而言之，分销者既可以获得"一级朋友"的购买奖励，又可以获得"二级朋友"（朋友的朋友）的购买奖励。

在这两种等级中，一级分销比二级分销更直接、更容易解释。

（2）分销关系绑定

分销关系的绑定决定了最终的奖励归属。在社群产品的分销体系设计中，一般有两种分销关系：一种是永久绑定，另一种是限时绑定。

永久绑定是指分销关系绑定后不可更改。例如，分享者 A 将产品分享给自己的朋友 B，B 购买后，即与 A 形成永久绑定的分销关系。以后，B 每次购买社群产品，A 都可以获得奖励。这种绑定方式可以激励 A 将产品分享给更多的朋友。

限时绑定，即分销关系形成后是有时效的，超过一定的时间，分销关系会自动解除。例如，社群运营者设计的分销关系为一周，那么，分享者 A 将产品分享给自己朋友 B，B

购买后，即与 A 形成有效期为一周的分销关系。在这一周内，B 购买社群产品，A 都可以获得奖励。一周之后，B 再购买社群产品，A 就无法获得奖励。这种绑定方式可以激励分享者多次将产品分享给自己的朋友。

相对来说，永久绑定关系多用于扩大用户群，因为这种关系可以激励分销者努力发展更多的"下级朋友"，分销者发展的"下级朋友"越多，分销奖励就越高；而限时绑定关系可以用于提高产品销量，因为这种关系可以激励分销者更努力地去推销产品，推销的范围越大，越可能连接到还没有绑定分销关系的朋友，自己所能得到的奖励也就越多。

3. 设计合适的分销佣金

分销佣金即分销者将社群内的产品推荐给自己的朋友，朋友购买后，分销者能够获得多少分销奖励。

分销佣金一般有固定佣金和百分比佣金两种形式。

（1）固定佣金，即分销者获得的分销佣金与所连接的朋友的数量有关。无论朋友购买了多少产品，分销者只能获得固定金额的分销佣金。分销者如果想要获得更多的分销佣金，就需要连接更多的朋友。

（2）百分比佣金，即分销者获得的分销佣金与朋友的购买金额有关。社群运营者先设定一个销售额的百分比数值，分销者所能获得的分销佣金根据朋友的购买金额而定。朋友购买金额越大，其获得的分销佣金越高。

相对而言，固定佣金适用于扩大用户群，能激励分销者去连接更多的"下级朋友"，而百分比佣金可以激励分销者去获得更多的"分销订单"。

社群运营者可以根据自己的目标设置合理的分销佣金模式。

◆ **活动过程**

任务活动 5：分销变现：借助社交裂变实现巨大营销增量

1. 在社群做分销裂变的意义

_____

_____

_____

_____

2.分销裂变的设计

_____

_____

_____

📊 章节作业

1. 如何实现社群的服务变现？

2. 如何实现社群的交易变现？

3. 社群人脉变现的方式有哪些？

4. 社群知识变现的类型有哪些？

5. 如何设计社群付费产品的分销体系？

学习情境八

扩大社群规模的前提条件和策略

📈 学习目标

➤ 了解扩大社群规模的前提条件
➤ 了解扩大社群规模的 3 个策略

📈 学习过程

情景设计

从"读书会"到"文化社群"的华丽转身。在一个平凡的周末，一群热爱阅读的人在一个小型的咖啡馆里聚集，他们成立了一个名为"悦读时光"的读书会。这个读书会每周都会有一个主题，大家围绕这个主题分享自己的读书心得和感悟。然而，尽管读书会的气氛温馨而富有活力，但成员数量始终徘徊在几十人范围，难以有所突破。读书会的创始人李明并不满足于此。他深知，要想让更多的人加入到这个热爱阅读的群体中来，就必须有所创新和突破。于是，他开始思考如何扩大社群的规模。

首先，李明决定利用互联网的力量。他创建了一个微信公众号，并在上面发布读书会的活动信息、精彩瞬间以及成员们的读书心得。他还积极在社交媒体上宣传读书会，吸引更多人的关注。其次，李明开始尝试举办一些线下的特色活动。他联合了一些文化机构，举办了"文化沙龙""作家见面会"等活动，让成员们有机会与作家、文化名人面对面交流，感受文化的魅力。最后，李明还注重培养社群的文化氛围。他鼓励成员们积极分享自己的阅读体验和感悟，形成了一个良好的交流和学习的氛围。

在李明的带领下，"悦读时光"读书会不断壮大和发展，成为一个具有广泛影响力的文化社群。它不仅为成员们提供了一个分享阅读、交流思想的平台，还成了推动文化传播和发展的重要力量。

📊 任务描述

大规模是社群普遍追求的目标。明确扩大社区规模的前提条件同时基于时间的多个社群链、空间地域社群链、人群的主题社群链。

📊 知识导航

一、明确扩大社群规模的前提条件

有的社群连运营模式都还没有稳定下来，刚建立了口碑就想快速扩张，结果社群运营团队跟不上，一点好口碑很快就被消费掉了。这样的社群相当于还没有走稳，就急着跑，失败当然在所难免。社群规模并不是越大越好。其实在没有做好准备之前，盲目扩大社群规模，就会越快进入衰退期和沉寂期。

扩大社群规模需要满足以下 3 个前提条件。

（一）了解扩大社群规模的目的

如果想要扩大社群规模，首先要考虑一个问题：为什么想要扩大社群？在扩大社群规模之前，一定要想清楚这个问题，否则，盲目操作可能会产生反作用。

有的人只是单纯地认为，社群规模越大越好。他们觉得，拥有几万个社群成员的群才是社群，社群成员少的群就不能被称为社群。

其实，在现实中，小而优的社群往往生存得更久。由于社群的核心是情感归宿和价值认同，社群规模越大，社群成员情感分裂的可能性也就越大。

社群运营者可以换个角度思考一下：如果进入一个人数很多的社群，你做的第一件事是什么？是不是立即开启屏蔽群消息功能，等自己有时间再去翻看群消息？

在人数多的社群里，人和人之间的连接度较低，人和人之间相识及互相了解的成本也更高；能激发每个人都参与讨论的话题很少，无用信息很多，读取信息和筛选有用信息的成本也很高。

相反，在人数少的社群里，话题往往更有针对性，话题参与度更高。不习惯在群内发言的人也容易被识别出来，社群运营者便可以通过一对一连接和有策略的引导，使他在社群中活跃起来，或者通过其他方式提升他在社群中的活跃度。

可见，虽然人人都想组建人多的大社群，但是，人人都喜欢待在小社群里。

因此，扩大社群规模之前一定要弄清楚扩大社群规模的目的，并理性判断扩大社群规模能不能达到该目的，即认真考虑以下两个问题。

（1）希望通过扩大社群规模来解决什么问题？

（2）扩大社群规模是否真的能解决这些问题？

如果扩大社群规模不能真正解决想要解决的问题，那么，当下可能并不是扩大社群规模的最好时机。

（二）做好扩大社群规模的资源准备

扩大社群规模之前，还要考虑第二个问题：是不是真的有能力管理大规模的社群？

要想扩大社群规模，就要从人力、财力、物力、精力等多个角度综合考量。规模的扩大意味着投入的增加，要考虑相应的投入产出比是否能够支撑社群的新规模。

例如，某个号称有20万年轻人的社群曾尝试做一场50万人的线上发布会，但最后只来了7万人。然而，仅仅7万人就导致局面失控了，这7万人中有争吵的、有发广告的……给品牌造成了很不好的影响。社群运营团队复盘后，开始严格控制社群的规模和社群成员的质量。

很多社群在扩大规模的过程中一般会遇到两大难题。

（1）没有合适的运营人才。社群规模一旦扩大，可能会马上引起社群运营失控，从而导致社群口碑急剧下降。

（2）没有足够的管理人才。有的社群在扩张时为了有足够的运营人才，会在短时间内扩张运营团队。而运营团队的快速扩张会导致管理成本增加，如果让没有足够的管理经验的人去管理运营团队，他往往处理不好运营团队的内部冲突。

要解决以上难题，一个比较有用的方法是"先慢后快"。在社群运营前期，社群运营团队就要有意识地去积累各种人才；等需要扩大社群规模时，就可以让人才各就其位、各司其职。

例如，秋叶PPT团队经过3年的发展，从运营1个群增加到运营30个群，但真正一直保持活跃的群现在总体控制在6个，更多的群是有事就"激活"一下，平时"不激活"。

秋叶PPT团队虽然也愿意把活跃群扩大到30个，但是不能确定现有的运营人才能否胜任规模扩大后的运营工作。6个活跃群在管理层看来已经够多了，一个群可以容纳2000人，6个群的总人数很可能破万。1万个人管理起来已经有些吃力，更不用说在运营过程中，还需要足够的人才为社群成员服务，如答疑、更新资料、通知课程升级信息、通报新课程上线信息、解决社群成员的个性化问题等。人数越多，工作量也越大。就这样，考虑到还没有足够的运营人才去激活30个群，更多的时候，团队只在每个群成立的第一个月，开设一个高活跃度的21天训练营，然后进入低活跃度维护模式。

因此，如果找不到足够的运营人才和管理人才，也没有明显的赢利方式，最好不要轻易扩大社群规模。

社群规模扩大的逻辑是，先从社群内部和社群外部找到一些社群运营人才，让他们成为社群运营团队的核心成员，然后再让他们作为社群的种子用户逐步加入复制形成的新社群，并引导新社群向良性的方向发展。这样形成的规模化社群才是可控的。

以秋叶PPT学员群为例，其先成立了"和秋叶一起学PPT1群"，在开放人员加入之前做了大量铺垫，使得社群成员的数量快速突破了300人。这也是最活跃、复购率最高的秋叶PPT社群，因为这个社群的主要成员是当年课程一上线就毫不犹豫支持秋叶大叔的人，这是"铁粉"群。

这个社群也涌现了大量优秀的社群成员，他们先后被引入核心运营群，他们的角色也就从社群成员转变为社群讲师去答疑、互动、引导，后来又转变为秋叶PPT系列课程的开发主力。

这样，随着社群的发展，社群的运营力量和师资力量也在不断地获得提升，此时再去扩大社群规模，招募更多社群成员，就不会降低社群的服务质量或降低社群成员的体验。

（三）明确社群文化复制模式

任何组织想要持续存在就必须形成一套有鲜明特征、打上自己烙印的文化体系。因为资源会枯竭，唯有文化才能生生不息，这是社群生命力的核心，也是社群得以复制的核心。

以秋叶PPT学员群为例，秋叶大叔带领运营团队先成立了第一个社群"和秋叶一起学PPT1群"，等社群运营进入良性循环后才开始启动第二个社群的建设。在第二个社群筹备期间，运营团队通过事先沟通，转移了第一个社群的部分老社群成员到第二个社群，于是第二个社群刚建好就已经拥有了一定的规模，这样，新人入群时就会对社群产生良好的第一印象。同时，老社群成员在群里自然而然地就会按照第一个社群的规则把"自觉不刷屏""禁言文化"传承下去，并引导新社群成员遵守这些社群规则，这个过程几乎不需要运营团队的干涉和引导。

等第二个社群人数快满的时候，运营团队开始建设第三个社群，同样交叉引入老社群成员和新社群成员。后续的第四个社群、第五个社群、第六个社群的建立和运营也都是

如此。将新老社群成员结合，会让入群的人一开始就感觉自己加入了一个人数较多的社群，容易形成"抱团"在线学习感，又借助老社群成员自然传承下去的禁言文化，为社群管理打好基础，社群文化也就自然得到了复制。

就这样，社群规模以一种有序的方式逐渐扩大，虽然人数众多，但通过规范的运营，新老社群成员都可以快速认同社群文化、遵守社群规则。

这样的社群文化复制经验也被其他社群运营团队用在其他社群的运营上。例如，在秋叶系高端社群"个人品牌IP营"中，社群运营团队会在新一期开始时，优先邀请上一期的老社群成员加入，每一期都有50%的社群成员是"老社群成员"，他们很自然地把老社群的聊天氛围带到新社群。这样，新人加入新社群后，会自然地去适应社群氛围，被同化后就很容易适应社群的内部交流风格。

只有确保社群的文化基因可以复制，社群的影响力才会随着社群规模的扩大而增强。

◆ 活动过程

任务活动1：明确扩大社群规模的前提条件

1. 扩大社群规模目的

_____

_____

_____

2. 扩大社群规模资源准备

_____

_____

_____

3. 明确社群文化复制模式

_____

_____

_____

二、基于时间的多期社群链

基于时间的多期社群链，即常见的"××群1期""××群2期""××群3期"类的社群链。在这样的社群链上，不同的子社群有不同的建立时间和活跃时间。需要注意的是，当新社群构建完成并开始活跃的时候，前期的子社群的活跃度一般会降低。

基于时间的多期社群链上的子社群往往具有相同的社群定位、社群主题及稳定的运营团队。其首期的运营效果决定着后续是否会有更多的子社群。如果首期社群运营顺利，运营效果较好，找到了合适的变现方式，且社群的口碑不错，那么，社群运营者就会在首期运营的中后期开始策划二期，以吸引新人加入子社群。

随着一期一期的累积，基于这个社群主题的社群链就会变得很长，社群就会拥有庞大的社群规模，在该主题领域具有更大的影响力。

以在线课程为主要输出价值的社群，可以使用多期社群链的扩张方式。打造多期社群链包括以下3个关键步骤。

（一）逐步发现核心运营人才

打造基于时间的多期社群链最好的策略是"以老带新，滚动发展"，而不是"积极宣传，快速增量"。逐步发现核心运营人才的过程如下。

（1）先建立一个优质的社群，一边运营一边发现运营人才。

（2）通过社群成员的更新留下"同频"的人，让其加入运营群。

（3）在运营群中指导运营人才掌握社群运营技巧，培养其运营能力，并安排他们负责运营助理的工作。

（4）等到拥有足够多的运营人才，以及现有社群规模扩大到一定程度后，再带着他们中的一部分人建立新社群。在新社群中，引导他们一段时间后，便可放手让他们独立负责运营。

（5）在新社群的运营过程中，如果发现了特别优秀的运营人才，要及时引导他加入核心运营群进行培养。

如此循环下去，就可以不断地从社群发展过程中发现运营人才，也可以不断地为运营人才提供成长的环境。

例如，剽悍一只猫的"22天行动训练营"就是先在剽悍一只猫的核心粉丝群里找到一批优质的社群成员，请他们加入运营群，然后定期或不定期和这些社群成员分享交流运营经验，逐渐将他们发展成新的"22天行动训练营"的班主任、组长，让他们带着新的社群成员一起学习，等在新的社群成员中发现了运营人才，又将其导入运营群进行培养。

（二）在首期社群中打造社群的口碑

在实际运营中，可以采取以下 3 种方法打造社群的口碑。

首先，在社群建立之初，安排几名运营团队的成员在社群中不断引导社群成员关注有用的信息，关注收获，关注技能的习得，关注自我提升，并引导其分享，从而让社群成员感知社群的价值。

其次，在首期社群以及前几期社群中，所有宣传文案只需要准确描述社群价值即可，甚至在宣传社群价值时要有所保留。这样，加入社群的成员就会时不时地发现"惊喜"，从而愿意主动宣传社群。

再次，在新媒体平台提高社群曝光度。例如，阅读类社群可以引导社群成员阅读后通过思维导图、PPT 或手绘制作一份高质量的读书笔记，并引导其将读书笔记分享到微博、微信朋友圈。这样一方面可以让社群成员获得被关注、被赞赏的成就感，另一方面可以提高社群的曝光度。

（三）收集反馈信息，快速迭代

很少有社群从一开始就能做得完美。很多社群都在实践中走过弯路，改进后才找到适合自己的发展路径。因此，在首期社群运营时，社群运营者还需要定期或不定期地收集社群成员的反馈，根据反馈快速迭代，逐渐完善价值体系，从而获得真正独特的竞争力。

在条件允许的情况下，可以模仿小米建立小米社区的模式，建立一个社群成员可以自由交流、自由点评社群价值的意见小社群。在这样的小社群内，社群成员可以畅所欲言，谈论社群的价值、社群的产品或服务、社群的品牌，社群运营者从中可以收集社群成员对社群真正的反馈，并根据反馈进行迭代优化。

这样，当社群成员看到自己的反馈被采纳时，他就会受到激励，更愿意跟社群站在一起，为社群的发展出谋划策，从而社群拥有较强的凝聚力。这样的凝聚力也是社群继续成长壮大的助力。

◆ **活动过程**

任务活动 2：基于时间的多期社群链

1. 逐步发现核心运营人才的方法

_____

_____

_____

2.三种方法打造社群口碑

_____

_____

_____

3.收集反馈信息，快速传递并优化

_____

_____

_____

三、基于空间的地域社群链

随着社群成员的不断增加，社群内会逐渐形成新的文化，尤其会呈现出明显的地域特征。同一个地区的社群成员关注的话题往往更为相似；而一个地区的社群成员激烈讨论的话题，其他地区的人可能会毫无兴趣，因为他们的生活环境不同，也就产生了不同的沟通需求。

因此，在人数多的庞大社群内很容易出现话题无法统一的情况。此时，社群运营者就需要进行地域化建设，这就是经常在各大社群中见到的"分舵模式"。

这种基于空间建立的地域社群链是很多社群常用的复制模式，因为这样可以快速扩大社群的规模。不过，这种模式会因为社群扩张速度过快，而难以培养出合格的运营人才、复制好的社群文化，从而导致大量的加盟社群运营一段时间后就沦为"灌水群"和"广告群"，和主社群脱节，影响社群口碑。很多社群选择了快速扩张，反而走向了衰败。

因此，要基于空间构建地域社群链，需要做好以下3件事。

（一）设定明确的申请门槛

多数"分舵"社群并不是由主社群直接管理的，因而可能会出现管理混乱的情况。

为了保障"分舵"社群的运营和发展，主社群需要制定专业的申请章程，明确"分舵"社群的权限是什么、"分舵"社群管理者必须具备什么样的条件、"分舵"社群的建立需要具备什么条件等。"分舵"社群管理者必须按照主社群的要求填写申请书，主社群管理者需要判断申请书中的内容是否真实，"分舵"社群管理者及其团队是否有足够的时间维护"分舵"社群、是否有组织活动的经验与能力，不合格则不予批准。

这样的申请门槛和筛选机制可以让"分舵"社群管理者明确自身的权利与义务，从而以专业的态度和素养来运营社群。

 社群营销

一般情况下，申请书需要包括以下内容。

（1）"分舵"社群管理者的个人介绍。

（2）"分舵"社群管理者对主社群的了解。

（3）"分舵"社群管理者是否愿意接受主社群的监督，是否认同主社群文化。

（4）"分舵"社群管理者是否有足够的时间管理"分舵"社群。

（5）"分舵"社群管理者是否有组织线下活动的经验。

（6）"分舵"社群管理者是否在其区域内具有知名度。

（7）"分舵"社群管理者是否愿意接受培训。

（二）有明确的角色要求

成立"分舵"社群类似于成立实体企业的分公司，并不是仅仅招募一个管理者就可以使"分舵"社群正常运转起来的。因此，主社群在制订建立"分舵"社群的计划时，也需要考虑"分舵"社群的运营需要哪些角色，对各个角色各有什么要求。

例如，橙子学院实行"橙子合伙人制度"，每个城市有3～20名合伙人，大家做好角色分工，在合伙人群中相互交流经验，定期分享观点。在"橙子合伙人"招募通知中，设定了"橙市长""策划橙""资源橙""微信群运营橙"等角色，各种角色要求如表8-1所示。

表8-1　橙子学院"橙子合伙人"的角色要求

角色	角色说明	技能要求
橙市长	愿意带领大家一起成长，有责任感、有担当、能服众的"超级英雄"。	1. 搭建本地合伙人核心团队，建立组织架构，开展社群活动。 2. 与其他合伙人交流切磋，一起完善社群发展出路。 3. 提交每月发展报告。
策划橙	点子多、想象力丰富、擅长组织各种活动的创意"达人"。	1. 策划线上、线下社群活动并落地执行。 2. 做好活动反馈调查表。
资源橙	喜欢参加各种社群活动，有一定的学习资源、讲师资源和场地资源。	1. 对接讲师、场地。 2. 熟悉活动组织流程和注意事项。
宣传橙	喜欢摄影、写作，喜欢新媒体，擅长运营公众号。	1. 集齐几位宣传团队成员，包括摄影师、公众号运营人员、文案人员，一起展现社群活动的精华。 2. 收集社群活动的相关照片和信息，做好宣传工作。
微信群运营橙	幽默有趣，善于活跃气氛，喜欢线上社交并且愿意花时间和社群成员打成一片。	1. 和策划橙一起带领大家头脑风暴。 2. 幽默有趣，能活跃气氛。

此外，橙子学院还要求各地合伙人社群成立后完成一些任务，具体如下。

（1）建立地方微信群和地方管理团队，学习社群运营的相关技巧，完善社群管理制度。

（2）若无特殊情况，每月至少组织一次线下活动并撰写回顾文（回顾文要求有照片、文字）。

（3）建立地方专属公众号，作为信息发布平台。

（4）配合主社群落地执行各项工作。

这样明确的角色要求以及职责要求，有助于吸引合适的"分舵"社群管理者，从而确保"分舵"社群正常运转。

（三）主社群与"分舵"社群互动

对于"分舵"社群，主社群应当给予其足够的关注。例如，"分舵"社群若要举办大型活动，主社群应当在微博、微信等平台进行预告、展示，帮助"分舵"社群增强活动的影响力。主社群甚至可以提供道具和活动材料，并派遣专人前往现场，使"分舵"社群的运营更为专业、合理。

例如，女性励志社群"趁早"总部有专业的运营团队，有官方微博、微信公众号；在其他城市，有社群成员自发形成的运营团队，有他们自行注册的所在城市的社群微博、微信公众号。其他城市的运营团队会积极参与总部活动并给予反馈，总部也会时不时地在自己的新媒体账号中推送这些"分舵"社群的相关内容，积极与"分舵"社群联系和互动。

主社群与"分舵"社群一旦形成良好的互动关系，所有社群就都将建立起完整、统一的价值观，让社群影响力进一步增强，社群文化深度进一步拓展。

有序建立的"分舵"社群需要依托于主社群的存在而存在，需要拥有与主社群一致的社群文化；同时，也要建立自己独有的具有地域性的文化特质，从而满足所在地区的"分舵"社群成员的需求。这样的"分舵"社群因为从社群成员的角度创建了全新的亚文化，完善、补充了主社群的文化，所以更具影响力和有更高的活跃度。

◆　活动过程

任务活动3：基于空间的地域社群链

1.设定明确的申请门槛

2. 有明确的角色要求方法

_____

_____

_____

3. 主社群与"分舵"社群互动方式

_____

_____

_____

四、基于人群的主题社群链

基于人群的主题社群链,即基于部分社群成员的共同特点延伸出更多的新主题的社群链,如从橙为社群分化出手绘社群、读书社群、跑步社群等。

随着社群的不断壮大,社群内会渐渐分化出新的小圈子,小圈子的主要成员是一部分爱好更为一致的社群成员。相较于其他的社群成员,这部分社群成员的需求更加垂直。

社群一旦形成了多层次、多角度的小圈子,就可在原社群的基础上建立细分社群,让社群成员进入分类更精准的兴趣小组。这样从原社群衍生出来的新社群不仅带有原社群的文化特质,还衍生出了新的小群文化,更具潜力与活力。

从这个角度看,基于人群的主题社群链的打造主要是由社群成员决定的。当原社群发展到一定的规模时,社群运营者就可以围绕社群用户发展出具有多元文化的多主题子社群,以打造社群的多元化特征。

要打造基于人群的主题社群链,需要注意以下 3 点。

(一)打造统一的社群品牌

相对来说,在主题社群链中,子社群和子社群、子社群和原社群之间的联系可能并不大,甚至看起来可能没什么关系——子社群之所以被孵化出来,是因为其主题与别的社群的主题不同。

细分社群成员具有什么样的需求,社群的发展就要满足相应的需求。如果这个需求是部分社群成员的需求,那么,社群可能就会孵化出能够精准满足这些社群成员的需求的子社群。这些子社群由于主题不同,极易形成不同的社群文化,甚至还会形成独立的社群品牌。

因此,社群运营者在原社群孵化出小主题子社群之前,需要建立一个统一的社群品牌，并通过运营使品牌获得一定的影响力；在此基础上，再根据社群成员的需求，主动孵化出新的小主题子社群，并在名称上巧妙地与原社群品牌相关联。当子社群因独特的主题吸引新的成员加入时，原社群品牌的影响力就可以得到延伸和壮大。

一些以付费产品为核心的社群尤其要注意这个逻辑。先打造一个"爆款"付费社群，塑造一个社群品牌，然后再根据社群成员不同的需求，延伸出更多的付费子社群。

例如，秋叶团队先打造了"秋叶 PPT"网课、学员群和秋叶品牌，在品牌获得一定的影响力后，才进一步规划了产品线。秋叶团队先推出以职场新人学习技能为主的"和秋叶一起学工作型 PPT""和秋叶一起学手机摄影""和秋叶一起学时间管理"等价格低的在线网课。后来，随着社群成员的成长，社群的目标人群发生了改变，秋叶团队便推出了定位于职场人士研习专业技能的"秋叶 Excel 数据处理训练营""秋叶的视觉设计训练营""秋叶直播变现训练营""秋叶写作训练营"等价格相对较高的在线训练营。

虽然不同主题、不同价格的子社群很多，但人们记住的这些社群的品牌都是"秋叶"。随着诸多子社群的发展，"秋叶"品牌的影响力得以进一步增强。

（二）给予社群充足的资源支持

原社群孵化出的小主题子社群往往在成立之初没有足够的运营能力。此时，原社群需要向子社群给予资金、人气、嘉宾资源、经验等方面的支持，扶持子社群成长。

一般情况下，对于新成立的子社群，除了资金支持，原社群还可以提供以下几项支持。

（1）人气支持。刚成立的子社群号召力往往不足，原社群可以通过自己的新媒体平台推荐子社群，也可以邀请在原社群内表现活跃的社群成员加入子社群，并鼓励他们参与子社群的活动，为子社群的发展出谋划策。

（2）嘉宾资源支持。在子社群成立之初，原社群需要积极为子社群提供嘉宾资源，邀请有知名度的专业人士到子社群参加分享活动。

（3）经验支持。在子社群成立之初，原社群需要将总结的经验分享给子社群的社群运营者。如果子社群数量较多，可以将不同子社群的社群运营者都聚合在一起，建立一个经验分享群。在经验分享群内，大家可以定期或不定期地分享社群日常运营经验、线下活动举办经验、用户运营经验等；当某个子社群遇到运营难题时，大家也可以一起讨论解决方法。

（三）为咨询者对接合适的子社群

在主题社群链中，子社群和子社群之间并非竞争关系，而是"兄弟姐妹"关系。因此，当有人向运营团队咨询社群的相关内容时，接待人应积极接待和按需引导，将咨询者对接给合适的子社群运营者。

例如，当有咨询者来咨询不同主题的社群事宜时，接待人与之进行简单的沟通后，就会将其对接给合适的秋叶系子社群运营者。

如果一个大社群品牌下拥有诸多子社群，那么还需要通过一些表格实现标准化对接。例如，为了确保用户咨询有人接待，且对接到合适的子社群的社群运营者，需要建立一份"用户咨询对接表"，如表8-2所示。

表8-2　用户咨询对接表

序号	用户称呼	咨询时间	咨询渠道	用户需求	对接处理	接待人	备注

为了保障跟进结果，各个子社群的社群运营者还需要建立"用户跟进处理表"，如表8-3所示。

表8-3　用户跟进处理表

用户姓名		联系地址	联系电话		邮箱地址
用户信息	类别	用户基本情况			
	□新用户 □老用户	□老用户推介的新用户 □新媒体平台咨询用户 □电话咨询用户	用户预算： 用户需求： 用户对竞品的了解或购买情况： 用户对本社群产品的了解或购买情况：不清楚 / 听说过 / 购买过 / 多次购买		
信息记录	接待人	×××	跟进处理人	×××	
	日期	沟通渠道	沟通 / 跟进情况		结果
	××××1 ××/××	微信	1.老用户×××介绍的新用户；或者，用户在微信公众号留言咨询 2.加用户微信 3.了解用户情况，记录用户需求 4.了解用户预算 5.向用户推荐产品，用户对该产品感兴趣，询问产品的详细信息 6.向用户介绍其他用户的使用情况和使用评价 7.用户咨询购买情况 8.给用户发送购买链接 9.用户下单完成购买 （以上信息按实际进度填写）		继续跟进 / 转化完成

为了统计用户跟进情况，及时激励接待人和对接处理人，还需要建立"用户跟进统计表"，如表8-4所示。

表 8-4　用户跟进统计表

序号	用户称呼	接待人	接待时间	对接时间	对接人	对接项目	对接结果	备注

以上工作表仅供参考。在实际工作中，社群运营者可以根据实际情况增删表格信息，设计适合自己社群的工作表，以实现多个主题社群之间的高效对接。

◆ 活动过程

任务活动 4：基于人群的主题社群链

1. 打造统一社群品牌方法

_____

_____

_____

2. 给予社群充足资源支持方式

_____

_____

_____

_____

3. 为咨询者对接合适子社群方法

_____

_____

_____

📊 章节作业

1. 扩大社群规模有哪些前提条件?

2. 如何打造多期社群链?

3. 如何打造地域社群链?

4. 打造主题社群链有哪些注意事项?

参与感提升用户活跃度

📊 学习目标

➤ 熟悉让社群活动更好玩的方法
➤ 了解扩大社群规模的 3 个策略

📊 学习过程

情景设计

　　某知名运动品牌，在社群运营中，始终注重提升用户的参与感。他们尝试通过举办各种有趣的、互动性强的活动，来激发用户的参与热情。其中，最成功的一次活动是他们举办的"运动打卡挑战"。在这个活动中，他们鼓励用户在社群中分享自己的运动瞬间，无论是晨跑的照片，还是健身房的自拍，只要是与运动相关的内容，都可以参与进来。同时，他们还设立了一系列的奖励机制，比如连续打卡一周的用户可以获得品牌优惠券，打卡次数最多的用户可以获得限量版运动装备等。除了"运动打卡挑战"外，该品牌还定期举办各种线上线下的活动，比如线上直播教学、线下运动体验活动等，通过这些活动，让用户能够更深入地参与到品牌的运营中来，从而进一步提升用户的参与感和活跃度。

📊 任务描述

　　参与感是诸多社群成功的秘密，也是社群运营者必须掌握的运营策略。如何在社群活动、产品设计以及社群管理中植入参与感，是社群运营者必须思考的问题。

 知识导航

一、好玩是社群活动的重中之重

2016年年初，阿里巴巴CEO张勇发表讲话称："商业正从物以类聚走向人以群分。"这是因为，在个性化和小众化消费的崛起中，用户很少再因为某个产品而聚集，更多是缘于个性的趋同。

简单来说，用户之所以聚集在一起，更多是因为他们拥有相近的兴趣爱好，也就是说——觉得好玩。好玩也是社群活动开展的重中之重。

那么，你该如何借助好玩提高用户参与感，让用户和社群更活跃呢？

（一）为什么网络游戏好玩

1. 即时反馈

在所有互联网产品中，参与度最高的产品是什么？毫无疑问是网络游戏。相比其他活动，网络游戏的乐趣究竟在哪儿？

在游戏中，玩家的每个操作如单击、移动鼠标或敲击键盘等都可以获得即时反馈。这是大多数活动都无法实现的。即使是在即时聊天中，你都可能因为网络延迟或对方反应慢，而失去即时反馈的体验。

正是这样的即时反馈让玩家感受到极大的乐趣。在各种游戏中，根据即时反馈的激烈程度，游戏的受欢迎程度也有所差别。

比如，时下最流行的游戏就是电子竞技游戏，如"英雄联盟""穿越火线"等，在这些游戏中，游戏内容瞬息万变，玩家必须集中精力参与，过程中玩家感受到的刺激也较多；相比其他游戏，策略类游戏则受众较小，因为这类游戏通常需要运营相当长的时间，才能迎来较大的转变。

2. 激励

玩家之所以全身心地参与，自然不是单纯为了刺激自己的大脑，而是因为这种参与能够给予玩家一定的激励，如游戏币、经验值或兑换积分等。游戏币、经验值可以提高玩家操作角色的能力，而兑奖积分则能够兑换实体物品。

为了获取这些激励，玩家愿意花费更多的时间，也愿意不断学习相关的技术，以提高自身获取激励的效率。

试想一下，如果在一个竞技游戏中，所有人的等级、装备都没有差别，这款游戏还能吸引多少玩家呢？

3. 成就

在国内热门网游中，多款游戏都已经实现千万玩家同时在线的纪录，其注册用户数量也能够轻松破亿。网游为何能够赢得如此多的用户？因为在游戏本身赋予玩家乐趣的同时，在与其他玩家的竞技中，玩家还可以获得更多的成就感。这种成就感也让玩家的乐趣进一步落地。尤其是热门游戏对玩家而言更具意义，在他们进入各种"圈子"时，都可能遇到同款游戏的玩家。此时，他们在游戏中获得的成就，就能够反向影响其现实的社交关系。

（二）让社群活动更好玩

如果没有好玩的活动，即使每天发红包，你的社群也会面临大量的用户流失的情况。

当你认识到网络游戏的好玩之处时，就可以学习借鉴，打造出更加好玩的社群活动，让社群用户都积极参与其中。

1. 即时互动

在社群活动中，你一定要保证互动的即时性。

比如，有些社群为了维持社群活跃度，推出了一个固定的活动形式，即 20：00—21：00 邀请嘉宾与用户进行主题交流。这些主题交流活动都很有趣，但群主仍然无奈地发现，活动的参与者越来越少，原因何在呢？因为这一个小时的主题交流就像回到课堂，只有中间 10 分的时间可以交流，其余时间都只是单纯听嘉宾讲课。如果没有极大的兴趣，谁愿意参与这样的活动呢？即使有兴趣，单纯的听讲也会让用户感到厌烦。

在社群活动中，你必须不断提升互动的即时性，在活动中实时进行互动。以上述案例为例，在嘉宾"讲课"时，你要安排专员负责与用户进行实时互动，对于较为深入的问题则可以记录下来，在筛选之后向嘉宾反馈，让嘉宾即时回应，用户还能不断与嘉宾探讨，如图 9-1 所示。如此一来，大多数用户都能获得"听众来电"的体验。

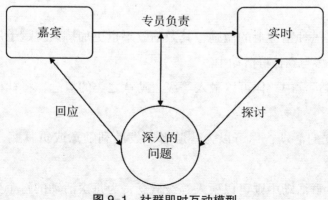

图 9-1　社群即时互动模型

2. 多元激励

只有激励才能让用户热衷于参加社群活动。然而，如果你只会用红包激励且不谈效果如何，你付出的成本与收益也不成正比。

在社群活动中，你必须结合多种激励手段，除现金红包、优惠券等实物激励外，还包括各种精神激励。

具体而言，在组织社群活动时，针对用户的每一次反馈，你都要制订相应的激励方案。

首先，参与有奖，用户只要参与活动可能获得某个奖品，以此激发用户的参与热情。

其次，反馈有奖，在社群活动中，如果"粉丝"能够做出某种贡献，如提意见、做策划、找 BUG 等，都可以获得相应的奖励，从而调动用户的主观能动性。

最后，获胜有奖。任何活动的成功都需要融入比赛的元素。只有这样才能让用户更加积极，而比赛获胜的奖品也要足够诱人，如图 9-2 所示。

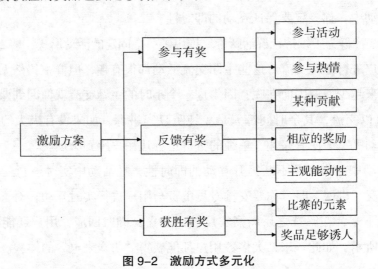

图 9-2 激励方式多元化

3. 成就养成

成就更多的是一种精神上的激励，其激励效果也更加持久。赋予用户成就感，能够让用户更加积极地参与到社群活动中。

因此，在社群运营中，你可以融入等级、勋章之类的概念，将社群活动纳入一种养成系统之中。

针对每次独立的活动，你可以为获胜者颁发胜利勋章或贡献奖，并在社群内进行通告。

而在持续的社群活动中则可以融入等级概念，为每次活动的每个奖项设定相应的积分，如获胜得到多少积分、提意见得到多少积分，随着积分的增长，等级也会随之增长，当用户等级达到某个层次时，则可以获得该层次的奖励。

比如，在设定好每次活动积分和"升级经验"之后，当用户达到 5 级时，可以获得"资深用户"并具有会员资格；当用户达到 10 级时，则能够成为忠实用户，并获得实物勋章和实物奖励；当用户达到 20 级时，则自动成为"元老"，享有各种高级权限，并获得实物奖励。

◆ 活动过程

任务活动 1：好玩是社群活动的重中之重

1. 及时地反馈使网络游戏好玩

_____

_____

_____

2. 让社群活动更好玩的方法

_____

_____

二、社群活动策划中如何植入参与感

社群活动是提高用户参与感的关键，也是展现社群好玩性的重要渠道。然而在社群遍地的今天，很多人会陷入这样一种尴尬局面：无论组织怎样的活动，用户的反馈不外乎"没意思""真没劲"等。

究竟怎样的活动才能让用户满意？与其自己苦苦思索，不如直接让用户告诉你。在活动策划中植入参与感，以此让用户和社群更活跃。

（一）让用户策划活动

要在活动策划中植入参与感，最直接的方法就是直接让用户策划活动。例如，在社群里发起投票："大家想要怎么玩？"让用户选择一个玩法，你负责组织和提供经费即可。不过，在让用户策划前后，社群组织者需做好以下工作。

1. 设定活动主题

每次社群活动的举办都会有相应的目的，如新品推送、优惠发放等，而社群活动的

开展必须为这些目的服务。因此，为了更好地引导用户，在让用户策划活动之前，你要先设定好活动的主题，如新品发布会、年度特卖会等，让用户根据这些主题进行策划。

2. 限定活动主题

让用户直接策划活动的策略十分大胆，因为你永远不知道用户会做出怎样的选择。

另外，面对诸多方案，众口难调，诸多用户也很难做出最终的抉择，还可能会引起社群内的冲突。

因此，在让用户策划活动时，你可以预先设定并提出几个大致的活动形式，让用户进行票选。与此同时，用户可以反馈活动改进意见，你可以根据实际情况决定是否采纳，如图9-3所示。

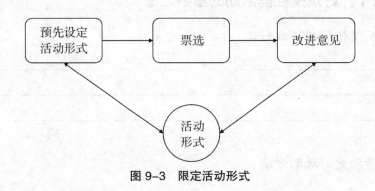

图9-3　限定活动形式

3. 组织票选活动

票选活动本身就是一种社群活动，它也是很好的造势方法。因此，你要尽量让更多的用户参与到票选中，从而在该阶段就能够调动社群的活跃度。

与此同时，如果活动是由用户自己选出来的，他们的参与欲望也会更强烈。

即使部分用户选出的活动无法最终成行，但这样的票选活动也能够展现你对用户的尊重，让他们更加认可这个社群，并感觉到这个社群好玩。

4. 安抚落选活动

有票选自然就有落选，面对那些选择的活动未能成行的用户，你也要做出一些补偿，让他们能够积极地参与到此次活动中来。

具体而言，你可以制订规则：每期票选活动之后，在第二次票选中，上次票选获胜的方案将排除在候选名单中，并增加新的备选方案。

如此一来，既能够抚慰那些落选活动的支持者，也能够避免每次举办相同的活动，让用户感到厌倦。

在设定好活动主题、限定好活动形式之后，无论用户作出怎样的选择，其实都在你可接受的范围内，而且能够实现你的活动目的。与此同时，赋予用户一定的选择权，则能够极大地调动用户的积极性，从而提升社群活跃度和用户的参与感。

（二）让用户策划细节

将活动的选择权交到用户手中，难免会存在诸多的不可控因素，因此，让用户策划活动，需要你采取更完善的管理方法。尤其是基于某些活动目的，可能有相应的活动才能奏效，此时，你可以退而求其次，在自己把握活动主题及节奏的同时。开放部分细节交由用户策划。

1. 让用户选择代言人

品牌的发展离不开一个合适的代言人，代言人能够为你的品牌形象代言。在以其自身形象提高品牌形象的同时，也能够将其粉丝转化为品牌的用户。

然而，究竟哪个明星或"网红"才适合担任品牌代言的角色呢？

此时，你不妨将代言人的选择权交给用户，根据自身定位和经费预算，你可以给用户几个选项，让用户从中选择。

事实上，根据用户关联原则，如果你的用户都喜欢某个明星，那这个明星的粉丝对你的品牌产生兴趣的可能也较大。

2. 让用户决定活动时长

在演唱会的结尾，我们总能看到粉丝高叫着返场唱，演唱者也会应粉丝要求返场数次，从而满足粉丝的需求。

在社群活动的策划中，如果是用户都十分期待的活动形式，那么，你不妨将活动时长的决定权交给用户。

如果你初步设定的活动时长只有7天，而在这7天中，用户参与性极高，而且纷纷要求延时，则可以适当延长活动时长。

3. 让用户设定活动频率

当你的某次社群活动成功后，你就应当开始考虑将其打造为一种固定的活动形式，使其发挥最大效用。然而，究竟应该多长时间举办一次活动呢？此时，你同样可以交给用户决定。

在活动成功举办之后，根据活动规模你可以给出年度、季度、月度甚至是周度的选项，让用户进行选择，如图9-4所示。之后可以按时举办，而用户对于自己票选出的活动，自然也会表现出更高的参与热情。

4. 让用户策划社群节

当你具有了相当规模的粉丝数量时，就可以学习小米，举办属于自己的社群节，让社群用户在这一天可以集体狂欢。

那么，社群节应该如何策划呢？

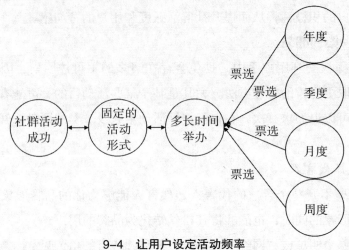

9-4 让用户设定活动频率

首先是举办时间。为了切合品牌主题，社群节的举办时间最好放在社群成立的时间。这样的社群节更具象征意义。

其次是活动内容。粉丝节的活动内容不外乎新品推出、旧款优惠、线上互动、线下游戏等。根据用户的诉求，对这些活动也应当有所侧重。

最后是活动时长。随着社群的不断壮大，你的社群节时间也应相应延长，直至发展为"社群月"，在某一个月份，持续举办各种庆祝活动，如图9-5所示。

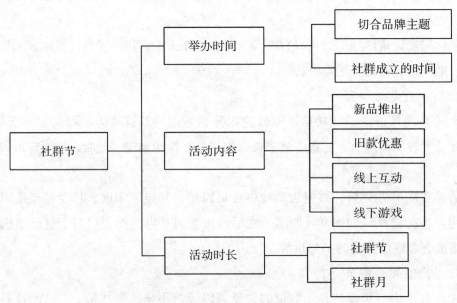

图 9-5 让用户策划社群节

5. 让用户决定优惠服务

优惠、折扣是营销活动的惯用手段，但如果只是打折销售，未免有些缺乏新意，你的折扣也不一定能够让用户满意。

那么，具体应该给予多大的优惠力度呢？很简单，将准备优惠出售的商品陈列出来，推出"你的折扣你做主"活动：用户的每一次点击都会让价格相应降低。也就是说，越多用户单击这件商品，它的优惠幅度就越大。

根据你的赢利需要，你也可以为每件商品设置"底价"，即最低折扣。而在活动中，则要秉持公开透明的原则，让用户看到一次点击能够带来多少优惠，现在的折扣又是多少，从而激发用户参与。

让社群用户直接策划一个完整的活动，在实际操作中有很大的难度。此时，你可以将一个活动分解成若干个环节，挑选出其中最简单、最有趣的环节，让用户来操作。

◆ 活动过程

任务活动 2：社群活动策划中如何植入参与感

1. 让用户策划活动的方法与目的

_____

_____

_____

2. 让用户策划细节的方法与目的

_____

_____

三、塑造社群产品设计中的用户参与感

在这个小众化和个性化消费崛起的年代，大多数人对 DIY 都有着极强的兴趣。如果自己的 DIY 产品能够获得更多人的认可，无疑他们会极具成就感，那么，你是否可以让用户对你的产品进行 DIY，并放在社群中进行票选呢？

在如今的商业市场中，我们能够看到很多开源的产品，其中最为成功的无疑是谷歌的安卓系统。在全球智能手机系统市场中，安卓系统占据高达半数以上的市场份额。

为何安卓系统能够获得这样的成功？因为基于安卓系统的开源，各个细分市场都能根据自身需求对其进行改善。

比如在国内市场中，根据国内用户的使用习惯，很多厂商都会对安卓系统进行再开发，如小米的 MIUl、魅族的 flyme、华为的 EMUI 等系统。同时，用户使用这些系统时，还具有一定的 DIY 权限。如此一来，安卓系统就能够满足大部分用户的需求。

反观闭源的苹果 ios 系统，虽确实能够避免第三方开发，能让系统体验免于受到损害，但却对产品的设计开发提出了巨大挑战，苹果在设计 ios 系统时，必须考虑全球各个地区、各种文化用户的使用需求。事实上."开源"绝不仅仅局限于 IT 和互联网行业。在社群经济下，任何企业都可以尝试产品"开源"。

当你成功激发用户的 DIY 欲望时，用户就会积极参与到这个好玩的活动中，而由用户设计产品本身就是一种有效的激励措施。在用户根据自身需求进行设计或完善之后，这款新生的产品也更加符合用户的实际需求。如此设计出来的产品不仅开发成本更低，市场风险也更低。

那么，你应该如何让用户参与到产品设计中呢？

（一）让用户设计产品

让用户直接参与到产品的设计当中，能够极大地调动用户的积极性和创造性。而由用户自主设计出的产品也几乎很难遭遇失败——谁不喜欢自己创造出来的产品呢？

乐高玩具一直位列全球十大玩具厂商之一，可是在 2015 年上半年，乐高却凭借 21 亿美元销售额列全球玩具厂商首位。为何乐高能够实现如此快速的增长呢？通过对乐高玩具销售额的分析不难发现，其中 60% 的销售额都是源于玩具模型。换句话说，大部分玩家之所以选择购买乐高玩具，就是因为看中其模型设计，想要按照设计图拼搭出成品。而这些独具魅力的设计图，正是源自乐高创意平台。

乐高的拼砌玩具伴随着无数孩子的成长，但在拼接这些乐高玩具时，有的玩家只是按图索骥，照着说明书去拼；有的玩家则更喜欢自主设计、独立发挥，制作出独具特色的乐高。2013 年，乐高推出乐高创意平台。在这个平台上，所有玩家都可以借助乐高数字设计师工具，制作自己的乐高玩具设计图，并上传至平台进行展示，其他玩家则可以在线进行投票。根据乐高的规定，如果某个设计的投票数量在一年内超过 1 万票，乐高就会考虑将其作为正式产品推出。

乐高玩具的成功正是缘于开源。如果永远只是单纯地按图索骥，玩家总有厌烦的一天；如果创意 DIY，永远只能自己欣赏，玩家也会失去动力。当两者结合，既能让 DIY 玩家设计独具创意的模型，又能让其他玩家拥有更好玩的模型可玩，乐高自然能够抢占行业第一的宝座。

具体而言。你应该如何将产品的设计"开源"呢？

1. 紧抓产品核心

在实际的开源过程中，你必须紧抓产品的核心部分。何谓产品核心呢？如图9-6所示。

图9-6　产品的核心部分

首先是核心技术。你要保护产品的核心技术。如果盲目将自身的核心技术暴露出去，很可能会面临技术流失的风险。

其次是核心属性。每个产品都有自身的核心属性，如产品文化、产品风格等都是产品的独特标识，如非必要，一旦形成之后，切勿随意更改。

最后是核心定位。定位是应对社群经济的关键，正是基于自身定位，你才能吸引用户，并将用户聚拢成社群。如果核心定位改变，必然会造成用户流失。

2. 开放形象设计

在明确产品的核心之后，你就可以开放权限，而最适合开放的权限，就是产品的形象设计。形象设计即产品的外在属性，如T恤的图案、手机的外观、乐高的模型等。

之所以在初期首先将形象设计权限开放，是因为形象设计的技术门槛要求较低，用户能够较为轻松地将自身的创意变成设计。除此之外，形象设计相比其他环节也更加好玩。

为了让更多的用户参与到形象设计中，你可以专门为此开发一个软件，让用户能够通过简单几步操作，就可以完成一个初步的形象设计。

3. 开放技术设计

如今，很多产品都可以被称为技术产品，开发成本高，但在开发完成进入市场之前，谁都不敢保证产品能够成功。那么，你可以直接让用户参与到产品的技术设计中以提升成功率。

为了降低设计成本和风险，你可以在社群运营时就营造一种"发烧友文化"，让拥有一定技术基础的用户愿意参与到技术开发中；与此同时，你要不断降低技术门槛，让更多

的用户能够轻松参与进来。

国内企业中最深谙此道的无疑是小米。正是依靠一群"发烧友"的协助开发，小米才能在产品推出市场之前就确定产品成功。

当然，基于技术设计本身的高要求，你开放的权限仅限于方案提交或第三方开发。对于用户开发的方案，只有在经过验证之后，才能将其融入自身产品当中。

让用户设计产品并非真的完全放权给用户。由于用户缺乏专业的市场眼光，他们的选择只能代表个体的需求，在最终决策时，你可以将之看作一种方案或灵感来源，但需要结合更多要素综合判断。

（二）让用户设计价格

当产品由用户设计而成时，产品就已经基本能够锁定市场和初具成功元素。然而，当产品开发出来之后，究竟应该以怎样的价格进行销售呢？与其绞尽脑汁定价后却不符合用户期望，不如直接让用户定出他们心中的"社群价"。

1.给出成本价和大众价

虽然是让用户设计价格，但销售价格毕竟得保证产品赢利。因此，在让用户设定价格时，你可以给出成本价和大众价两个价格。

所谓成本价就是产品开发的成本价格，也就是用户定价的底线，如果突破这个底线，就无法赢利。至于宣布的成本价与真实的成本价有多大的差额，则要根据市场行情来决定。

所谓大众价则是一般用户购买的价格，也就是对外公布的价格，是用户"谈价"的起点。

2.设计"谈价"活动

让用户设计价格，当然不是某个用户的"一言堂"或是简单的票选，否则你的价格很容易被一拉到底，失去了让用户玩起来的意义。

因此，你需要设计独具创意的"谈价"活动，如每次单击降1元，或根据投票占比打折等。"谈价"活动的目的在于让更多用户参与到价格的制定中，从而大幅提升用户的参与感。

3.社群专属、真实

既然称为"社群价"，你就要明确这个价格是社群专属的，而且是真实的。当社群价确定之后，所有在社群价活动之前成为粉丝的人，都能够享受社群价的优惠。

具体操作方法也十分简单：在活动之前向所有社群发送活动信息。如"新品定价你做主，你得到了享受社群价的特权，快来定制专属的社群价吧"，然后附上活动链接。如果没有专门的系统，你可以直接让粉丝凭信息截图，享受社群价优惠。

◆ **活动过程**

任务活动 3：塑造社群产品设计中的用户参与感

1. 让用户设计产品的方法与目的

_____

_____

_____

2. 让用户设计价格的方法

_____

_____

_____

四、社群产品口碑塑造的 5 个关键

互联网时代是信息大爆炸的时代，在琳琅满目的信息海洋中，要想脱颖而出，就要让社群的口碑为你开路。

（一）产品使用体验口碑的传播与引导

产品好，谁说了算？你说了不算，用户说了才算，而且只有买过的用户才有话语权。

在消费过程中，对于商家的"王婆卖瓜"用户通常报以怀疑的态度。但如果其他买过"瓜"的消费者说这个"瓜"好，那么自然可以形成口碑，让"瓜"得到更多用户的认可。

如今，各种电商平台都存在评价系统，其目的正是为了让用户发布使用体验并以此让其他潜在消费者安心。为了让用户的产品使用体验形成口碑，你需要扩大其影响力。比如激励用户在社交圈评价，或将好评截图用作产品宣传。

对于口碑如何传播，在移动社交时代并非难题。关键在于你如何引导用户给予好评，让你有口碑可传播。评价与晒图的结合最能彰显评价的真实性，从而赢得用户的信任。因此，在口碑思维下，你必须采取各种手段，鼓励用户评价并晒图。

1. 激励用户好评

有些用户会在消费之后主动对消费、使用的产品进行评价，但这样的用户毕竟不多。因此，你需要给予用户一些刺激，激励他们进行评价。此时，由于文字好评和晒图好评的作用不同，你的激励措施也可以不同。

首先是返现。返现是最常见的激励措施，根据消费者的消费金额，你可以给出一定

比例的好评返现，并给予晒图好评更高比例的返现。

其次是红包。返现需要付出大量不可回收的成本，但红包则不同。与返现的形式相同，你可以给予消费者好评红包，供消费者下次消费时使用。

2.制定好评规则

"刷好评"现象的存在使很多好评无法得到用户的认可，尤其是简单的好评更是如此。因此，在激励消费者给予好评时，你也要对此制定一定的规则。对于文字好评，你最好制定"好评文字必须15字以上"的规则。如此一来，用户不能简单地复制别人的评价，为了凑足15字消费者的好评也会更"有料"。对于晒图评价，你可以指定图片数量和质量的相关规则。一张图片已经足以证明评价的真实性，但晒图的数量当然越多越好。然而，有些低质量的晒图不仅不会提升口碑，反而会成为"黑料"。因此，对于图片的质量也要有所限制，甚至要与消费者努力协商删除低质量图片。

（二）用户测评

相比于简短的评价加上几张简单的图片，一篇测评文章无疑更具口碑塑造力。其实，在产品宣传时，测评文章是商家的常用手段，而在社群经济时代，相比商家、媒体写的测评文章，用户测评无疑更具可信度。然而，为了引导口碑塑造，你同样需要引导用户写出"合格的"测评文章。如何引导呢？

1.发布测评征集活动

为了激励更多的用户创作测评文章，你需要推出测评征集活动，并给出相应的激励。

在活动征集时，你就要规定好测评文章的格式，内容要求，包括文章标题、段落分布、字数要求等，以免用户的测评文章显得不够专业。

此时，你也可以直接给出范文。当然，范文不能是该产品的测评，以免引起用户对该活动的质疑。你可以将以前其他产品的测评内容作为范文，引导用户模仿创作，如图9-7所示。

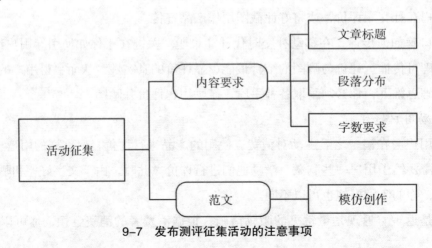

9-7 发布测评征集活动的注意事项

2. 测评文章格式

在测评营销发展历程中，测评文章已经形成了一套相对固定的格式，一篇合格的测评必然包含以下几个要素。

首段是自我介绍。根据产品属性，测评创作者要在第一段进行相应的自我介绍，如性别、年龄、兴趣等，读者与自身情况进行对比，从而判断该测评是否具有借鉴意义。如图9-8所示。

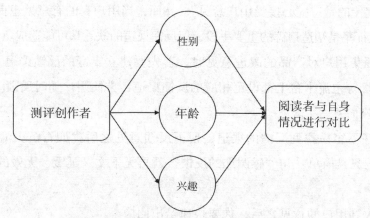

9-8　测评文章中创作者的自我介绍格式

第二段是产品的基本信息。该段落可以引用商家对产品的介绍，说明产品的尺寸、重量、配置等基本信息，并附上自己的"开箱图"与其进行对比。

主要段落是产品使用体验。根据具体情况，该段落可以从3个方面进行描写。

（1）产品第一印象。即看到产品之后的感受。这里不用写得太多，表达出自己的感受即可，可以将该内容看作是评价晒图的升级版。

（2）短期使用体验。短期的时长一般可以限定为3~5天。这里需要写得尽量客观，描写使用环境、具体时长、产品表现和主观感受等。

（3）长期使用体验。针对一些高价值的产品，需要添加长期使用体验部分。该阶段的时长甚至可以拉长到1年，因此，一般情况下此部分内容出现得不多。

末段是测评总结。用户可以根据使用体验，在该段落表达自己的满意程度、对产品的优缺点进行简单总结，并给出一些改良意见。与此同时，也可以再对适用人群进行分析，并向读者提出一些建议。

（三）产品改进意见征集

推出的新产品不可避免地会存在各种问题或不足之处，这就需要你在今后做出改进。如果问题严重，甚至可能需要"产品召回"或对用户进行补偿。因此。你必须重视用户的意见尤其是社群用户对产品的意见。这需要你持续征集产品改进意见并建立相应的激励机

制，鼓励用户反馈意见。

对于口碑塑造而言，产品改进意见征集存在两方面的意义。

第一，根据用户的意见不断改进产品，能够不断提升产品口碑。

第二，能够虚心接受用户的意见，本身就是品牌口碑的重要组成部分。

想要借助改进意见征集塑造品牌口碑，并没有说起来那么简单。

1. 拓宽反馈渠道

很多商家宣传的是"虚心接受用户意见"，然而，当用户真的有意见想提时，却找不到反馈渠道。意见征集是塑造口碑的重要手段，但反馈渠道的缺乏却可能造成负面口碑的形成。

因此，在征集用户对产品的改进意见时，首先要建立丰富的反馈渠道，比如在微博、微信、QQ、论坛等主流平台上都设定相应的反馈渠道，方便用户随时反馈。

2. 快速准确回应

有些用户好不容易找到反馈的渠道，留下反馈意见之后犹如石沉大海。等不到任何回应，或得到的只是简单一句"感谢您的反馈"就再无下文。延缓，无效的反应也会打击用户的参与热情。

因此，当收到用户的意见之后，你要快速给出回应。

根据用户的改进意见，如果产品中已有解决方案，你要引导用户发现；如果没有，则要快速出台解决方案。

如果确实存在某些不足就要快速解决；如果解决存在困难，就要及时作出解释。

如果存在不足且能够解决，那就要虚心采纳意见，告知用户会在今后做出改进，如图 9-9 所示。

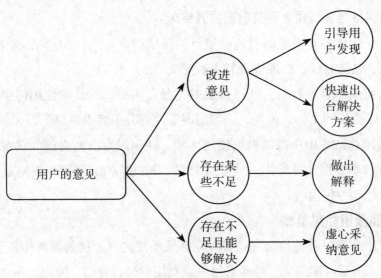

图 9-9 快速准确回应用户的意见

（四）产品设计参与

塑造产品口碑的最佳方式就是直接让用户参与到产品设计中，正如前文所说："谁不喜欢自己创造的产品呢？"如果产品设计中有用户的参与，即使存在一定缺陷，他们也会表现得更加包容。与此同时，当用户参与到产品设计中时，用户也会主动对产品进行宣传，因为在宣传时，他们可以自豪地加上一句："产品的某部分是我设计的，怎么样？不错吧！"

用户基于参与产品设计产生的成就感，你需要将之放大，让其成为用户主动塑造产品和品牌口碑的动力。

1. 署名权

针对那些确实对产品设计做出贡献的用户，你可以将他们的名字放在产品的设计名单中，进一步提升用户的成就感，并让他们的宣传有凭有据。

2. 命名权

对于在产品设计中有突出贡献的用户，你甚至可以将产品的命名权交给他。基于命名权带来的荣誉感，用户对产品的感情演变为"父子之情"。此时，对于产品的口碑塑造，他们甚至会比你更卖力。

（五）新媒体口碑

在互联网时代尤其是移动社交时代，想要尽快塑造口碑，与其寄希望于传统的大众媒体，不如发力于新媒体，尤其是自媒体。

社交平台让人们的信息获取来源不再局限于电视、报刊等传统媒介。如今，每个人都可以成为一个独立的信息来源，这就是所谓的自媒体。2016年年初，自媒体也进入爆发期。

此时，你可以依靠自媒体塑造口碑。

1. 微信公众号

自媒体的一大重要平台，无疑是微信公众号，凭借深入互动的特性，微信公众号在与用户的互动中更具优势。因此，你可以寻找合适的微信公众号合作，让他们在文章中帮你塑造口碑。

2. 微博自媒体

相比以互动制胜的微信公众号，微博自媒体的传播性更强。由于微博自媒体本身就存在某种"同盟关系"，在选择与微博自媒体合作时，你可以通过关联多个微博自媒体对目标用户进行精准覆盖，实现口碑的广泛传播。

◆ 活动过程

任务活动 4：社群产品口碑塑造的 5 个关键

1. 产品使用体验口碑的传播与引导

_____

_____

_____

2. 用户评测分析

_____

_____

_____

3. 产品改进意见征集方法

_____

_____

_____

4. 产品设计参与

_____

_____

_____

5. 新媒体口碑

_____

_____

_____

五、社群运营与管理的参与感植入策略

你可以让用户参与到活动中获取乐趣，也可以让用户参与到产品设计中获得成就感，还可以激励用户参与到口碑创造中。除此之外，最具参与感的，其实是让用户直接参与到

社群的运营和管理中。

社群的运营与管理是一项极为复杂的工作，需要付出大量精力。对品牌而言，在初期自运营社群当然可行，但随用户规模的扩大，与其培养大量的专业运营团队，不如让用户自己参与到社群的运营与管理中。

比如，唐家三少作为一位网文作家，其2015年年收入高达4300万元，唐家三少也连续两年入选福布斯中国名人榜。

谈及自身的成功，唐家三少也多次提及社群。在他看来，正是因为社群，作者的重要信息、资讯等可以快速、精准地告知社群用户，社群用户反过来也能够借此给作者直接的支持。

但在谈及社群如何运营时，他也坦言："我有自己的QQ群、微信平台，还包括贴吧，这些我自己一个人肯定管理不过来，都是读者自发地进行管理。这么多年下来，大家自发地负责掌控秩序，比较核心的读者跟我都是比较熟悉的。当然有些东西也是我自己来做，但是我不可能做全部，因为我还要写东西。"

唐家三少的经验，正是让用户参与社群运营与管理的最佳方法。总结而言其实就是以下3点。

（一）掌握核心用户

在社群运营中，作为企业或品牌，你不可能完全将社群交到用户手中。因为这可能丧失品牌对用户的影响力。因此，为了避免在社群运营中投入过多精力，你可以尽力掌握核心用户并与其建立良好的互动关系。

如果在你的社群中，你谁都不认识，那你就很难让用户信服：你多半只能成为高高在上的被崇拜者。这就失去了社群运营的本意。

因此，在社群运营中，你可以为核心用户建立一个核心社群，与他们保持持续的互动。

（二）参与社群运营

在与核心用户建立持续的互动关系之后，你就可以培育他们成为独当一面的"斗士"，让他们成为其他社群的管理者。为了激发更多用户的参与感，你可以鼓励"斗士"们培育"二级斗士"，让其他用户帮忙处理社群事务，而这些"二级斗士"也是你社群扩大时的"斗士"候选。

当你将社群交由"斗士"运营时，就应当学会放权，让他们自主管理。你要做的只是聚拢核心用户，传达社群文化，引导社群话题。至于具体如何去做，可以交给用户们自己决定。

在让用户自主运营和管理社群时，你最好参与到所有的社群当中。在这些社群中，

你不必保证"出勤率"，但也不能成为隐形人。在恰当的时机，或是空闲的时候，你也应当出现，与所有用户进行平等交流。

（三）集中精力创作

社群运营的核心其实并不在于管理者，而在于你的产品。只要你能够持续生产出优质的产品，用户就能够保持对你的支持。而基于这种支持，即使社群管理者管理社群"不专业"，社群用户也能够自觉聚拢在一起。

然而，如果你将精力都投入到社群运营中，却一直没有新产品出现，那么，这个社群也就只能成为一个纯粹的聊天群。对于聊天群而言，这些用户聚集的基础是你的产品，同样，他们也会因为产品的缺失而放弃，社群仍然会走向沉寂，你也无法获得社群的效益。

社群的运营与管理说难也难，说容易也容易。你可以聘请专业团队进行管理，也可以直接交给用户去做。其实，社群成功的关键就在于你的产品。如果没有优质产品作为支撑，纵使有顶尖的团队负责社群运营，也难以达到好的效果。

◆ 活动过程

任务活动 5：社群运营与管理的参与感植入策略

1. 掌握核心用户方法

_____

_____

_____

2. 参与社群运营的培养

_____

_____

_____

3. 集中精力创作方法

_____

_____

_____

📊 章节作业

1. 为什么说好玩是社群活动的重中之重?

2. 社群活动策划中应如何植入参与感?

3. 如何塑造社群产品的口碑?

4. 社群运营与管理中应如何植入参与感?

学习情境十

社群精细化运营

学习目标

➤ 了解社群用户的五大层次
➤ 熟悉"忠实用户"维护要领及操作事项
➤ 掌握社群产品的设计与定价
➤ 掌握精准营销策略
➤ 理解社群运营中五大效应

学习过程

情景设计

　　阡陌千寻是一家由大学生自主创业的股份制公司。公司由有发展潜力的大学生组建，他们有创新、创业意愿。为培养学生的市场经济意识，创业创新和企业管理能力，从组建团队开始，一步一个脚印，展开经营活动。

任务描述

　　随着运营的发展进程，阡陌千寻团队发现，粗放经营的运营方式早已不适应社群的现代化运营，社群运营者必须以精细化的方式从细节做起，构建起社群发展健康生态圈，才能顺利实现社群的商业价值的变现。

📊 知识导航

一、用户养成计划

大多数微商、社交电商及企业会有一个认识误区，就是认为自己有了足量的社群用户后就万事大吉了。其实，仅仅"有了"是完全不够的，如果不能让用户成为"忠实用户"，提升用户的黏性，用户数量再多也没有意义。尤其是社群构建完成后，如果不能帮助用户形成具有社群特征的行为习惯，那社群就根本无法形成品牌效应，更别说是形成生态圈了。所以，培养用户习惯是首要解决的大事。而要培养用户习惯，首先要对用户进行准确的定位和区分。

（一）社群用户的 5 个层次

根据社群用户对品牌的黏性强弱，可以将其分为 5 个层次，如图 10-1 所示。

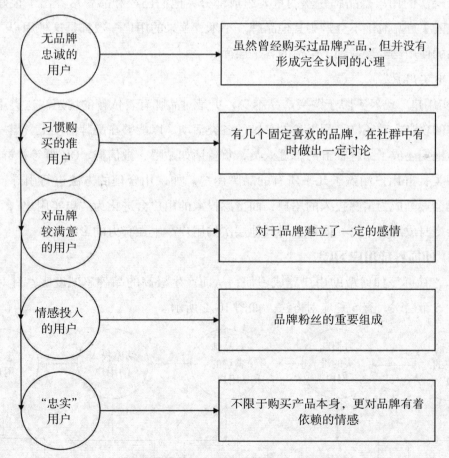

图 10-1　根据社群用户对品牌的黏性强弱，将其分为 5 个层次

1. 无品牌忠诚的用户

通常来说，这类用户会看一眼品牌的相关话题，虽然曾经购买过品牌产品，并没有形成完全认同的心理，他们的关注点主要集中在价格上，如果遇到其他更便宜的品牌就会立刻选择更换。

2. 习惯购买的准用户

准用户有几个固定喜欢的品牌，在社群中有时做出一定讨论，还算不上真正的社群用户——如果其他品牌在广告宣传、包装设计上有显著特点，那么就会进行品牌转换，尤其是品牌文化的吸引对这类人群有着不可抗拒的魔力。

3. 对品牌较满意的用户

这类用户对品牌建立了一定的感情，会在接下来购买时将该品牌作为首选。

不过这种感情具有不稳定性，品牌一旦有风险，那么他们就会选择放弃。

4. 情感投入的用户

这个层次的用户是品牌粉丝的重要组成部分，他们已经和品牌培养出了很好的互动关系，在购买产品时绝不会购买其他品牌。小米、苹果的用户多数都是这种用户，他们对品牌产品的使用已经渗透到了生活的各个层面。

5. "忠实用户"

"忠实用户"已经不限于购买产品本身，更是对品牌有着依赖的情感。这类用户面对其他品牌的攻击主动还击、积极参加品牌的各类活动，以能够在品牌活动上"露一手"为荣。甚至他们还成了品牌社群的管理人员，负责诸如贴吧、微信群、QQ群等社群的运营。

这5类社群用户涵盖了几乎所有的品牌用户。如果用合理的方法进行引导，那么初级用户就会逐渐成为情感投入的用户，而情感投入的用户会进化为"忠实用户"，"忠实用户"则会变身成品牌本身，同样会对其他层次的用户产生强有力的影响。

（二）如何养成用户习惯

那么，社群该如何帮助用户养成习惯，从而产生极高的品牌忠诚度呢？针对社群用户划分的5个层次，有5种应对方法，如图10-2所示。

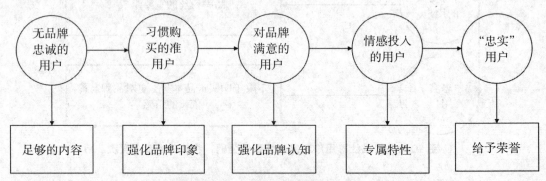

图10-2　养成用户习惯的五种方法

1. 给用户足够的内容：针对无品牌忠诚的用户

初级用户之所以对品牌没有忠诚度，主要是因为对品牌不够了解。一般来说，当用户购买了产品后就会自动成为品牌会员，所以，我们不妨定期发送一些新品信息、新品简介等，以此进一步刺激用户较为敏感的价格心理。当用户对品牌的价格非常满意，同时还能通过各类信息得知其产品线丰富、折扣活动很多时，自然就会养成这样一种习惯：定期关注品牌活动。久而久之，用户的消费习惯也会调整，潜移默化间真正加入社群。

2. 借助话题，强化品牌印象：针对习惯购买的准用户

对于已经有了购买习惯的准用户，单纯的品牌价格和新品上架信息已经不能让他们对品牌形成更深的印象。此时，着力推荐品牌的文化概念，例如小米的"主题一键切换"、黄大吉煎饼的"探寻最美老板娘"的话题活动，会给这类用户带来眼前一亮的感觉。品牌不断植入文化气质，能够促使他们把对产品的关注转移到对品牌的关注，并养成闲暇之时就去社群里看一看、逛一逛的习惯，最终被品牌的内涵所俘获。

3. 巧用口碑，强化品牌认知：针对品牌满意的用户

对品牌较为满意的用户而言，价格、新品、趣味话题活动等已经不能满足他们的需求。他们更关注的是品牌的形象、产品质量良莠，因为这些都关乎自己的形象：如果他自己都觉得品牌有一定风险，那就不会愿意与他人分享，甚至慢慢地他也会降级成"准用户"。

为什么小米的用户忠贞不贰？小米社群立下了汗马功劳：无论是产品交流还是品牌疑惑，所有用户都可以畅所欲言，在别人的口碑传播之中，更加深用户对品牌的认知。

社群构建的目的就是给用户提供一个互动的平台，让用户养成"有问题和其他用户一起聊聊"的习惯，哪怕仅仅是分享一部电影也能找到志同道合的朋友。

无论在论坛还是在贴吧进行互动，都会给用户打造一个"交流闭环"，用户可以在其中满足一切心理需求，这时候他们对品牌的依赖就会极大增强。

4. 提升用户的"专属特性"：针对情感投入的用户

情感投入的用户是社群里的中坚力量，直接关系着品牌未来的发展和口碑。此时，虚拟化的交流已经完全不能满足他们的欲望，真实生活中的交流、专属节日的 VIP 邀请券、线下活动的参与才是他们的真正痛点。

5. 给予荣誉："忠实用户"

"忠实用户"是社群的坚定拥护者，他们更在乎精神层面的东西，因此你要善于给他们荣誉，以激励他们永久地留存社群中。

（三）"忠实用户"的维护要领

社群用户最高级别是"忠实用户"，他们对品牌及产品有着痴迷的喜好。那么，"忠实用户"可以不维护吗？

当然不是。"忠实用户"之所以忠于社群，是因为他们一路伴随着社群的成长。其中有些人甚至是品牌的最早一批用户，在社群里有着非常高的人气和号召力。

如果忽视了他们，久而久之他们就会丧失乐趣，变得消极甚至离开社群，给整个社群带来负面的影响。豆瓣正是如此，所以在改版之后尽管注册人数快速激增，但是人气已经下降了不少，尤其是一些曾经"叱咤"豆瓣的"红人"，已渐渐销声匿迹。

该如何维护"忠实用户"，让他们继续保持非常持久的社群习惯？

唯一的方法就是：让部分忠实用户正式进入品牌管理层。这个管理层不一定是真正的企业内部，但却可以给用户带来至高无上的荣耀，如图10-3所示。这些荣耀可以是永久享有发布会参与权、社群内不同小组的管理权、直接进入企业总部、与品牌对话的专属权……对于"忠实用户"而言，精神层面的满足要远远大于物质奖励。

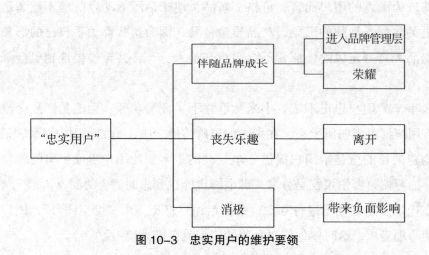

图10-3　忠实用户的维护要领

总之，5种不同的社群用户有了自己不同的兴趣点与话题点，自然就会养成对品牌充满积极意义的"正能量习惯"，从而形成稳固的金字塔形式。此时，即便品牌的新用户增长趋势已经放缓，但依旧可以稳定且长远地发展。

◆ 活动过程

任务活动1：对不同社群用户采用不同维护方法

1. 根据黏性对社群用户进行分类

_____

_____

_____

2. 有针对性地养成用户习惯

_____

_____

_____

3. 如何重视"忠实用户"的维护？

_____

_____

_____

二、社群产品的定制

为了让社群生态圈的商业价值更快、更好地变现，你要主动为用户定制产品和价格。

（一）定制社群产品的原则

为什么越来越多的人开始投身手机市场？原因有三。

一是拉近与用户的距离。如今，智能手机已经成为生活、工作必备用品，手机已经成为出门必带物品，重要程度甚至超越了钱包，仅次于钥匙。因此，开发自有手机，能够极快地缩短品牌与用户之间的距离。

二是便于品牌推送各种消息。在移动互联网时代，你必须进驻用户的手机才能让用户看到你。此时，与其辛苦推广自有 App，不如直接开发自有手机。而自定制的手机系统也能避免你的消息被屏蔽。

三是让更多企业进入生态圈。当你的用户选择了你的手机，借助智能手机"包容万物"的特征，你就能让更多企业通过手机进入你的社群生态圈，为生态圈创造价值并获取收益。

之所以分析进军手机行业的益处，并非让你跟风做手机，而是借此讨论定制社群产品的方向。定制社群产品时，应当注意以下 3 项原则。

1. 拉近距离

在定制社群产品时，你必须考虑产品的实用性，让产品能够进入更多使用场景，从而在用户的日常使用中借助产品拉近与用户之间的距离。

基于场景的多样性，在定制社群产品以拉近距离时，你要考虑的只有两点：便携性和多用性。也就是说，定制要让产品能够跟随用户进入更多场景，或是让产品适用于更多场景。

2. 传达信息

在定制社群产品时，你要赋予产品更多的内涵。即使它无法像手机一样实时推送，你也应当将社群文化、品牌关怀融入产品设计当中，让用户实时受到"熏陶"。

具体而言，你可以借助产品的外在风格、使用体验、LOGO 设计等元素，体现出你的品牌文化。如文艺风格的小清新设计，或简约不简单的科技设计，或"萌萌哒"的 LOGO设计。

3. 生态圈核心

产品是社群构建的核心，也是社群生态圈的核心。正如你的产品将用户聚拢在一起，在构建社群生态图时也要以产品为核心，吸纳更多参与者，丰富社群生态圈的内涵。

如何让产品成为生态圈的核心呢？

最典型的案例正是腾讯生态圈的构建。腾讯起家依靠的是即时通信软件 QQ，在近几年的生态圈构建中，腾讯则依靠 QQ 的庞大用户规模，围绕 QQ 建立起腾讯"帝国"，布局通信、资讯、游戏、视域、音乐等多个领域。

这样的布局并非将所有产品融入 QQ 中，而是让所有产品都用 QQ 号登录，并在以QQ 为核心的生态闭环中自由运转。

在定制社群产品时，你不用让自身的产品具有过于复杂的功能，关键在于让它盯准用户的核心需求，并具有可拓展性。如此一来，你的社群生态圈就离不开你的核心产品了，与此同时，你可以基于产品吸纳更多参与者，让社群生态圈的内涵不断丰富。

（二）定制产品社群价格

品牌的社群活动、话题再丰富，归根到底都要落实到销售环节。这也是社群经济产生价值的必由之路，而在产品销售中，产品的定价机制十分重要。与过去的价格制定相比，现在的定价机制需要更加多元化和艺术化，让价格也能够成为社群的话题之一。

在林林总总的价格模式中，我们常常会看到这样的词汇：促销、最高优惠、限量折扣、限期抢购价……可是它们真的能触动用户吗？

有时用户们甚至会产生怀疑：所谓的促销，是否仅仅是虚构一个高价，然后再放出一个常规价格的"促销价"？毕竟这种弄虚作假的举动已经被频繁曝光。

而且，人人都能享受的优惠，用户也没获得什么特殊待遇。

各种打着"促销"名义的价格制定，不仅不能创造很好的话题，给用户带来优惠的感觉，反而会引起不必要的猜测。

因此，在社群生态圈中，想要以销售变现商业价值，就要学会定制产品社群价格。

1. 受众锁定为社群用户

在定制产品社群价格之前，你必须明确，所谓社群价格就是社群用户才能享受的价格。只有明确这一点，你的社群价格才具有价值。

因此，在定制产品社群价格时，你要坚持两个原则：只有社群用户可以享受；所有社群用户都能享受。

2. 赋予社群价格文化内涵

社群价格并非只是一个优惠价格而已，在你为社群定制价格时，你也要通过这个价格数字传达你对用户的关怀，让社群用户感受到社群价格背后的文化内涵。

这样一来，你的产品定价不仅能够满足社群生态圈的需求，甚至能够成为击败竞争对手的手段。

在定制产品社群价格时，你必须找到真正能够刺激社群痛点的数字。

具体而言，定制产品社群价格需要从 3 个方面出发，如图 10-4 所示。

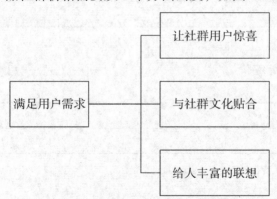

图 10-4 定制产品社群价格的关键要素

第一，让社群用户惊喜。与标准价格相比，"社群价格"必须足够优惠，或是产品配置高于标准，给用户带来"物超所值"的感受。用户感到"占了大便宜"，自然就会在社群内尽可能地炫耀，从而表达内心的兴奋。

第二，与社群文化贴合。初建品牌的年月日、初建团队的人数、第一个社群的用户数量……这些数字对品牌来说都很有纪念意义。所以，借助这些富有内涵的数字制定社群

价格，既能让社群用户体会到一种感动，又能让品牌的形象更加饱满、利于传播。

第三，给人丰富的联想。有时，社群价格的制定不一定那么外露内涵，反而可以透出一种神秘的气质——给人带来联想，但官方又没有特别说明。这时，社群用户自然也会进行大胆的猜测和讨论。而当社群价格活动正式结束时，品牌再将真正的原因公之于众，从而将由社群价格引发的话题尽可能延伸。

◆ 活动过程

任务活动 2：为阡陌千寻社群设计社群产品

1. 根据定制原则对当前社群产品进行分析

_____

_____

2. 社群产品的改进

_____

_____

3. 为社群产品重新定价

_____

_____

三、借势"网红"构建交易链

2016 年是社群经济飞跃式发展的一年，这一年不仅是传播渠道创新的"直播元年"，也是代言机制创新的"网红元年"。在构建社群生态圈时，"网红"的代言作用甚至比传统明星更大。

从此，你可以借助"网红"与用户的亲密接触，以"网红"塑造理想生活场景从而构建交易链。

（一）用户的理想生活场景

当用户聚集在一起形成社群，就代表他们具有共同的价值观。而在社群文化的塑造中，社群用户的理想生活场景也会不断趋同。然而，如果你问一个人："你的理想生活场景是怎样的？"多数人都无法给出具体的描述。

你可以帮助用户描述理想生活场景，在此过程中，你也可以适当进行引导。

1. 将理想生活场景具体化

基于社群文化的主题，只需稍加调研，就可以发现用户理想生活的大致场景，而在此基础上，你可以进行更加细致的描述，将之具体化。

比如，对文艺青年来说，一个理想的生活场景大概就是这样：温暖的午后，阳光洒满阳台，窗外是生动鲜活的自然景致，然后，一杯香茗，一把躺椅，一个靠垫，一本好书，一首悠扬的乐曲，一颗安静的心，时光因此停滞……

仅以这一个场景而论，你如何将之具体化呢？

你要从各种细节出发：阳光洒满阳台的这个房子应该坐落在怎样的小区？一杯香茗应当是哪种茶叶？躺椅、靠垫应当是个品牌？好书、音乐的作者又是谁？

更加具体地描绘出用户的理想生活，才能让用户在追求中拥有具体方向。此时，社群文化自然能够具有更高的用户黏合度。

2. 让理想生活场景标准化

在对用户的理想生活场景进行具体描述时，一旦获得用户的认同，这种生活场景也将成为用户追求的"范本"。

用户在其不断追求中，会努力向你描述的场景靠拢，此时，你就可以通过将理想生活场景标准化，引导用户进行追求。

在把理想生活场景标准化时，事实上你就完成了引导消费的过程。对用户而言，他们很难具体描述出自身理想的生活场景，而你将之具体化并标准化，用户在追求理想时就会选择直接复制，也就是购买标准化的产品。

（二）借势"网红"塑造理想生活

当你具体描述出用户的理想生活场景时，就要借助理想生活的标准化引导用户进行消费。

此时，"网红"就能够成为理想生活场景的演绎者。那么，"网红"应该如何自然演绎呢？

1. 用图文展示品牌

"网红"总会发布各种图文消息，此时，可以自然地将品牌融入其中。

具体而言，"网红"可以发布一段文字"今天在宜家逛了一下午，好累哦"，再配上

一张美美的自拍照。或者，"网红"可以发布一张文艺的照片，正是在阳台品茗看书的照片，此时网红可以让某品牌的购物袋、LOGO出镜。要注意的是，切勿生硬植入，影响整体画风的和谐。

2. 用视频演绎生活

为了让用户认同"网红"的代表意义，"网红"需要适时发布视频描述自身的生活场景。为此，你必须事先做好编剧，让画风尽可能满足用户的期待，与此同时，正如植入广告一样，让产品或品牌出现在视频中。

用视频演绎生活时，你完全可以将营销转移至评论区。在社交媒体上，用户在观看视频之后都会进行互动、评论或查看评论。此时，你可以不在视频中植入广告，而是在评论中用其他账号自问自答，如一个账号询问："视频里那个躺椅是在哪家买的啊？好喜欢哦。"再用另一个账号回答："这个我家也有一个，在宜家买的，超实惠的。"

3. 用直播做标准化

为了自然植入，图文或视频大多要刻意隐藏品牌或LOGO，以免被看作营销信息。而在盛行的直播中，则可以做得更加"直白"一些。

在很多美妆"网红"的直播中，都可以看到这样的画面。

主播说道："我们先要涂一层打底，这个打底我现在都用×××的，便宜也挺好用，在某宝上就能买到。"然后产品和LOGO出镜一秒，接着进入下一步演示。

在这样一闪而过的展示中，广告并不显得刻意，而用户大多也会"十分听话"进入淘宝搜索该产品，在查阅评论、销量等信息之后下单购买。

在同一社群中，用户的理想生活场景都会不断趋同，但这仍然是一种抽象的场景，没有具体的细节。

因此，你需要借助"网红"将用户的理想生活具体演绎出来，与此同时，借助各种方法，将自己或友商的产品融入其中，成为用户模仿的标准。最终，依靠电商平台或线下门店完成整个交易链的构建。

◆ 活动过程

任务活动3：构建借势"网红"打造交易链的策划案

1. 选择阡陌千寻明星产品，设计理想化生活场景

2. 撰写场景描述

_____

_____

3. 遴选适合"网红"进行视频广告合作的产品

_____

_____

四、目标客户精准营销

当我们的社群发展到一定阶段，达到一定的客户量级之后，我们就需要对客户进行精细化的管理和维护，以实现客户价值的最大化。

借助微信进行精准客户运营，主要需要做两个方面的工作：客户分类和精准营销。

（一）客户分类

虽然客户都在一个社群，但不同客户的个人情况是不同的，他们会受到不同内容的吸引，对社群活动的认知不同，自然也会采取不同的行动。因此，精准客户运营的第一步就是客户分类，即根据客户的不同特点，为客户标注不同的信息，从而为客户分类。

在微信中，我们可以借助以下功能为客户分类。

1. 添加备注

一般情况下，我们可以用以下格式为客户添加备注："客户的真实姓名—行业 / 单位 / 职位（或其中多项）—意向项目（或产品）"。例如，"王女士—×× 公司运营—写作（写作训练营）"。

2. 贴标签

给客户贴的标签越多，越能准确掌握客户的消费偏好等信息。

企业微信不仅能够设置标签组，还可以在组内设置多个标签。一般情况下，企业客户标签可以由管理员统一设置。管理员完成基础设置后，运营者只需要为客户选择合适的标签即可。

3. 添加描述

除了备注和标签，运营者还可以在企业微信中为客户添加描述，以添加更多备注信息。

在添加描述时，除了文字描述外，还可以上传客户名片或其他相关图片信息。

文字描述可以对以下信息进行简单描述。

·地理信息，包括客户生活在哪个城市，成长在哪个城市，亲人在哪个城市。

·生活习性，包括生日、年龄、生活状态、婚姻状态、健康状态、作息习惯、生活态度、婚姻态度、养生态度，等等。

·职业信息，包括从事什么岗位的工作，在什么行业，在什么公司，收入情况如何，等等。

·关系网络，包括家庭成员情况、朋友情况，等等。

·教育情况，包括毕业学校、学历、专业、成绩、奖项，等等。

·消费习惯，包括喜欢的商品品类、消费偏好、消费频次、消费金额，等等。

（二）精准营销

将客户分类后，即可进行精准客户运营的第二步：针对不同类别的客户，进行精准营销。

在社群运营中开展精准营销主要有两种方法：精准推送信息和精准沟通维护。

1. 精准推送信息

精准推送消息是根据客户的标签，给客户推送他们感兴趣的信息，来吸引客户关注企业的营销信息。

一般情况下，我们需要给客户推送以下4个层面的信息。

（1）商品层面的信息，包括商品的价值、特点、老客户体验、价格等。不同客户关注商品的不同方面，所以我们需要编写多个方面的商品信息。

（2）企业层面的信息，包括企业简介、企业文化、发展历程、创始人的故事、团队工作故事、办公场景、新闻动态、所获荣誉等。这些信息可以先发表在微信公众号上，然后在微信的客户朋友圈通过点击"添加网页"添加微信公众号文章的网址发布到客户朋友圈。

（3）行业层面的信息，包括企业所在行业的整体情况、行业发生的变化以及企业为适应行业变化所做的创新。这些信息也是先发布到微信公众号，再发布到客户朋友圈。

（4）客户层面的信息，包括运营者如何站在客户角度考虑各个层面的运营工作，运营团队如何处理客户的诉求，等等。这些信息可以直接以图文的形式发布到客户朋友圈。

2. 精准沟通维护

精准沟通维护是根据客户的备注、标签和描述信息，通过对方感兴趣的话题，加强与客户的沟通交流。

在沟通维护的过程中，我们可能会遇到这样的问题：由于客户太多或者琐事繁多，我们没有时间和精力与所有的客户都聊一次；或者忘记和哪些客户聊过、没有和哪些客户聊过，进而导致有的客户因为频繁聊天而感觉被打扰，有的客户自从添加后一次也没有聊过。

为此，我们需要建立一张客户维系计划表（见表 10-1），有计划、有规律地与客户沟通。

表 10-1　客户维系计划表

×××（运营者）××月客户维系计划					
客户等级	维系次数	维系日期	维系内容	维系方式	维系客户数量
核心客户 （忠诚客户）	1				
	2				
	3				
	4				
重要客户 （复购客户）	1				
	2				
	3				
	4				
一般客户 （已购客户）	1				
	2				
观望客户 （未购买客户）	1				
	2				

在这张计划表中，需要对有高消费可能的客户投入更多的精力，与他们进行更多维度的高频次沟通，以实现更好的运营效果。

五、社群运营中的五大效应

媒介改变了营销方式。为什么营销人要依据媒介做营销？当然，是因为信息的传达。所以商业经济的变化，是由媒介进化决定的。

互联网仅仅是营销的工具，信息依旧是由人产生的，所以一旦互联网普及化，依然还是会出现问题。

竞价排名、刷好评、水军……另一种形式的信息不对称现象又出现了——我知道你要搜索信息做决策，所以我提前在你要来的地方埋好信息，你搜到的信息就是我给的诱导信息。

从搜索引擎到论坛兴起，再到"专家、达人、高手、大咖"，然后到"网红经济"，最后大家发现——还是熟人值得信任！但微商又伤了熟人圈，于是，社群开始火了。

了解社群运营中的五大效应，才能更好地对社群进行精细化运营。

（一）信任效应

当下的年青一代，他们追求个性，追求自我，并希望找到同类的部落，一起玩耍。而科技的发展，尤其社交媒体的日趋成熟打破了时间和空间，不但让连接每一个个体成为可能，也让信息扩散速度大幅增加，每一个个体的声音都可能在一瞬间被放得很大、很广、很远。——我信任，所以我购买；我信任，所以我转告，"基于情感认可纽带"产生了消费行为。

所以有人说，未来的经济是垂直社群的时代。

想象一下，随着这些年轻人渐渐成为社会中坚力量，当他们的独特观念变成普遍观念，当他们不再看电视、海报、杂志、报纸上的广告，当他们不再相信明星的代言……而是关注社群朋友们在朋友圈里的赞美或吐槽，而是询问社群里的小伙伴，而是相信社群领袖在分享中的推荐。

所以，未来的商业，聚焦社群很关键。这种社群的信任口碑传播能量，自然会被有头脑的商家看重，希望成为自己营销传播中的一环。这就决定了越是亚文化认同感强，越是小圈子活动度高，越是粉丝群规模量大的社群，越具有商业价值。

不过要实现这种商业价值输出，社群的运营者要考虑规划自己的社群连接器。

连接并不能自动发生，除非你设计了让企业容易参与的连接器加深信任。

像小米这样的企业，早期是围绕产品构建社群，所以小米的输出定位是让更多粉丝通过他们的发布会、米粉节、体验店感受到小米对用户的热爱，进而让用户自发成为产品口碑代言人。对于罗辑思维这样缺乏明确产品的社群，早期就必须不断策划、整合资源进行跨界营销，为自己带来成功势能。

（二）连接效应

Uber有生产汽车或拥有汽车吗？

没有，但它创造了让汽车车主跟乘客之间的连接，估值已超过400亿美元，超过大多数汽车公司。

阿里，生产产品或贩卖商品吗？没有，但它创造了卖家和买家之间的连接，阿里集团估值超过千亿美元。

从互联网诞生起，"连接"一直就是贯穿始终的主线，把这个词想通并且结合了商业模式的企业都获得了惊人的商业利润。

群体可以通过社群连接建立更紧密联系，从而获得更多的营销机会。比如万能的大熊建立大熊会，开展各种线上分享和线下见面会，通过这些分享和见面，大熊又可以对接资源，让自己的社群成员成为这些资源的参与者、众筹者或者购买者。不管叫什么名字，这些都是直接的二次营销机会。

像秋叶鼓励群员动手用微博交作业或发布作品，不仅仅鼓动学员动手实践，优秀的学员作业其实也给自己的课程做了口碑推广，带动更多的人群购买课程。

BetterMe 群不断让社群成员从线上走到线下，在一个个城市开发出丰富的训练营活动，然后在不同城市之间复制，而且让不同城市成员在活动中互相跨城参与，这种突破地理时空的连接，让社群成员体验到更多不同个性的人、不同能量的嘉宾，丰富了每一个人的人生厚度，也很自然为企业和嘉宾提供了面对面营销的机会。像 BetterMe 社群做的读书训练营，每次限额 50 人，大家都自己买书，然后高质量完成读书笔记、思维导图和 PPT，分享到微博、微信公众号上引发大量阅读，不仅带来直接的导购效应，很多成员还要求二次加入训练营。所以与 BetterMe 读书训练营合作的有很多。

但我们要特别指出，"连接"效应的结果必然是"关系"，只有走出基于亲友、同事、职业圈等强关系建立联系的"群"才有机会变成"社群"。一个社群的发展不在于仅仅把线下的关系、互动、连接通过互联网工具建立一个备份，也要能够走出内部引荐、推荐等方式扩展成员，这些都是线下就存在的强关系。

社群，特别是有规模的社群，彼此之间建立连接的方式一定要基于"弱关系"。例如，企业和渠道商、供应商、代理商的关系是强关系，但是和企业产品的消费者往往是弱关系。为了维护弱关系，企业不得不通过大量的广告来覆盖和影响潜在的消费者，让他们对企业产生好感。

如果社群能够通过"弱关系"连接、提升消费者和企业的连接亲密性，让消费者和企业变成"强关系"，那就意味着广告投入费用可能会大幅下降。

仅仅是从"口碑营销"的角度，每一个公司都要思考如何围绕自己的产品建立"社群"。但是企业要完成从"弱关系"到"强关系"的连接转化，不是简单建立几个用户群，派几个人做管理员，制订一些规章制度就能够形成。

很多企业都尝试建立社群，无论是用 QQ 群还是微信群，最后都发现群要么沦为刷屏灌水区，要么成为单向推销的死群，要么就是要靠不停发福利才能刺激群活跃度。

这也意味着基于利益或者制度的群是缺乏长期生命力的，除非社群内部逐渐形成共同认可的价值观，并基于这种价值观形成内部的群文化。

我们建议企业要依据企业文化、产品特质、员工个性先建立内部社群。这个内部社群可以是一个小圈子，先在内部形成和产品连接的亚文化。然后这种亚文化慢慢走向开放，引入外部活跃的积极粉丝用户，最后形成内部社群和外部社群的双向交流。

真正的社群，是以人的创造力为本，有情感温度的连接，平等、开放并共同成长的无组织的组织。

（三）标签效应

年青一代消费者正在互联网上这样互相结识，从而形成一个个圈子、社群。

好的社群身份是彰显自己在互联网上的个性标签。

形成个性标签意味着什么？意味着人群在互联网时代将会被重新分割、重新聚拢，形成一个个新的人口族群。也因此，人群变得网格化或者说圈层化。也因此，在未来，所谓主流文化很可能就是亚文化，也就是没有过去那种同一首歌式的主流文化主题，而是大大小小的、细分的圈层文化。

很多企业面临的最大问题是产品品牌老化，虽然知名度很高，但是对年轻的用户而言，不是一个酷的品牌，无法通过使用品牌体现出自己的生活哲学价值观。

好比手机，使用锤子手机的可能是文艺青年，使用魅族手机的可能是追求极致的发烧友，使用苹果手机的可能是追求品质的人。假如使用企业的产品，消费者很难用使用产品说明自己是怎样一群人，那么产品就无法成为消费者的个性标签。这个时候你的产品和服务仅被消费者视为一种功能或应用的解决方案，那么你只会成为年轻消费者次一等的选择，他们不会愿意为你的产品或品牌付出溢价消费，你的产品和品牌就会成为低档产品的标志，或者你沦为品牌的代工商，只能赚取底层利润。比如谁会认为自己是富士康的用户？虽然我们用的苹果手机都是富士康代工的。

而社群就是给群体贴标签的一种好的解决办法。一旦社群身份标签得到大家的认同，大家愿意为身份标签付出溢价费用，如果你的产品或者服务和社群标签建立连接，你也可能享受社群的溢价效应。

（四）口碑效应

我们多次提过，社群一个显著的特征是"输出"，而且特别强调了全员输出才是健康的社群。换句话说，健康的社群是会集体创造出优质输出的，好的输出就能换来价值。

所以，他们虽不是你的员工，不是你的同事，不是你的合伙人，但社群的成员愿意出主意、贡献自己的技能、发动自己的人脉，甚至全流程地参与到制造、研发、生产、推广和营销的环节中，经常还不计任何酬劳。小米早期强调"参与感"就是这个道理，通过社群让消费者扮演着小米的产品经理、测试工程师、口碑推荐人、梦想赞助商等各种角色，热情饱满地参与到一个品牌发展的各个细节当中。当小米开发产品时，数十万消费者热情地出谋划策；当小米新品上线时，几分钟内数百万消费者涌入网站参与抢购；当小米要推广产品时，上千万消费者兴奋地奔走相告；当小米产品售出后，几千万消费者又积极地参与到产品的口碑传播和每周更新完善之中……消费者和品牌从未如此相互贴近，互动从未如此广泛深入。这种商业现象的背后是互联网时代人类信息组织结构的深层巨变。

综上所述，我们可以看出，人类商业经济的转变，一直是基于媒介寻求考证信息的一种过程，社群经济是人与人的连接，他们因为同好下的标签聚在一起参与、创造，因为群体的效应又会有一些群体消费行为。但同时也看出，媒介一直在变，但是人类的行为习惯、心理模式、经济效应其实并没有变。

（五）羊群效应

在群体氛围下，大家更容易形成相互感染的冲动购买效应。

心理学上有很多与群体相关的现象，比如"羊群效应"，比喻人都有一种从众心理，从众心理很容易导致盲从。"队排得这么长，是不是商家在搞促销？我不买是不就吃亏了？""同事都在谈论这个牌子，我不买是不是 OUT 了？"

古斯塔夫·勒庞告诉我们：无论构成这个群体的个人是谁，他们的生活方式、职业、性格、智力有多么的相似或者不相似，只要他们构成了一个群体，他们的感觉、思考、行为方式就会和他们处于独立状态时有很大的不同。

在 2014 年 12 月 20 日，罗辑思维第三季会员开放前，罗辑思维建立了上千个微信群。在微信群里不断有忠实罗粉发布最新小道消息，然后到了正式购买这天，很多人纷纷炫耀自己抢到了铁杆会员，并询问群里熟悉的好友买了没有。很多人会在这种群里都买了，要留在这个群不买个会员是不大好意思的，甚至都不好意思买普通会员了。

古语说"三人成虎"，一旦一个社群里有多人说你不好的时候，我就相信是你真的不好，我从此就是不用你。同理，有多个人说你好的时候，我马上就想下单试试。

所以，你知道为什么商家要努力做"超出预期"吗？就是为了激活小组织，将信息从一个人扩散到一个社群。

我们很难预测未来，但我们相信，基于以上的分析可以肯定，社群经济下一步的进化，一是媒介新形式的变化；二是以上 5 个效应更加深入地应用。

对于所有从事商业的人来说，主要任务就是深刻理解经济效应，一要应用好，二要能够善于思考这些经济效应如何与信息传播的变化产生联动。谁能最先摸索并实践，谁就能抓住风口。

◆ 活动过程

任务活动 4：阡陌千寻社群效应分析

1. 阡陌待建社群目前运营中应该选择哪两个效应综合运用？

_____

_____

_____

2. 结合社群效应，写出具体的运营规划。

_____

_____

_____

📈 章节作业

1. 如何养成用户习惯？

2. 定制社群产品的原则是什么？

3. 如何进行目标用户精准营销？

实训演练：电商型社群的运营

📊 学习目标

➤ 理解电商型社群

➤ 熟悉电商型社群引流渠道

➤ 掌握电商型社群团购活动的策划流程

➤ 掌握团购活动的接龙与用户购买引导

➤ 掌握商品投诉处理的方法

➤ 熟悉电商型社群运营评价指标

📊 学习过程

情景设计

某美妆达人社群作为电商型社群，积极探索电商型社群的运营方法。在内容营销方面，社群定期发布美妆教程、产品评测、化妆技巧等高质量内容，满足用户对美妆知识的需求。同时，社群还会邀请美妆行业的专家进行直播分享，提高社群的权威性和专业性。互动活动方面，社群会定期举办各种互动活动，如美妆问答、化妆比赛、产品试用等，鼓励用户积极参与，增加用户黏性和活跃度。

在电商转化与营销方面，美妆达人社群通过与美妆品牌合作，将优质的产品引入社群，供用户选择购买。社群会在内容中植入产品推荐，同时也会通过限时优惠、团购等营销手段，引导用户进行消费。此外，社群还会利用大数据分析，对用户进行精准推送，提高转化率。此外，社群还会定期分析运营数据，包括用户活跃度、内容阅读量、转化率等指标，以便更好地了解社群的运营状况，及时调整运营策略。

总结来说，电商型社群运营通过精准定位、优质内容、互动活动以及精细化的电商转化策略，成功吸引了大量目标用户，并实现了商业价值的最大化。这种模式不仅提高了用户的参与度和满意度，也为企业带来了稳定的收益和广阔的市场前景。

📊 任务描述

电商型社群的运营宗旨并不仅仅在于"成交"，它更像一款互联网社交商品，其运营精髓在于"如何让用户持续复购"。

📊 知识导航

一、电商型社群引流渠道

（一）什么是电商型社群

电商型社群要在社群内做电商，不是颠覆电商模式，它是电商服务的自然延伸。它不仅用于普通电商领域，也可用于当下流行的直播带货领域，还可用于传统零售领域。

在电商型社群中，用户因为需要产品后续服务或者福利而被聚集在一起，形成社群，并在社群中被各种活动激活，促成更多交易，从而实现更多的商业变现。电商型社群从某种意义上来说是支撑用户管理的售后服务体系。

在移动网络盛行的商业环境中，利用电商型社群已成为一种标准做法。即便是简单的流动餐车也可能因电商型社群的加入而变得具有吸引力。例如，众多肉夹馍爱好者可能因为喜爱这一美食而加入了由某肉夹馍摊贩创建的社区。每当摊主开始营业时，他都会在群内发布一条通知："开始营业了。"接着，社群成员们会一致回复："已阅。"尽管摊主没有时间去管理这个社群，但是热心的成员们会自发地保持群内的秩序，确保不会有其他的信息干扰大家。

图 11-1　及时记录、反馈用户的需求

无论是企业还是个人，建立电商型社群的目的都是为了聚集喜欢特定商品的消费者，并通过一对多或多对多的交流来提高用户的参与度和传播力，进而激发用户的潜在价值。

（二）电商型社群的运营思维

电商型社群运营的核心是用户思维：服务高价值用户，使用户对社群产生黏性，创造更多的交易场景。以用户思维为核心的电商型社群，有以下几个运营关键点。

1. 先找用户，后找商品

虽然电商型社群的目标在于商品买卖，其管理的关键却始终是用户本身，特别是那些对社群领袖或主打产品有较高忠诚度的用户。

因此，在电商型社群的管理中，首要任务并非"先推销产品，再构建社群"，而是应当通过社群来明确目标用户群，然后深入分析这些用户的需求。通过研究、制造或提供用户真正需要的产品，可以最大限度地确保产品特性与用户需求的一致性，而不是简单地根据已有产品来界定用户群体。例如，在下厨房某大 V 博主的粉丝群，用户可以提出自己的商品需求，群管理员会及时记录并反馈，见图 11-1，而后的直播会根据用户需求来调整商品的结构。

好商品是建立在用户需求上的，做电商型社群运营，必须先做用户画像，再根据用户画像找商品或者研发商品。很多企业围绕自己的产品构建社群，但是产品本身对用户缺乏吸引力，也缺乏话题性，这样的社群是做不起来的。

另外，要做好电商型社群，不管是找商品还是研发商品，都需要在商品设计或商品包装中融入传播元素，通过设计有特色的包装来引导用户主动传播分享，带动话题，从而真正发挥社群的裂变式传播价值。

2. 用户是我们的顾客，不是我们的"追随者"

电商型社群运营的第二个要点是电商型社群内的用户，并不是"追随者"，而是顾客。

"追随者"之所以支持社群，是因为他们对社群的关键人物或主要产品有共鸣，而消费者则不是基于这种共鸣。只有当社群管理者提供的产品或服务满足了他们的需求时，消费者才会对社群或其管理者表示认可。只有在建立了这种认同感之后，他们才愿意继续消费。

显然，"追随者"与消费者对社群的期望存在差异。"追随者"因共同的价值观念和理念而留在社群中，他们对社群的喜爱并不期待回报；而消费者在支付了产品或服务的费用后，自然希望得到相应的价值回报。

在电商型社群中，用户并非"追随者"，而是消费者，因此，我们需要以消费者的期待为标准，为他们提供真诚且专业的服务。

3. 按用户需求分层运营

用户进入社群后，需求可能发生变化，所以电商型社群运营的第三个要点是我们的运营方式需要随用户需求的改变而进行改变。例如，需要对新用户和老用户采用不同的运营方式。

（1）给新用户发福利

新加入社群的成员对于社群本身以及其成员通常会感到不熟悉，不太可能立即参与互动。这个阶段正是我们提供福利的理想时刻。通过分发福利，我们可以激励新成员留下并参与活动，从而为未来社群活动的参与奠定基础。

同时，我们更应该关注福利发放的效果，探究哪些类型的福利更能激发人们的兴趣，以及不同成员对不同福利的偏好。即便是在同一天加入社群的成员，他们的需求也可能有所不同，对福利的反应也各异。只有通过不断地尝试和观察，我们才能收集到准确的反馈信息。

（2）给老用户安排任务

随着用户对社群及其产品逐渐熟悉，普通的福利可能不足以吸引他们的关注。此时，社群管理者应将焦点转移到为资深用户提供的专属增值服务上。

我们可以设定分享任务和相应的奖励机制，鼓励用户积极分享他们在社群和产品上的体验，以此吸引更多新成员加入社群、购买产品。当用户通过分享从社群体验者转变为社群推广者，并与社群并肩作战时，他们对社群及其产品的认同感也会进一步增强。

（三）如何为电商型社群进行引流

1. 实体店铺引流

如果拥有实体店铺，可以利用已有的实体店铺进行转化，这是最靠谱的引流方法。

可以在店铺的门口和店铺内的墙壁上张贴海报，海报里印上店主个人微信号或者社群的二维码。为了吸引用户扫码，可以进行适当的物质刺激。比如，只要用户扫码，就送一瓶饮料或者第二件商品五折。

总之，只要实体店铺能使用户与运营者建立微信联系，运营者就能知道用户是谁，通过查看其朋友圈了解其偏好，从而借助在朋友圈以及个人微信的沟通，将其引入微信群，把潜在用户转化为实际购买用户。

2. 网上店铺引流

相比在地理范围上存在局限性的实体店铺，网上店铺有更多的机会接触已经购买的用户、有意向的用户和访客。如果拥有网上店铺，如淘宝店铺、拼多多店铺、京东店铺等，也可以邀请用户加入微信群或添加运营者个人微信号为好友。

网上店铺如何引流呢？店铺客户可以在意向用户浏览时通过赠送优惠券等方式引导

其加入微信群；店铺运营者可以在用户下单购买后引导其加入微信群；还可以在商品详情页、店铺主页等位置用无门槛优惠券引导意向用户或者访问者加入微信群。

3. 线下场所引流

在目标人群所在的线下场所开展引流工作也是非常好的引流方法。

我们可以在目标人群聚集的场所张贴有吸引力的引流海报，明确标出扫二维码添加好友或者进微信群的福利。比如，扫二维码进微信群参加抽奖，规定群内满多少人抽奖一次；再如，用户扫二维码将运营者添加为微信好友后，直接赠送用户某些昂贵新品的试用装，或者赠送饮料、玩偶等小礼物。

线下场所引流的优势在于用户群体相对精准。我们只要让扫码活动吸引更多关注的目光，给予用户一些福利，就可以快速聚集人群，与用户互相加为微信好友。等用户了解情况后，再引导他们加入社群。

4. 他人社群引流

有一些人构建了自己的社群，用户质量很高。如果我们能找到他们所在的社群，取得其信任，借用其社群平台，就可能将其社群用户引入我们自己的社群。这种方法就是他人社群引流法。

借他人社群为自己社群引流，有两个关键环节：一是"找群"；二是"混群"。

"找群"就是找到目标人群所在的社群，尤其是微信群。不管我们社群的主题是什么，我们的目标人群都可能已经集中在某些微信群。我们要做的就是根据我们目标人群的属性，找到他们聚集的微信群，然后进入那些微信群，和他们产生联系。

加入这些微信群之后，我们就要好好"混群"，在群内提高自己的曝光度、可信任度，从而添加别人微信群的成员为自己的微信好友，进而将他们引入自己的社群。

5. 新媒体引流

我们可以在微博、小红书、知乎、豆瓣等平台发布与电商型社群相关的内容，发布的内容需要以用户为中心，紧密围绕用户来组织。比如，我们可以通过微博收集用户喜欢的商品、用户购买商品和使用商品过程中遇到的问题，然后编辑成相关的微博文案发布出来，这样才能吸引他们的关注。

同时，我们还可以策划一些抽奖小活动来吸引新媒体账号订阅者的注意和参与，增加社群的曝光度。

以微博平台为例，可以采用以下几种抽奖小活动：

（1）有奖转发。在有奖转发模式中，微博用户只要"转发+评论"或者"转发+提醒好友"，就有机会中奖，这也是较为简单的抽奖活动模式。

（2）有奖征集。有奖征集即通过征集某一问题的解决方法吸引微博用户参与，常见

的有效征集主题有祝福语、广告语、小故事、观后感、书评等。

（3）有奖竞猜。有奖竞猜即运营者策划一个问题供微博用户解答，然后在指定时间揭晓谜底或答案，最后抽奖。常见的有奖竞猜模式有猜文字、猜图、猜结果、猜价格等。

（4）有奖问答。有奖问答的模式是发布一条微博，提出一个有一定知识难度的问题，微博用户在微博下回答该问题并转发微博，即可参与抽奖。微博抽奖平台自动从回答正确用户中随机选出获奖用户。

6. 老用户转介绍引流

老用户转介绍引流，即通过已入群用户的推荐来吸引更多用户。

老用户转介绍引流有很多好处，在此列举 3 条：首先，推荐人可以向被推荐人解释社群的作用，使后者对社群有所了解，避免盲目加入；其次，推荐人与被推荐人在一个社群里，更容易产生互动，避免新人入群时讲话没有人理会的尴尬；最后，由于有情感层面的连接，能够降低新用户入群后不久就退群的可能性。

一般情况下，用户只有对社群感到满意，才会去介绍其朋友加入。而能较好地体现用户对社群满意的表现，就是用户的购买次数。因此，对于多次在社群内消费的用户，我们要注意及时收集和筛选他们的信息，要尽可能地获取除他们的姓名、手机号、所在地区、收货地址之外的其他更详细的信息，如个人喜好、地方特点，以提高他们对社群的认可度和黏性。这样，当有需要时，只要给予他们一些小福利，他们就会帮我们介绍新用户。

◆ 活动过程

任务活动 1：培养电商型社群运营思维

1. 对公司经营社群中的用户进行重新定义。

_____

_____

_____

2. 将社群中的用户进行分层管理。

_____

_____

_____

3. 如何为本社群进行引流？请设计适合的引流渠道。

_____

_____

_____

二、社群团购活动的策划

（一）社群团购活动的基础

1. 社群团购与传统团购

社群团购即在社群内发起一场拼团活动，邀请群内用户一起购买商品。这是一种经典的电商型社群商业变现模式，其原理是通过向用户销售商品来获得收益。这里的商品可以是自己生产的，也可以是代理的。

与传统团购相比，社群团购有以下几点不同之处：

（1）社交互动：社群团购强调社交互动和分享，成员之间可以通过社群平台进行交流、推荐和评价，增强购物体验和信任感。

（2）精准定向：社群团购更注重精准定向，通过社群的特定人群定位，可以更准确地满足他们的需求，并提供更符合其口味的商品或服务。

（3）限时限量：社群团购通常采用限时限量的购买模式，通过限制时间和数量，增加购买的紧迫感和稀缺感，吸引更多人参与并加速交易完成。

（4）用户参与度：社群团购更注重用户参与度，成员可以在选择商品或服务、活动策划或决策过程中发表意见和建议，增加归属感和参与感。

（5）优惠定制化：社群团购更灵活，可以根据社群成员的需求和购买力量，定制更有针对性的优惠价格，提供更个性化的购物体验。

2. 团购商品选择的原则

（1）选择客户需要的商品

一款商品能否销售出去，关键是它能否满足目标人群的需求。换句话说，能满足社群成员需求的商品，就适合在社群内推广和销售。

如果社群成员主要是年轻女士，那么年轻女士们喜欢的商品，如口碑较好的化妆品、服装、包、珠宝首饰，有氛围感的宜室宜家家居用品等，就可以在社群内推广和销售。

如果社群成员主要是"宝妈""宝爸"，那么孩子看的书、家居用品、学习用品以及亲子装、亲子旅游等亲子类商品，就比较适合在社群内推广和销售。

如果社群成员主要是拥有一定资产的人，那么兼具设计感、质感和品位的商品，或

者有投资价值的商品，显然更有吸引力。

不同的人群有不同的需求，选择要在社群内推广的商品品类时，要先研究社群成员的消费习惯和消费需求，再进行选品。

（2）话题度高的商品

一款商品可以被"种草"，就可以在社群内推广和销售，因为这样的商品话题度高，很活跃、很爱玩的用户可以创造并在社群分享有关这款产品的各种话题，从而增强商品的吸引力，吸引其他用户追随。

因此，如果想在社群内集中推广一款商品，可以围绕该商品思考几个问题：这款商品的话题度高吗？网上有关于这款商品的热帖或者社区吗？如果答案是肯定的，这款商品基本就可以在社群内得到顺利推广。例如，手账、摄影等相关商品和服务，在不少网络平台都能够引起很多话题，引发许多用户共鸣，愿意主动参与其中，自然也可以吸引感兴趣的更多人在社群中互动。

在推广这种话题度高的商品时，可以在社群里安排几位"超级用户"。超级用户，指的是品牌商家拥有的高忠诚度用户，他们通常是品牌产品的忠实粉丝，对产品的需求频率极高；在未来很长的时间内，这些高忠诚度用户都有明确意愿持续消费企业的产品和服务。超级用户也就是超级玩家，如果其他社群用户觉得超级用户在社群中特别会玩，话题层出不穷，就会希望自己也和超级用户一样，甚至也能成为这样的超级用户，其他社群用户会愿意跟超级用户一起参与话题、制造话题。在这样的趣味性十足的互动中，有着超级用户通过话题创造与传播为产品进行背书，其他用户对产品的认可度会越来越高，甚至还会自然接受超级用户推荐的其他好物，这有助于引导社群的产品转化，最终促进社群的商业变现。

（二）社群团购选品方式

1.根据用户属性划分客户群体进行选品

为社群团购进行选品，首先便是用户思维，即根据用户群体来选品。不同的用户群体有不同的消费偏好。把握用户的消费偏好，按需选品，才更容易实现营销目标。

根据用户的年龄、职业、家庭情况等基本属性，我们把用户分为大学生、职场年轻人、中年职场人和退休人士4个群体，其各自的消费偏好及选品准则如下。

（1）大学生

绝大多数大学生尚未具备赚钱的能力，他们的消费主要依赖父母提供的生活费或直接由父母购买。这些年轻人有自己独特的消费倾向，倾向于模仿同龄人的消费模式，并且易受视觉广告的影响。在选购产品时，他们往往不太注重实际需求，而是更看重产品的外观设计，认为新颖和独特的商品更具魅力。

因此，如果社群的成员主要是大学生，那么应该更多地选择新颖和独特的商品，并在社群内通过图文或短视频的形式进行美观的视觉展示。

（2）职场年轻人

在职场上，年轻人追求时髦和创新，倾向于购买代表新潮生活方式的新产品，或者那些能够显示他们经济独立能力的"品牌"商品。他们具有较强的自我认同感，经常试图展现自己的独特性，因此偏好购买有特色的、能彰显个性的物品，而对于普通商品则不太感兴趣。年轻人在处理人际关系时更加情感化，这种特点在消费上也有所体现，即情感因素在消费决策中起主导作用，容易引发冲动性购买。

如果社群的成员主要是职场年轻人，那么应该挑选一些能够突出个性、具有时尚感的商品来进行团购活动。

（3）中年职场人

当职场年轻人逐渐步入中年，成为中年职场人的时候，其心理已经相当成熟，不容易被外部因素所诱惑，在购买商品时，更注重商品的质量和性能。虽然他们已经在职场中工作多年，拥有比较稳定的收入，但是由于家庭责任重大，他们很少进行冲动性、随意性消费，多是经过分析、比较后才做出消费决定。在实际消费前，他们会对商品的品牌、价位、性能、消费时间、消费场景进行妥善的计划；在实际消费时，他们往往会按照计划购买，很少有计划外的消费和即兴消费。

中年职场人更关注大众化的商品，而不是个性化的商品。他们在购买时有时也会被新商品所吸引，但会考虑新商品的实用性。他们对商品的推荐有一定判断和分析能力，不会轻易被广告和导购所诱导。

如果社群成员主要是中年职场人，比较实惠、有口碑、大众化的日常用品可能更受欢迎；偶尔也可以推出一些有特点、有情怀感、有口碑品牌的新商品。

（4）退休人士

退休人士由于生活经验丰富，很少感情用事，消费也更理性。他们量入为出，崇尚节俭，会在购买前对商品的用途、价格、质量等方面进行详细了解，而不会盲目购买。他们已经养成自己的生活习惯，保守且怀旧，更加信任使用过的品牌，因而会重复购买。

如果社群成员主要是退休老年人，质量可靠且价格实惠的商品更容易赢得信任，促使他们重复购买和引荐他人购买。

2. 根据性别划分客户群体进行选品

根据性别，可以把用户分为男士和女士两个群体。这两个群体的消费偏好分别如下。

（1）女士

女士是诸多行业商品的主要消费群体，很多行业的从业者都非常重视女士的消费倾

向。女士大多喜欢有美感的商品。女士的爱美之心是不分年龄的，每个年龄段的女士都倾向于用商品来将自己打扮得更美丽一些。她们在选购某种商品时，首先考虑的是这种商品能否提升自己的形象美，能否使自己显得更加年轻和富有魅力。因此，她们更喜欢造型新颖别致、包装华丽、气味芬芳的商品。她们大多认为，商品外观与商品的质量、价格同样重要。

女士购买商品，并不太关注商品的实用性，而是更关注其情感价值。她们会受到同伴的影响，购买同伴们都在购买的商品；也会受到"榜样"的影响，购买高档的商品，以彰显自己的身份和地位。她们容易被说服，经常做出计划外的购买行为。

如果社群成员主要是女士，那么做任何品类的选品都要尽可能选择包装华美、造型新颖、外观精致、色彩明亮、气味芬芳的商品。

（2）男士

男士更善于控制情绪，处理问题时更能够冷静地权衡各种利弊因素。他们能够从大局着想，而不愿意纠结于细节。这种特点体现在消费上，就是他们基本上没有选择困难症，一旦产生购买需求，他们往往会立刻做出购买行为，即使影响购买的因素比较复杂，他们也能够果断处理，迅速做出选择。

男士的自尊心往往比较强，不愿给人留下斤斤计较的印象，因而购买商品时也只是询问大概情况，不喜欢研究细节，更不愿意花很多时间去比较挑选。即使买到的商品他们不太满意，只要不影响大局，也不愿意计较，很少产生退货情况。

男士的消费行为不如女士频繁，购买需求也不太强烈。在很多情况下，他们的购买需求是被动的，例如受家人嘱托，受同事、朋友的委托或者工作需要等。因此，他们的购买行为不够灵活，往往是按照既定的要求，比如指定的品牌、名称、款式、规格等来购买。此外，男士的审美与女士不同，对于自己使用的商品，他们更倾向于购买有力量感、科技感的、一般认为更具男性化特征的商品。

如果社群成员主要是男士，那么质量可靠、有科技感、极简风格的商品可能更容易让他们做出购买的决定。

3. 根据团队规模及运营能力进行选品

团队运营能力不同，选品的方式也不一样。根据运营团队的规模，我们可以将电商型社群的运营团队分为1~5人的小型团队，6~20人的中型团队，20人以上的大型团队。这三类团队的选品方法如下

（1）1~5人的小型团队选品方式

小型团队可能只有1~5人，建议这样的团队做无法量产的定制化手工产品，比如手工泡菜、手工饰品等，这些个性化的商品可以作为小团队在起步阶段的尝试。此外，从商

品的用料、包装，到销售活动中的服务、快递，再到宣传工作中的海报、配图、文案等，最好都能精心定制。因为运营团队的规模较小，社群的规模也不用太大，订单量小，可以用个性化来凸显社群优势。

小团队能不能做标准化、规模化的产品呢？答案是不建议做。因为对于电商型社群而言，运营团队规模越大，越有可能拿到更优质、更低价的产品，小团队很可能没有能力进行竞争。

个性化、定制化的商品，中型团队和大型团队可能不愿意做，因为定制化的成本较高，不利于抢占市场份额。所以对于1~5人的小团队而言，不管是服饰还是家居用品，甚至零食，都倾向于定制化。目前，小团队的比较常用的选品模式是分销和代发，这些模式虽然成本比较低，门槛较低，但天花板也低。如果想将电商型社群作为一项事业来做，就需要找到个性化、定制化的商品，体现自己的商品的差异性。

（2）6~20人的中型团队选品方式

小型团队成长后就会升级为中型团队。中型团队比较容易陷入瓶颈，一是因为他们没有大型团队的规模，二是因为扩张后失去了一定的灵活性。要做规模化商品，它不如大型团队，做定制化的商品，它不如小型团队。这时候，电商型社群运营团队就需要具备一定的商品制造或者研发能力。对于商品可以尝试一部分采购，一部分自己开发设计。一些通用的商品采购回来后需要优化调整，例如食品类产品采购回来后可以在克重、包装、名称等方面做一些修改，并使用与市场上不同的宣传文案。值得注意的是，不要一把商品采购回来就直接开售，尤其是标准化的商品，一定要修改后再宣传和出售。

（3）超过20人的大型团队选品方式

大型团队因为获得了知名度和口碑，社群规模自然也已经壮大，这样的大型团队应该已经有成熟的运营方式，也有流量，有知名度，还拥有一定的采购、谈判、议价能力。一般而言，大型团队可以选择高客单价的精品或高性价比的日常用品。

①高客单价的精品

对于大型团队而言，最佳的选品方法是利用团队优势和社群优势，在品类上做取舍，先只做其中一种或一类商品，比如图书市场的高中教辅书、服装市场的裤子、化妆品市场的精华等。这些商品类型有个共同的特点，就是不大不小，不需要太强的品牌识别度，可以发挥最大的优势。也就是说灵活、少而精，可以量产，并且采购自主设计。越是规模大的运营团队，越可以通过单一的小类目做出流量浪潮。

要提升客单价，还要注意的是，不能单纯地打价格战，不能相互抄袭。

②高性价比的日常用品

大型团队得到发展壮大后，就可以挖掘供应链的整合优势，操作购买频率高的基本

需求类商品。基本需求类商品即用于满足每个人的生活需求的商品，比如衣服、本子、笔记本、食物等等。这个层级的商品谁的性价比高，谁就能抢占市场。高性价比就意味着背后需要有强大的供应链体系，大部分标准化商品的竞争都是如此。而为了创造性价比优势，社群运营团队不必在每一款商品上赚到期望的利润，而是用相对更低的几款商品吸引用户、聚集用户，提升社群的影响力和品牌力，然后通过其他方式赚钱。

（三）社群团购商品定价策略

1. 价格锚点策略

在消费者眼里，商品的价值是"相对存在的"，这件商品到底值不值这么多钱，这个定价到底实惠与否，都需要一个可供参照的标准。价格锚点即是商家设定的参照标准。

例如，假设你要主推空调B：

左边放着A款空调：只有制冷功能，三级能效，普通定频，定价1600块；

中间放着B款空调：带冷暖功能，一级能效，变频省电，定价2000块；

右边放着C款空调：有冷暖功能，一级能效，变频省电，体积更大一点，定价3000块。

这时候大部分人都会选择定价2000块的B款，因为对比A款空调，B款空调带冷暖功能，而且更省电，对于C款空调，也只是体积大一点，其他没啥区别，而且贵了1000块。其实这就是商家用A和C做锚点"强迫"用户选择B款空调。

要应用价格锚点策略，我们需要注意其中两个要点：

（1）要形成鲜明的对比

拿出来对比的产品，不管是功能、大小或者价格，都需要跟主推款有明显的差距，突出主推款的优势，让客户一看就能马上在大脑中做出判断，不能让客户做太多的思考和判断，这才能达到最好的效果。你只要让客户减少思考的步骤，就能提升决策的速度，决定购买的速度也就越快。

（2）降低客户的"可选择性"

就像上面的例子，客户购买空调的时候，把产品A和产品C放到产品B的旁边，A和C都只是作为标杆，让客户进行对比的，重点用A和C产品突出B产品。所以我们不能在店铺内放太多的相关产品，这样效果会适得其反。因为只要有了足够多的选择，人类的大脑就会不断地进行对比，大脑就会很容易因为受到干扰，而导致"死机"现象，也就是我们经常说的"选择困难症"。

2. 要素对比策略

人们考虑是否要购买一款价格更高的商品时，往往会比较各种因素。因此，若要为商品制定更高的价格，就需要为用户提供一张直观的关键要素比较图表。例如，对于手机、电脑及其他生活电子类产品，可以提供硬件配置比较表，对于服饰类的商品，可以提供用料比较图、工艺比较图等。当人们看到差异时，就会倾向于购买更好的那款产品。

3. 阶梯定价策略

阶梯定价是在顾客不断变化的消费需求推动下形成的，如当顾客从高到低买产品，通常将商品价位设定为一定时间内的最低价格。阶梯定价策略常用于商品的降价促销活动中，顾客购买该产品或服务，当其对该产品或服务提出需求时，企业往往会采用相应的价格进行定价。这种定价策略通常适用于高档商品或服务，因为高档商品或服务与普通商品相比具有较高的消费价值，需要较高成本，这类产品或服务往往对普通消费者来说比较昂贵；而在中档商品或服务上，对消费者而言比较便宜或享受到较低价格所带来的好处，但价格差异较大，对高档客户而言就很昂贵，这类产品或服务并不适合进行阶梯定价，因为对高档客户而言，其价格通常比中档客户更高了，这类产品或服务并不适用于进行阶梯定价。在阶梯定价中，消费者根据自己的需求对商品或服务价格作一次变动，但其变动会在一定时期内保持不变并最终得到所需价格。

比如某一辆车同款车型通常都有实用版、标准版、豪华版这样类似的区分维度，实行阶梯定价，价格逐步上升。多数公司都可以实行阶梯式定价策略。公司现有产品大体上都相当于标准版，即使无法同时增加精简版和高级版，也可以推出其中之一，从而获得新的客户并增加收入。

◆ 活动过程

任务活动 2：分析本社群客户消费偏好并进行选品

1. 根据用户属性划分本社群内的客户群体，并分析其消费习惯与消费偏好。

_____

_____

_____

2. 根据性别划分本社群客户群体，并分析其消费习惯与消费偏好。

_____

_____

_____

3. 本创新创业团队属于何种运营规模？

_____

_____

_____

4. 综合以上三项分析，为本社群选购 5 款合适的团购商品，并为它们定价。

_____

_____

_____

三、社群团购活动的执行

（一）团购活动文案

1. 商品介绍文案

在团购预告和发起团购活动的过程中，都需要介绍商品。介绍商品，就需要准备商品介绍文案。商品介绍文案中重要的便是突出商品的卖点，并能够戳中用户的"痛点"。

（1）多描绘感官体验

广告大师约瑟夫·休格曼曾说："不要卖牛排，要卖煎烤牛排的滋滋声。"

商品要想卖得好，描绘商品带来的感官体验很重要。举个例子，巴奴的爆款毛肚，它在菜单介绍里有这样一段话："在牛油辣锅中，七上八下 15 秒，蘸上香油蒜泥，入口脆嫩弹爽。"

这段文字十分简短，但在阅读的时候，我们好像能在字里行间真的感受到毛肚入口的脆爽。如果是食品类商品，对于店内主推的特色菜品，我们也可以在菜单首页、宣传海报，甚至店外派发的广告传单上多写几句描绘"它所带来的美妙感官体验"的句子：闻上去是什么味道，咬上去的口感是怎样的，味道如何……描绘得越具体，给顾客留下的印象就会越强烈，越容易激发顾客想要体验品尝的欲望。

（2）展示商品的稀缺性

俗话说物以稀为贵，稀有珍贵的东西从来

"一年只卖 60 天，错过又要等一年……"

都是不缺市场的，哪怕只是看起来稀有珍贵也行。像西贝的爆款香椿油泼面，在店内的宣传海报上，就曾用过这样的内容来向顾客展示其稀缺性。

"一年只卖 60 天，错过又要等一年……"

很多顾客只需要看一眼这句话，就会放下心中的犹豫，转而变成"不吃一碗可就亏了"。所以团购发起者可以在商品介绍页上，对一些菜品、小吃打上"限量供应、限时尝鲜"的标签，甚至可以单独开出一个"限时特供推荐栏"，以此来宣传它们的稀缺感，不仅有助于提升销量，还能拉高溢价能力。

（3）试试打打感情牌

当前社会，许多顾客在情感上都有被理解、被认同的诉求，而一些商品宣传正是抓住了这一点，通过写一些情感向的宣传语来与顾客产生情感共鸣，让他们为自己的情感掏钱买单。

其中相当成功的例子，当数某小白的瓶身包装内容：

"朋友不联系久了，别把仅有的那一点激情都用在点赞上了。"

"朋友不联系久了，别把仅有的那一点激情都用在点赞上了。"

在商品介绍文案中多花点心思，写些容易戳中顾客小情绪的文案，或者一些温情鼓励的话。用"感情牌"博得顾客情感认同，让他觉得你是"懂"他的。

好文案会说话，更会抓住顾客的心，让他们心甘情愿掏钱买单。当然，不同的消费场所，顾客人群不同，他们的心思也不一样。根据社群的客户群体分类及商品特点，结合上面这 3 类技巧，就能够写出吸引用户眼球的商品介绍文案。

2. 团购主题策划

团购主题的策划可以从 3 个方面进行：一是根据不同用户群体分类来策划、二是根据时节来策划，三是根据消费活动来策划。这 3 个方面的策划重点于表 11-1 展示。

表 11-1　团购主题策划方面及要点

策划方面	策划依据	策划重点	举例说明
用户群体分类	用户属性分类	突出用户群的主要需求"痛点"	羽绒服，轻盈保暖，爸妈穿很放心

续表

策划方面	策划依据	策划重点	举例说明
时节	特定时期特定需求	突出特定时节的独特消费需求	开学季，助力学子，全场折上折
消费活动	消费心理	突出促销活动	双十一预售开抢

3. 团购预告

社群团购的预告有海报与公众号文章两种形式，其中相应的文案各有不同。

（1）海报文案

海报文案上需要包括的基础信息有：社群名称、团购时间、团购商品的详细名称、商品数量、团购价格、商品原价及商品图片等元素。在一场团购活动中，有多少商品，就需要列多少商品的图文简短介绍。

在设计海报的时候，有一个促进转化购买的武器，就是把握用户的痛点心理。一张好的海报文案一定是能够洞察到用户的一个真实的动机，戳到用户的真正痛点，而且提供的刚好是一个解决方案。

痛点就是用户深层次的需求和欲望，简单来说就是用户生理心理或财富上所取得这种匮乏的状态，即使缺少点什么，他都想获得它们。用户怕什么，你就指出什么。只有用户害怕了，你才能够去赢得他的痛点。

关于痛点，分享一个恐惧型海报文案 = 引发恐惧的某个具体问题 + 合适的解决方案。心理学研究表明人在捡到 100 块钱的快乐和丢掉 100 块钱的痛苦，人对痛苦往往更加看重和关心。比如有书的公众号凭借着有书共读这个项目，一年涨了 1000 多万的粉丝，它的推广海报上写过这样一句话："你有多久没读完一本书了？"这句话有书自己用了好几年时间，它成功唤醒了用户长期不读书的那种恐惧心理，让你把粉丝的恐惧激活，再顺势给出他们的解决方案，"加入有书共读计划"。这个时候它就达成了海报所要完成的相应的目标。

优秀的文案一定是攻心的，通过了解用户的心理，准确挖掘他们的内在需求点，这样设计出来的海报文案，才能赢得大家的需求，满足用户内心的欲望，填补用户内心的空缺。

（2）公众号推送文案

公众号的活动推文，基本上按照"引出话题 + 活动目录 + 活动详情"的格式来写。对于需要用详细文字进行介绍的商品，可以用"大篇幅文字 + 少量配图"的方式来写推文。

推文的三个部分都应当有对应的亮点，比如用什么来引出活动话题就很关键，引得好就让用户继续读下去，引得不好就直接关闭了。而活动目录也可以更有意思一点，不是简单的活动陈列，而是要突出重点活动，说明一系列活动有什么共同特色等等。而活动详情就有更多东西可以写了，把事情写明白是基础，而把事情写得吸引人才是技术，让人明白活动凭什么参加。

相比其他方式，公众号推文的传播范围更广，不在社群内的微信用户也可能会通过微信中的搜索等入口搜索到推送文章。因此，不管是什么形式的推文，我们都可以在文章的结尾处加上一句宣传社群的文字，比如说"进入××群获取免费试用的机会"，并附上群二维码或者群主个人微信的二维码，这样推文还可以发挥为社群引流的作用。

4. 团购活动发起

团购活动发起文案需要短小精悍，直达用户心底，可以直接发在社群内。这类文案的 6 个必备要素是：团购计划、商品卖点、用户反馈、价值锚定、商品知识和商品稀缺性。

我们以某个电商型社群的团购活动发起文案来说明文案中如何呈现这 6 个要素。

【案例】

只团 4 小时，截至今晚 19∶00，109 到手两箱！国际羊毛！×××高钙牛奶产自×××国乳业巨头，100% 灌装密封，100ml 含钙高达 180mg！超过高钙国家标准50%。口感浓郁丝滑醇厚，一口下去像在抿淡奶油，好生活，并不贵，源自德国北纬50°自然牧场。

"超市买的牛奶，寡淡、没有奶味儿都成常态了但这款奶实实在在地把我惊艳了一把！"

"拜托！你只是一瓶牛奶！大可不必这么好喝！"

"尝了之后，直接没忍住回家囤了三箱！"

"顺滑醇厚，像空口抿淡奶油一样！"

"像我一样喜欢浓郁奶味的家人们一定要试试！"

"而且价格我们也为大家争取到了大优惠！"

"109 到手两箱！这个国际羊毛真的不能不薅！"

背书也是非常有实力：

"源自 × 国北纬 50°自然牧场产自 ×× 乳业巨头，100% 灌装密封 100ml 含钙高达 180mg！超过高钙国家标准 50%"

大V推荐

"年关将至，作为走亲访友伴手礼也很不错！"

"趁优惠多囤几箱吧！"

"每100ml含钙高达180mg！超过高钙国家标准50%！且0蔗糖，热量低，每日2瓶，可补充每日所需钙量的80%，特别适合生长发育期的小孩和需要补钙的老人早上搭配早餐，就能补充一日所需的营养～睡前喝一瓶，轻松入眠好消化。"

"众多明星/KOL重磅推荐，消费者口碑爆棚！！！"

@什么是调制乳

根据中国食品安全法规定只要生牛乳中添加任何营养元素就需标明"调制乳"，×××高钙奶是在100%生牛乳的基础上，添加优质易吸收的有机柠檬酸钙与膳食纤维卡拉胶（一种海藻提取物），匠心配方，助力健康每一步！

主流零售平台，全覆盖上架好评不断！

【保存方式】25℃以下阴凉、干燥处储存，开封后请冷藏并在3到4天内饮用完。

【发货地】浙江金华

【快递公司】韵达、中通

【发货时效】3到5天左右

【不发货区域】港澳台、新疆、西藏、内蒙古、宁夏、青海、甘肃不发

【售后标准】食品类不支持7天无理由退换货，如有质量问题可安排补发

【特别提醒】本次团购仅团4小时，19:00截止系统自动停止接单，不限购，只要你手速够快，多买多得！来不及解释了，快下单吧！

表11-2　团购活动发起文案的6个要素

要素	文案内容分析
团购计划	109到手两箱！！国际羊毛！×××高钙牛奶产自×国乳业巨头100%×××灌装密封100ml含钙高达180mg！
商品卖点	口味口感、营养表、0蔗糖。
用户反馈	众多明星/KOL重磅推荐，消费者口碑爆棚！主流零售平台，全覆盖上架好评不断！
价值锚定	而且价格我们也为大家争取到了大优惠！ 109到手两箱！！这个国际羊毛真的不能不薅！
商品知识	灌装技术、商品特殊营养添加、食用方法及保质期
商品稀缺性	限时团购只团4小时，限时不限量

在按照团购计划、商品卖点、用户反馈、价值锚定、商品知识、商品稀缺性这6个要素来编写团购活动发起文案，能够在确保信息全面的基础上，让文案更有说服力，激发用户下单欲望。

（二）社群团购流程

1.团购预热

团购当日，我们可以提前每隔一小时发活动信息的"刷屏公告"。为了活跃气氛，在发公告之前先发红包，同时主要负责的运营者在群内与用户互动，带动群内气氛。

团购信息的刷屏公告需要注意以下几个要点。

刷屏公告要将团购的时间、内容写清楚，使用简单明了话语，让用户不需要再次追问详细信息。

在公告结尾可以设计起到情绪带动的刷屏回复语句。如"非常期待，已知晓今晚8点有团购"。

为了方便用户回复，可以自己在群内单独发一下回复语句，方便用户复制发送。

在团购正式开始前15分钟，可以再做一些预热活动，比如抢红包看手气等，尽可能活跃社群人气，让人们看到社群团购活动。

2.团购开场

约定的团购时间到了，社群运营者作为团购主持人，先与各位群里用户打招呼后，就可以正式开始团购活动了。

正式开场时，主持人可以先向用户透露与用户相关的"利益"从而留住用户，可以参考以下话术进行福利引导与内容引导。

福利引导：用福利引起用户继续待在社群、参与团购活动的兴致。例如，"团购开始前，我们先来抽一波奖，名额20个，中奖的小伙伴可以得到8.8元的现金红包哦！"

内容引导：用团购商品来吸引用户的注意力，让用户守在社群中下单抢购。例如，"今天的团购时间从20：00开始，我会为大家带来5款产品，分别是×××，×××，×××，×××，×××。"

3.商品介绍

做完开场后，进入商品介绍环节，若当天团购的商品有多个，较好的方式是在介绍一款产品后，直接发送团购链接/接龙，因为大部分用户仅对其中一个或几个产品感兴趣，在看完产品介绍后，可以点击链接直接下单。

商品介绍的话术可以参考以下案例。

【案例】 ×××松露白餐具绝美上线！雅致餐盘＋米饭碗！

新年的碗这个链接拍，瓷旧迎新～

×××松露白餐具绝美上线！雅致餐盘＋米饭碗！

✓1340℃高温烧制强化瓷，安全无害

✓微波炉、洗碗机、消毒机、烤箱通用

旗舰店单件199元起，精美礼盒装，春节送礼都有面儿

这是我今年最喜欢的一套开团餐具，个人不是很喜欢那种花里胡哨的餐具，觉得这种很简单，很大气。

白色餐具装菜最好看，我的餐桌照用的几乎都是纯白餐具。还都是礼盒装，过年公司发福利或者给VIP客户送礼，我觉得这个都很适合。

案例分析：先说一说最近买了什么商品，哪里好用，为什么好用。在说"为什么好用"时，可以介绍产品的突出卖点，如用料、功能或做工的不同之处，同时发一些产品图、自用图、细节图、反馈图等。做完这些介绍后，就可以说价格了，价格也可以放在最开始直接说，在最后再强调一次价格超值，就可以正式发送商品链接或发起接龙活动了。

4.发起接龙／团购小程序

在微信群点击"接龙"功能（如图11-2所示），填写接龙内容（如图11-3所示），然后点击"发送"即可。

或者可以应用如某团购小程序，在后台编辑好产品信息后，直接将链接转发到社群中，用户点击链接即可购买。如图11-4所示。

图11-2 微信群内置"接龙"功能键

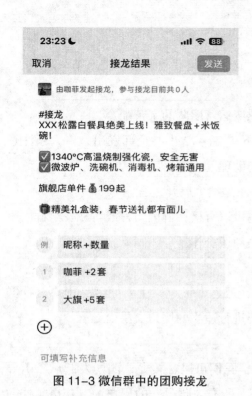

图 11-3　微信群中的团购接龙

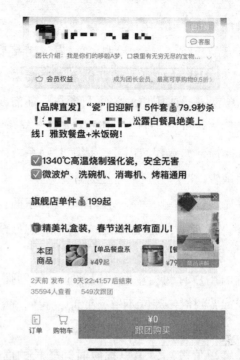

图 11-4　某个小程序中团购下单链接界面

5. 团购催单

在进行团购的过程中，"催单"也是重要的一个环节，意思是用话术告诉用户，为什么要买这款产品，以及为什么现在就要下单，以刚才的餐具团购为例，催单包括的要素如下。

突出商品亮点：在新年添新碗新筷有两个寓意：一是"添丁添碗"，表示子孙满门有"福"的寓意；二是"添新碗，置新筷"，来年米谷停无（不）住，有"财"的寓意，寄托着人们对新年的美好期盼。用这个美好的寓意，迎接新年的开始，期待一年更比一年好！

突出用途：釉面光润，防剐蹭，不易掉色；疏水性极佳，易清洗，节约用水和洗涤剂；可进微波炉，洗碗机，消毒机通用；甚至可以进烤箱，耐高温，防爆耐造。

突出销量：开团不到 15 分钟，后台已经有 200+ 用户下单了。

突出好评：线上线下全覆盖上线，好评如潮。

突出优惠：旗舰店单件 199 元起，今天价格直接打到骨折，全单 5 折！

突出紧迫感：库存有限，看中一定及时下单，品牌方接单实时滚动库存，随时截单，再不复团！

催单后，视群内反应，短暂停顿 1～3 分钟，随后使用过渡话术，如"这个产品我们就介绍到这里，有需要的小伙伴后台自行下单。我们开始介绍下一个团购商品"，然后开始下一个商品的介绍即可。

6. 团购结束

所有商品介绍完毕、开启接龙 / 发送链接后，这场团购活动就可以进入结束阶段了。在结束阶段，主持人的话术包括以下 3 个要素。

表达感谢：感谢用户的关注及参与，还需要感谢运营团队的辛苦配合。

售后保障：如"今日开团所有商品，都会在下单 24~72 小时全部发出，请大家注意查看物流详情，如有任何需要，请随时联系群内小助理"。

下期预告："下一场活动主要围绕 ×××（商品品类）展开，有 ×××，×××……我们暂时先预告这些给大家，如有想要的东西，也可以直接在群内留言或者私发给群内小助理，我们团队会尽可能满足您的需求，想办法去商谈合作。"

（三）用户交易引导

若群内用户有购买意愿，但并不是特别强烈，迟迟未下单，主要原因是用户对社群及社群管理者的信任程度不够，此时，我们就需要进行适当的用户交易引导。

1. 交易晒单

对于客单价较高，用户犹豫时间较长的商品，我们可以在接龙、团购发起后，引导已下单用户支付后截图订单界面发到群内"晒单"，所有"晒单"的用户可以获得额外的奖励。

引导交易晒单的话术如下："参与团购的用户记得先找小助理领优惠券再支付，支付完成后，截图晒单到群里，可以获得神秘礼品一份哦，礼品随订单合并发货。"

2. "晒"好评

好评就是社群的口碑，当用户对是否要购买社群内商品犹豫不决时，团购主持人可以通过"晒"出好评，"晒"出口碑，打消群内其他用户的顾虑，引导交易。

引导"晒"好评的技巧有：

先让用户高兴、惊喜，才能够获得用户好评。可以为已下单用户邮寄商品时，随机赠送一些实用的小礼物，给用户一个收货惊喜。如食草堂品牌会为每一位下单客单价超过 500 元的用户，赠送一枚"真皮挂件"，用户在收到商品后，还会额外收到一枚有着"平安、好运"等字样的真皮小挂件，可以挂在车内、包上等，做工优良，用料实在，寓意美好。

先真心实意为用户着想，再引导用户"晒"好评。我们需要将商品的外包装做得精美优良，激发用户的分享欲，也可以提供一些评价模板，用户只需要简单修改就可以进行好评反馈。

及时回复用户评价，永远用户需求至上。看到用户在微博、小红书、朋友圈或者其他社交平台发布评价内容后，要及时回复，回复态度要诚恳、恭敬、有礼。同时将好评截图保存下来，以备在社群内持续传播，造势团购，积累口碑。

3. 下单后抽奖

若营销经费充足，在群里用户下单后可借助抽奖小程序、红包拼手气等，在已下单用户中继续"找寻幸运锦鲤"的活动，进一步活跃群内气氛。但要设置这样的活动，奖品本身和奖品数量要有吸引力。比如"幸运锦鲤"一共 3 位用户，其中 1 位今日订单免单，1 位订单立返 300 元现金，1 位随订单赠送价值 ××× 元的实物。

对于用户来说，无须付出额外成本，只需要按意愿进行下单购物，就可能有资格成为如此幸运的人，这样能够极大地推动群内用户下单的意愿，甚至有部分用户会邀请自己的朋友进群一同下单团购商品。

但需要注意的是，抽到"幸运锦鲤"的用户，拿到奖品后需要在群内"晒一晒"以证明奖品的真实存在，对于其他用户来说，是进一步提升对社群与社群管理者的信任程度的方式，即使这次团购活动没有参与的用户，下次团购也会积极参与。

◆ 活动过程

任务活动 3：社群团购活动的设计与执行

1. 为本次团购活动撰写商品文案与活动文案。

_____

_____

_____

2. 制作一张活动预热海报。

_____

_____

_____

3. 在社群中进行一次团购活动的具体执行。

_____

_____

_____

4. 应用所学策略，对社群中未产生订单的用户进行交易引导。

_____

_____

_____

四、客户反馈处理

（一）社群团购中常见的 4 种反馈

1. 用户反馈

用户反馈，指用户使用某一产品对其提出的情况反馈。其中包含有关社群团购产品或服务的体验和满意度。用户反馈可以来自各种渠道，用户反馈对于未来的产品开发、改善客户体验和整体客户满意度至关重要。其中回应不满意用户的负面反馈，有助于有效提高用户忠诚度。

寻求反馈时，我们要主动收集用户的4 种反馈：投诉、赞扬、质疑和建议（如图 11-5 所示）。用户在提交这些反馈信息时，可以进行匿名反馈。

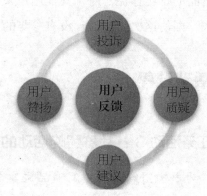

图 11-5　常见的 4 种用户反馈

2. 主动获取社群用户反馈的重要性

（1）帮助社群所提供的产品或服务进行改进优化

给予反馈也被认为是使用户参与进来的最低门槛之一，通常也是大部分产品必备的功能之一。通过用户所产生的反馈进行数据分析，用来改变和调整给用户呈现的内容，改进内容与用户体验的质量。

留言、反馈和评论都是长期留住用户的方法，可以提高用户的黏性和活跃度。这些模式同打分机制以及标签相结合，通过用户意见可以打造一个强大的信誉体系。

（2）反馈是让用户感知产品的重要途径

运营不仅是产品与用户沟通的一个纽带，而且能够让用户感知到产品的温度。

用户在使用产品时遇到困难，常常会寻找到产品的官方联系方式，运营人员通过与用户沟通，帮助用户解决问题。加上获取用户反馈的渠道是与用户最直接的接触，过程中也最容易使用户建立起对品牌、产品或团队的认知印象，所以好的用户反馈体系是用户体验的加分项，反之亦然。

3. 如何主动收集用户反馈

用户反馈工作是社群用户运营工作中不可或缺的一部分。

要想得到用户的反馈，第一就是要给用户提供反馈的渠道。有效的用户反馈渠道有以下几种：

（1）调查问卷：通过向客户发送问卷，收集他们对产品或服务的意见和建议。问卷可以包含一些标准问题，也可以根据客户需求定制。

（2）满意度评分：在产品或服务使用后，向客户提供满意度评分，以便了解他们对产品或服务的整体感受。

（3）用户测试：让客户在特定环境下使用产品或服务，收集他们的反馈，以便了解产品或服务的优点和缺点。

（4）社交媒体：通过社交媒体平台收集客户反馈，可以更快速地获取客户的意见和建议。

（5）客户服务：通过社群客户服务人员收集客户反馈，可以更直接地了解客户需求和问题。

（6）客户会议：定期与客户召开会议，讨论产品或服务的改进方向和未来发展计划。

（二）如何处理用户抱怨

用户抱怨这个问题一直困扰着许多社群，让管理者很头疼，他们大多认为消费者是吹毛求疵，并没有认真对待用户表达的不满，现在这个问题依然存在，只是用户抱怨转移到了社交媒体，给社群带来的影响更大。用户之所以抱怨是用户对产品或服务不满意，用户对服务或产品的抱怨意味着社群提供的产品或服务没达到用户的期望、没能满足用户的需求。

社群管理者应该注意到，用户愿意去表达不满，也表示他们仍旧对社群充满期待，希望能改善服务水平。对于用户的不满与抱怨，社群管理者应采取积极的态度来处理，如果抓住这个机会，重新建立信誉，那么就可能更快地提高用户满意度，让他们成为社群的忠实粉丝。

社交媒体上的用户抱怨可以看作是一种机会。顾客表达不满后，大多都在等待一个回复，他们的朋友和粉丝通常也是如此。如果处理得当，便可以向顾客以及其他所有人传达，企业是很关心并迫切想要解决这个问题的。但另一方面，不解决问题将会给顾客留下不好的印象，甚至可能会导致公关噩梦。企业的目标是抓住顾客抱怨这个机会。当整个世界都在关注这件事时，企业要向所有人证明他们一直都在支持产品的发展，并会提供令人满意的客户服务。

可以根据下面的 5 个步骤来处理社交媒体上的用户抱怨：

（1）反应时间至关重要，尽快对抱怨做出回应。设置一个响应时间的目标，一天之内或者一个小时之内。也可以参照下面的进行：零售商目标响应时间是 5 分钟之内，这就是令人称赞的服务。

（2）不要给出千篇一律的回复，要以个人的名义针对性地向用户做出一对一的回复。

（3）即使用户在社交媒体上表达了很多不满，管理者不要急于成为一个防卫者。你不是来辩解的，而是要为出现的问题表示道歉，然后通过向用户提供帮助来控制局面恶化并解决问题。

（4）请用户把他们的手机号或邮箱直接发给我们，那样就可以从社交媒体转移，更好地以个人名义妥善处理出现的问题。

（5）做一些必要的事来提供超乎想象的用户服务并解决问题，然后回到最初的社交媒体平台来跟进这个问题。首先要感谢用户参与让你注意到这个问题并给出机会去改正。总的来说，要给用户留下一个积极主动的印象。

（三）如何处理用户投诉

1. 用户为何会投诉

在电商型社群，一些对社群及商品感到失望的用户，可能会直接在群里表达自己的失望。运营者应该如何处理这样的负面情况呢？

首先我们要去理解用户为何会投诉。

对社区失去信任的用户可能会表现出失望、愤怒等情绪，他们可能会在一定程度上责怪运营者，但他们实际上希望运营者能倾听他们的观点，理解并认真对待他们的问题，能对他们进行适当的补偿或赔偿，并能确保此类问题不再发生。然而，如果他们在描述自己所遇到的问题时，运营者没有立即表示尊重和理解，而且还敷衍了事，他们就可能会希望管理层对相关人员进行处罚。因此，面对用户的抱怨，我们应该立即表示理解，并进行正确的处理，以避免扩大他们的失望情绪。

2. 正确处理投诉的方式

首先我们不要害怕投诉，会员投诉其实是表达他参与感的方式，如果他不给企业退路，他不会在群里表达一些问题，而是在朋友圈或者微博，甚至向相关部门举报。

他投诉只是表达他激动情绪的一种方式，我们不用害怕投诉，只要关注事情就可以了，帮助我们发现运营过程中出现的问题，也帮我们了解用户价值观。处理用户投诉有以下几个要点。

（1）引导用户说出投诉点，耐心倾听不打断，多用礼貌用语

用户解决投诉的途径有很多，要相信用户投诉到我这里是来解决问题的，在和用户沟通的时候要足够耐心，可能用户刚开始投诉的时候情绪很激动，态度不友好，作为工作

人员首先要引导用户说出问题点，多用礼貌用语，沟通要始终微笑，因为微笑是最有力量的沟通，通过微笑会减少用户对你的敌意，伸手不打笑脸人。

（2）真诚确认用户投诉的问题，沟通中表现足够的理解，挖掘用户需求

当用户说完自己的诉求的时候要真诚确认用户问题，之所以要这样，一是确认自己完全理解用户诉求，二是对用户的尊重，通过与用户确认让用户感受到你是用心在听用户的诉求。在确认的时候要对用户表示足够的理解，比如"如果我是您遇到……的事情我也会非常生气的……"。

（3）先情绪后事情，先安抚用户情绪，然后再解决用户问题

对于投诉的用户其实很多时候他生气的不是事情的本身，而且因为事情引发的情感体验不是很好，作为运营人员要懂得先解决用户情绪问题，因为当人处于非常激动的情绪下是听不进任何人的解释的，只有耐心地倾听，让他把心中的怒火发泄出来，才能进行有效的沟通。

（4）不人为地给用户添加标签

作为社群运营人员不要有先入为主的思想，不要主观地给这个用户加标签，因为如果你在解决用户问题之前就给用户添加了某个标签，那么你处理的时候就会先入为主，无法第一时间给用户有效的方案，而且会造成服务用户的质量下降，降低用户对社群的信任度和忠诚度。

（5）理解用户诉求后站在用户的角度切身为用户着想，及时给出有效的解决方案

在你理解用户需求并表达了足够的理解之后，要及时根据你的工作经验和社群管理的制度给出至少两个有效方案。

（6）及时同理心，不与用户争辩，即便用户提出的是无理需求，也要委婉告知用户

任何时候都不要与用户发生争辩，因为即便你说服了用户暂时认同了你的观点，也会失去用户对你的信任，降低用户对社群的黏性，毕竟与用户沟通不是辩论赛，没有输赢之分，对于运营人员我们要做的事情是让用户对社群产生信任，更加依赖，以至于用户离不开我们。当遇到用户无理需求时，不要生硬地说无法满足，要告诉用户无法做到的原因，尽量委婉，但是也不要让用户抱有幻想，不要提高用户的期望。

（7）必要时给出补偿措施，合理控制用户期望

用户在花钱之后没有得到想要的结果，或者遇到严重的不便，或者因为服务的失误造成用户时间和金钱损失时，适当的金钱补偿，积分，或者提供同类型服务给他们，是有助于减少用户因为恼怒采取法律行动的风险的，但是提供补偿的时候要权衡用户的期望，不要让用户的期望无限放大，这样既避免了投诉越级，又能有效地挽留用户，避免用户流失。

（8）真诚确认用户问题是否解决

给用户问题解决之后要真诚确认用户问题是否解决，可以提升用户的体验，让用户有一种被重视的感觉。

3. 处理常见的 4 种投诉类型

从心理学的角度，产生抱怨的用户可以分为 4 种类型：期待解决型、渴望尊重型、需要补偿型与发泄不满型。其突出的抱怨风格及解决方式如表 11-3 所示。

表 11-3　不同类型用户的抱怨风格及处理方法

用户类型	抱怨风格	应对方法
期待解决型	绝大多数都比较理性，不会过多地被情绪左右，往往对社群或者产品还没有完全丧失信心，产生信任危机。	对于这类用户，他们希望在一定时限内将他的问题处理好。在沟通中，只要运营人员快速做出判断及时响应，并付诸行动，运用公司政策、加上相关部门的密切配合，在用户可以容忍的时效内妥善处理、合理解决问题，那么用户的满意度和忠诚度就不会受到太大影响。
渴望尊重型	他们对事件本身不是特别的在意，他们在意的是在这件事中他的自尊心被伤害了。而且他们总认为他的投诉是对的，是有道理的，他们最希望得到的是同情、尊重和重视，更多的是他希望我们在服务中把他当成宠儿去照顾。	抓住这类用户的心理，运营人员及时向其表示歉意，承诺进一步追查，并感谢用户的建议和支持，是化解用户因为自尊心理受损导致不满的有效途径。
需要补偿型	有需要得到补偿需求的用户，往往都是在事件中自身的利益实际受到了损失。一般来说，用户希望得到适当补偿的心理越急切，但是一时间无法得到补偿时，其投诉升级的可能性就越高。一旦投诉不断升级，用户的满意度和忠诚度就会下降，用户的流失率和社群声誉受损的概率也会越高。	面对这类型用户，通过"听""问"和"复述"迅速还原事件本身，并在划清责任后第一时间把为什么没有补偿、在什么情况下可以得到补偿、怎么补偿等问题向用户解释明白、讲透彻，远比处理投诉升级来得快捷有效。
发泄不满型	只是为了发泄当时不满的情绪，让郁闷或不快的心情得到释放和缓解，以维持心理上的平衡。	在处理具有这类心理的用户时，运营人员的耐心尤为重要，以恰当的言辞和善地安抚用户，并需要及时与相关部门联系以确认问题所在、分清责任，合理安排回复时间，给予用户合理解释，一般都能解决客诉问题；当然也有一部分用户在释放完自己的情绪之后立即就主动和解的，甚至对自己的不礼貌言辞主动给服务人员致歉的不在少数。

总结下来也就是：先搞定心情，再搞定造成用户心情不爽的问题。所以在处理用户投诉时，运营人员的心态至关重要，千万不要将个人情绪化的思维带进处理过程中。不管面对什么类型的用户投诉，运营人员都应当以"有效解决问题"为宗旨来分析问题，处理问题；如果同时还能有效地维护用户的尊严，使之受到礼遇，那么危机有可能就会变成机遇，就更能赢得用户的好评和尊重，也能为社群及产品赢得忠实的用户。

（四）处理社群问题时的原则

1. 道歉重要但解决不了问题

对于用户提出的问题，一直说抱歉但是不解决问题，是敷衍的表现。正确表达歉意的方式是说一句完整的话，例如，如果发错货时说："× 先生 / 女士，非常抱歉因为我们的疏忽，给您添麻烦了。我们将立即为您处理，请耐心等候一会儿。"这样既表达了歉意，又能够表明我们愿意承担责任的诚恳态度，用户的情绪马上就可以得到安抚。

2. 回避围观，私聊处理

用户如果在群内公开提出某个问题，此时与这位用户私聊要比在群里公开处理更为有效。私聊让我们更容易了解用户的真实需求，也屏蔽了群内其他人参与这项问题当中而使局面失控。值得注意的是，在私聊解决完问题后，因为用户已经在群内提出问题，所以最后要在群里做出一个总结，以显示社群运营团队的公开与公正，通过这个契机也能够提升群内其他用户对社群的了解。

3. 处理问题必须"马上"

产生问题时，是社群管理的危机，也是机遇。

在跟用户私聊处理问题时，我们需要表明愿意马上解决问题的态度，而不是质问用户。用户遭遇问题前来询问时，是希望能够解决问题的，在了解发生了什么问题后，我们需要马上分析原因，找到解决方案。我们需要"立刻、马上"投入问题的解决，替用户分担紧迫感，迅速处理，在处理好之后，用户会更加信任我们。

4. 提供主动补偿

在解决完问题后，我们也可以多做一些：提供一些"象征性的补偿"。这样的补偿是为了表现一种态度，故而不能够太过计较得失。补偿用户，表明我们在积极修复与用户的关系。

补偿可以是一些额外的商品或者精美的礼物，这些商品的价值可能不高，但这种补偿的行动会让我们重新获得用户的好感。对于此时的用户来说，与补偿物的价值相比，更重要的是补偿的这份心意。

◆ 活动过程

任务活动4：社群团购活动中的客诉处理

1.情景模拟：学生分组进行角色扮演客服人员与群内用户。

_____

_____

_____

_____

2.选择2～3种不同类型的用户，用户角色设计"问题"，来"为难"社群管理者角色，社群管理者角色进行问题的处理与解决。

_____

_____

_____

_____

3.将用户角色学生与社群管理者角色学生进行互换，用户角色设计"问题"，来"为难"社群管理者角色，社群管理者角色进行问题的处理与解决。

_____

_____

_____

_____

4.将"问题"与"解决方案"形成情景模拟剧，于课上公开表演进行成果汇报。

_____

_____

_____

_____

五、电商型社群的口碑打造

产品好，谁说了算？社群说了不算，用户说了才算，而且只有买过尝过的用户才有话语权。在消费过程中，对于社群运营的"王婆卖瓜"，用户通常报以怀疑的态度。但其他买过"瓜"的消费者说这个"瓜"好，那么自然可以形成好口碑，让其得到更多用户的认可。

社群里的用户尤其重要，以下就是用社群打造产品好口碑的4个关键技巧。

（一）评价与晒图

如今，很多购物、外卖平台都存在评价系统，其目的正是为了让用户发布使用体验，并以此让其他潜在消费者安心。为了让用户的产品使用体验形成口碑，你需要扩大影响力。比如激励用户在社交圈评价，或将好评截图做产品宣传。

对于口碑如何传播，在移动社交时代并非难题，关键在于我们如何引导用户给予好评。评价与晒图的结合最能彰显评价的真实性，从而赢得用户的信任。所以在口碑思维下，必须采取各种手段，鼓励更多的用户去评价并晒图。

给予一些必要的刺激去激励，首先返现是最常见的措施，可以给出一定比例的好评返现，如果能晒图那效果更好；其次是代金券，两者有所不同，可以给予消费者好评代金券，供用户下次消费时使用，这也避免返现需要付出大量不可回收的成本。

（二）用户测评文章

相对于简短的评价和简单的图片，一篇用户的测评文章无疑更具口碑的塑造力。其实在进行产品宣传时，测评文章是商家的常用手段，而在社群经济时代，相较商家、媒体写的，社群用户写的测评无疑更具可信度。

同样，为了激励更多的用户去写，我们需要推出测评征集活动，并给出相应的激励。甚至，我们也可以直接给出其他家产品的测评内容作为范文，引导用户模仿创造，使其更具说服力。比如用户可根据体验，在文末表达自己的满意程度，及对产品的优缺点进行简单总结，并给出一些改良意见。

（三）征集产品改进意见

推出的新产品不可避免地会存在各种问题或不足，这就需要我们在今后对产品做出改进，包括口味、外观、功能等。

必须重视消费者提出的意见，尤其是社群用户对产品的意见。这需要我们持续征集产品改进意见，并建立相应的激励机制，鼓励用户反馈意见。

对于打造好口碑而言，产品改进意见的征集存在两方面的意义：

第一，根据用户的意见不断改进产品，能够不断提升产品的良好口碑。

第二，能够虚心接受用户的意见，本身就是品牌口碑的重要组成部分。

在征集时，要建立丰富的反馈渠道，比如社群、微信、微博等主流媒体平台都可以设立相应的反馈渠道。

在收到用户的意见之后，我们务必要快速给出回应，比如给出解决方案、及时作出解释、告知用户会很快做出改进等。

（四）让用户参与产品设计

打造产品口碑的最佳方式就是直接让用户参与到产品设计中，比如果咖产品，设计哪种水果和咖啡的碰撞，更能提高口感的细腻度，色彩搭配的吸睛度，制造话题让用户参与其中。

有谁不喜欢自己创造的产品呢？如果在这过程中有用户的参与，即使存在一定缺陷，他们也会表现得更加包容。与此同时，用户也会更加主动地对产品进行宣传。基于他们参与产品设计产生的成就感，需要将之放大，让其成为用户主动塑造产品和品牌口碑的动力。

六、电商型社群运营评价

电商型社群运营是一个长期过程，存在于社群生命周期的各个阶段。我们将电商型社群的生命周期分为5个阶段，分别为获客期、激活期、留存期、变现期与传播期，如图11-6所示。接下来分别结合5个生命周期阐述电商型社群运营评价核心指标。

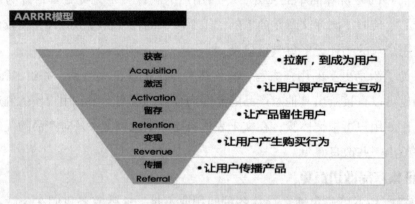

图11-6 电商型社群的5个生命周期

（一）获客期评价指标

此阶段的运营关键是如何有效获客，商家通常采取活动裂变、内容引流等多种方式。主要关注的数据有"入群率""退群率"及"净增用户数"三大指标。

1. 入群率 = 入群人数 / 入群渠道曝光量

我们主要可以通过入群率这个数据分析：哪个入群渠道进来的人数最多？这次活动的入群率是高是低？这次活动的亮点或缺点是什么？

如果在运营过程中出现了入群率降低的情况，我们可以进行哪些运营动作？首先要思考如何提升用户进群的效率，主要有两点：

扩大推广渠道：例如通过公众号、自媒体、朋友圈等渠道推广社群，让更多用户入群了解；

增强利益驱动：通过利益吸引用户进群，比如：进群享受8折、进群领礼品等等

2. 退群率 = 周期内退群人数 / 社群总人数

主要反映社群是否能有留住人的价值，根据退群率可以进一步分析退群的原因是什么，在什么时间点退群，如何降低退群率。

3. 净增用户数 = 周期内新增人数 - 退群人数

净增用户数是最直接、客观的考核指标，决定了后续用户的规模和运营策略。

数据的正负可以帮助社群运营者分析社群处于上升阶段还是下滑阶段，其主要价值在于参考，而非直接得出结论。

累计与净增的差异，代表了留存和流失，结合当期的运营行为和某日影响比较大的运营动作，做分析改进。

（二）激活期评价指标

此阶段的运营关键是如何提高客户活跃度，通常来讲社群的活跃度越高，社群的价值越大，反之社群的价值则越小。

1. 互动率 = 当日有效发言人数 / 群成员总人数

在统计活跃用户数前，社群运营者需要先定义"互动"的标准，例如平均每天至少有一次发言，然后再通过这个标准来筛选出活跃用户，最后得出活跃用户数。

社群活跃度是衡量社群质量的一个重要指标。一般来说，社群活跃度高代表着社群质量高，反之社群活跃度低代表着社群质量低。

2. 消息总量 / 人均消息量

消息总量指的是一定时期内社群中消息数量的总和；人均消息量是将消息总量除以社群人数而得的数据。

从互动次数的指标上可以分析出有多少用户参与活动、有多少用户深度参与。次数多，说明参与深度比较高，那么我们可以进一步分析用户的喜好和群体的互动特点。

3. 消息的时间分布

通过统计得出一天内消息的数量分布情况，从而把活动、分享、推送等内容安排在社群活跃的时间点，大幅提高社群中的活动参与率和用户积极性，同时提高用户满意度。

4. 话题频次

统计一段时间内社群内出现的高频词汇，分析的主要目的是找出社群群员所喜好的

话题，从而对群员的喜好进行分析，完善用户画像，使得活动、营销等行为更加受到用户的欢迎，提高社群的收益。

（三）留存期评价指标

此阶段的运营难题是如何提高留存率，因为留住老用户的成本，远低于获取新用户成本，主要关注的数据是"留存率"。

留存率 = 周期内留存的用户数 / 新增用户数

新增用户数：在某个时间段新入群的用户数

第 N 日留存：新增用户日之后的第 N 日依然还留存用户占新增用户的比例

例如：

第 1 日留存率：（当天新增的用户中，新增日之后的第 1 天还留存的用户数）/ 第一天新增总用户数；

第 30 日留存率：（当天新增的用户中，新增日之后的第 30 天还留存的用户数）/ 第一天新增总用户数。

做社群运营无可避免用户会流失，我们无法做到 100% 不流失，可以接受流失，但必须深度分析流失原因，是产品还是服务还是体验？进而思考是否能通过提供优惠券或高价值内容等措施召回客户。

（四）变现期评价指标

此阶段的运营关键是如何实现转化，也是社群运营的最终目标。

从总体来看，建议关注"转化率"，既要分析用户对精准商品广告投放及付费意愿，又要分析不同商品类目和价格区间的转化效果，为进一步精准营销提供决策依据。

从单客来看，建议关注"复购率"及"客单价"，筛选出高价值客户，便于客户分级管理及营销，做好客户积分及权益体系，为持续经营奠定基础。

1. 转化率 = 订单数 / 群成员总数

不同的业务类型有不同的社群转化率，比如社交电商在 10% 左右，拼团的可能会高一点。影响转化率的主要因素也比较多，比如产品质量、价格、服务、推广文章、成员质量等。

2. 社群 ROI（投入产出比）= 成本 / 销售额

主要用来平衡投入和销售的均衡点，避免过度补贴，投入太大。如果 ROI 可以大于1，那么说明可以继续加大投入。

3. 客单价 = 订单总额 / 订单人数

客单价是衡量一个社群营销情况的重要指标，在流量转化都不变的情况下，高客单价也就意味着高收益。但是客单价并不是越高越好，需要结合社群的实际情况而定。

4. 营销额 = 客单价 × 销售量

营销额是指在销售类或服务类社群中群员为社群运营者贡献的总销售金额，统计营销额的目的主要是对外展示和进而计算利润，对外展示用于帮助社群运营者提高知名度。

（五）传播期评价指标

此阶段主要是测算用户的忠诚度与满意度，因为只有实现用户的裂变传播，才能带来用户的低成本增长。

所以要区分不同类型用户的比例，从而设计不同的活动，用户也会自发地将内容传播到自己的社交圈子，带来新的用户。而达成这一点，社群的运营也就形成了一个闭环。

根据满意度和忠诚度强弱，把用户分成 4 种类型：

忠实型用户（高满意度、高忠诚度）：每月都会复购，成功推荐朋友购买过 1 次以上；

羊毛型用户（低满意度、高忠诚度）：会因为价格实惠而购买，不会进行产品相关的推荐，平均客单价低于 ×× 元；

需求型用户（高满意度、低忠诚度）：对产品需求强烈，品牌忠诚度低，3 个月内无复购；

低需求用户（低满意度、低忠诚度）：只购买过 1 次甚至没购买过的用户。

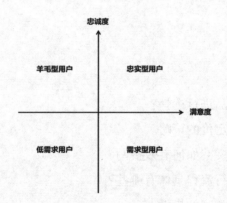

图 11-7　社群用户的 4 种类型

然后对社群内的用户进行分类统计，针对性地采取不同的运营策略，比如：

针对羊毛型用户多的社群推出组合型优惠，提升客单价，或是以邀请好友砍价的方式进行促销，提升活动流量；

针对忠实型用户多的社群可以推荐一些高客单价的单品，提供更加周到的服务。

◆ 活动过程

任务活动5：对本社群运营进行评价

1. 判断本社群处于哪个生命周期阶段

2. 收集数据，对运营评价指标进行计算

3. 通过指标的数据进行社群运营情况的判断与分析，提出改进策略。

📊 章节作业

1. 如何对社群团购商品进行选择？
2. 简述社群团购商品定价的策略。
3. 在社群团购活动的文案如何有效撰写？
4. 社群团购活动的执行流程具体有哪些？
5. 如何处理不同用户类型的投诉？
6. 阐述客户公开在群内提出问题时的处理方法。
7. 不同社群生命周期的评价指标有哪些？